MUNDO)real
MEDIA edition

Student Book

1

Cover Photograph:

Guitarra española. *"La guitarra clásica o española es uno de los instrumentos más universales que existen y factor fundamental para que el flamenco y el tango hayan sido nombrados Patrimonio Inmaterial de la Humanidad. La guitarra surge a raíz del contacto entre las culturas cristiana y musulmana, y ha ido evolucionando y enriqueciéndose a lo largo de los siglos con las aportaciones de otras culturas. Este instrumento, en sus distintas variedades, está presente en todos los ritmos latinos y ha supuesto un punto de unión de los diferentes pueblos hispanos".* David Isa.

© Editorial Edinumen, 2016

Authors:

Eduardo Aparicio, Cecilia Bembibre, María Carmen Cabeza, Noemí Cámara, Francisca Fernández, Patricia Fontanals, Luisa Galán, Amelia Guerrero, Emilio José Marín, Celia Meana, Liliana Pereyra and Francisco Fidel Riva.
Coordination Team: David Isa, Celia Meana and Nazaret Puente.

ISBN - Student Book: 978-1-107-10986-5

Printed in the United States of America

Editorial Coordination:

Mar Menéndez

Cover Design:

Juanjo López

Design and Layout:

Juanjo López, Analia García, Sara Serrano, Carlos Casado
Antonio Arias, Carlos Yllana and Lucila Bembibre

Illustrations:

Carlos Casado

Photos:

See page 270

Cambridge University Press

32 Avenue of the Americas
New York, NY 10013

Editorial Edinumen

José Celestino Mutis, 4. 28028 Madrid. España
Telephone: (34) 91 308 51 42
Fax: (34) 91 319 93 09
e-mail: edinumen@edinumen.es
www.edinumen.es

SCOPE AND SEQUENCE

Hablamos de... / Comunica
COMMUNICATION

- Recognizing words in Spanish that are related to English
- Identifying objects and people in a classroom
- Asking what something means
- Asking how to say something in Spanish
- Asking someone to repeat or explain
- Spelling in Spanish
- Talking about Spanish and the Spanish-speaking world

Palabra por palabra
VOCABULARY

- Cognates
- Classroom expressions

Gramática
GRAMMAR

- The Spanish alphabet
- Punctuation for questions and exclamations

Destrezas
SKILLS

- Comprensión de vocabulario

Pronunciación
PRONUNCIATION

- The Spanish vowels

Sabor hispano
CULTURE

- Yo hablo español, ¿y tú?
- Nuestros países

En resumen
SUMMARY

 Pair icon: indicates that the activity is designed to be done by students working in pairs.

 Group icon: indicates that the activity is designed to be done by students working in small groups or as a whole class.

 xx **Audio icon:** indicates recorded material either as part of an activity or a reading text.

 Language icon: provides additional language and grammar support in presentations and for activities.

 Regional variation icon: provides examples of regional variations in the language.

Recycling icon: provides a reminder of previously taught material that students will need to use in an activity.

ACKNOWLEDGMENTS

The authors and publisher would like to thank the following teachers for their insight and comments during the development of *Mundo Real Media Edition*. The experience and intuition of these educators was crucial in the development of this course.

Jeremy Aldrich - Harrisonburg City Public Schools (VA), **Susan Allen** - Eastern High School (NJ), **Marilu Alvarado** - Academia Margarita Muniz (MA), **Jose M. Aviña** - Sunset High School (TX), **Vicki S. Baggia** - Phillips Exeter Academy (NH), **David Barkley** - George C. Marshall High School (VA), **Vanda Baughman** - Cascade High School (OR), **Emily A. Berry** - Irvington Preparatory Academy (IN), **Candace Blatt** - Kokomo High School (IN), **Pilar Blazey** - Wilson High School (WA), **Patricia Boyarizo** - Ragsdale High School (NC), **Sonia Brandon** - Fork Union Military Academy (VA), **Ariel Bueno** - Lake Ridge High School (TX), **Maria L. Cabra** - Ronald W. Reagan / Doral Senior High School (FL), **Lilian M. Castillo de Hutchinson** - The Loomis Chaffee School (CT), **John S. Coco** - Cocalico School District (CO), **Pamela Conte** - Nordonia Hills City Schools (OH), **Rita Morales Cooley** - The Madeira School (VA), **Deb Dargay** - Bloomington Jefferson High School (MN), **Jesús López Díez** - Dana Hall School (MA), **Maria Elena Downes** - NYOS Charter School (NY), **Marsha Dragonetti** - Latin School of Chicago (IL), **Yvonne Easaw** - Richland School District Two (SC), **Cristina Escotto** - Fredericksburg Academy (VA), **Margaret K. Esten** - South Portland High School (OR), **Calvin Feehan** - Redwood High School (CA), **Scott L. Fisher** - McGavock High School (TN), **Mary Jo Flood** - Royal High School (CA), **Alejandra Fonseca** - Wyandanch Memorial High School (NY), **William Frank** - Pinkerton Academy (NH), **Coleen Garcia** - La Serna High School (CA), **Ramón García-Tamaran** - Bloomington High School South (IN), **Angela Giffin** - Stevens High School (SD), **Jeanne Gilbert** - The Hawbridge School (NC), **Robert Giosh** - The Latin School of Chicago (IL), **Xiomara Gonzalez** - Barbara Goleman Senior High School (FL), **Adriana Gonzalez-Novello** - Trinity School (NY), **Catherine A. Haney** - Loudoun County Public Schools (VA), **Ana Hermoso** - The Hotchkiss School (CT), **Wilson R. Hernández** - Hightstown High School (NJ), **Lesley Hinson** - Churchill High School (TX), **Efila Jzar-Simpson** - Ben Davis University High School (IN), **Anne Karakash, M.A.** - Franklin Academy (NC), **Nora L. Kinney** - Montini Catholic High School (IL), **Ivonete Kinson-Blackwelder** - North Pole High School (AK), **Heather Kissel** - TechBoston Academy (MA), **Dr. Jean Robert Lainé** - Putnam City Public Schools (OK), **William A. Leheny** - Garces Memorial High School (CA), **Jacqueline Liebold** - Groton Dunstable Regional High School (MA), **Patricio Lopez** - Harborfields High School (NY), **Adrianna Madril** - Martin Luther High School (CA), **Amanda Mancilla** - Union County Public Schools (NC), **Alice Nan Mannix** - Brown County High School (IN), **Nilma M. Martin Antonetti** - Richard Montgomery High School (MD), **Amanda Marvin** - The Barstow School (MO), **Rubenm Mascarenas** - Teacher Summit High School (TX), **Maritza Massopust** - Adelson Educational Campus (NV), **Justin Vanlee McClain** - Bishop McNamara High School (MD), **Marcelina McCool** - West Philadelphia High School (PA), **Darcie McGee** - Minnesota Online High School (MN), **Jennifer Mitchell** - The Hun School of Princeton (NJ), **Kathleen Monks** - Holley Central School (NY), **Yolanda Montague** - Stuarts Draft High School (VA), **Weston Moody** - Manhattan-Ogden School (NY), **Sydney Munson** - All Saints' Episcopal School (TX), **Sergio Navarro** - Redondo Union High School (CA), **Carmen Neale** - Watkinson School (CT), **Valerie Neri** - Park Center Senior High - International Baccalaureate World School (MN), **Andrew Noelle** - Central Magnet School (TN), **Marie G. Nuzzi** - Garden City High School (NY), **Santa Olmedo** - Foothill High School (CA), **Joseph A. Parodi** - Marianapolis Preparatory School (CT), **Olga A. Pietrantonio** - Blaine High School (WA), **Tim Pillsbury** - Trinity-Pawling School (NY), **Viviana Planine** - Newton South High School (MA), **Sofia Catalina Pollock** - John Champe High School (VA), **Andrew Poolman** - The Haverford School (PA), **Gregory Prais** - Detroit Catholic Central High School (MI), **Ashleigh Marsh Prendable** - Montgomery County Public Schools (MD), **Cecilia Remeta** - Palos Verdes High School (CA), **Mary Beth Ricci** - Olathe South High School (OK), **Gimara Richards, M.A.T.** - Stonewall Jackson High School (VA), **Myra M. Rios, M.A.** - Lower Merion High School (PA), **Alison Robinson** - Fort Worth Country Day School (TX), **Norman Sargen** - Agnes Irwin School (PA), **David M. Sawyer** - The Covenant School (VA), **Carl A. Seese** - Twin Lakes High School (IN), **Rosana Serna** - Seven Lakes High School (TX), **Bertha Sevilla** - Notre Dame Academy (CA), **Jonathan L. Sirois** - Tabor Academy (MA), **Ellen J. Spitalli** - Naperville Central High School (IL), **Maribel Squibb** - Sharyland High School (TX), **Tamara Tamez** - Nimitz High School (TX), **Yamila Tamny** - River Ridge High School (FL), **Susan Tawney** - Ragsdale High School (NC), **Candida Thompson** - Academy of Richmond County (GA), **Lisa Todd** - Colorado Academy (CO), **Delia Topping** - Central Magnet School (TN), **Yari Torres** - Douglass High School (TN), **Rachel Torrie** - Woodinville High School (WA), **Rosanna Tucci** - Miami Beach Senior High (FL), **Karen Twyford** - Highland High School (IL), **Maria Vazquez** - Mother Seton Regional High School (NJ), **Janice Ventresco** - Avon High School (OH), **Barbara A. Volkman** - Lanphier High School (IL), **Michelle Warner** - East Muskingum Schools (OH), **Rhonda L. Wells** - DeKalb County School District (GA), **Rand Wiseman** - Gig Harbor High School (WA).

HOW TO ACCESS ELETECA

ELEteca is the Learning Management System that accompanies your *Mundo Real Media Edition* Student's Book. To learn more about ELEteca, please turn to page 17. To activate your ELEteca access code, follow the directions below.

1. Visit **cambridge.edinumen.es**. If you are a new user, click "Create User Account" on the right side of your screen.

2. Fill out the necessary information. Please use a valid e-mail address, as this will allow you to recover a lost or forgotten password.

3. Once you have created an account, scroll down and select the appropriate course (*Mundo Real Media Edition* Level 1, 2 or 3).

4. Enter your unique ELEteca access code. This code will either be printed on an access card accompanying your Student's Book, or you will receive it from your teacher.

5. Congratulations! You are now registered for ELEteca, and you can begin acccessing all of your online resources. To log in from any computer or tablet, simply visit **cambridge.edinumen.es** and enter your e-mail address and password.

EL UNIVERSO HISPANO

Estados Unidos

Phoenix

Dallas

El Paso

Houston

Tijuana Mexicali

Chihuahua

Monterrey

Mazatlán

MÉXICO

Colima

México D. F.

Veracruz

Acapulco

GUATEMALA

MÉXICO, CENTROAMÉRICA Y CARIBE

EL SALVADOR

HONDURAS

10

Atlanta

REPÚBLICA DOMINICANA

Miami

CUBA

PUERTO RICO

Bahamas

La Habana

Cienfuegos

Mérida

Camagüey

Guantánamo

Santiago de Cuba

Haití

Santo Domingo

San Juan

La Romana

Ponce

Belice

San Pedro Sula

NICARAGUA

COSTA RICA

iudad de uatemala

Tegucigalpa

San Salvador

León

Managua

Granada

San José

PANAMÁ

Puntarenas

Panamá

Colón

Caracas

Barranquilla

Medellín

Bogotá

Cali

VENEZUELA

Islas Galápagos

Quito

Iquitos

Brasil

Trujillo

COLOMBIA

Lima

Cuzco

ECUADOR

Arequipa

La Paz

Santa Cruz

Sucre

PERÚ

Asunción

PARAGUAY

Córdoba

Rosario

Santiago de Chile

Buenos Aires

Montevideo

Bahía Blanca

URUGUAY

BOLIVIA

Comodoro Rivadavia

Río Gallegos

12

CHILE

Punta Arenas

ARGENTINA

ESPAÑA

País	Capital		País	Capital
Argentina	Buenos Aires		**Honduras**	Tegucigalpa
Más información en: Unidad 8			Más información en: Unidad 4	
Bolivia	La Paz		**México**	México D.F.
Más información en: Unidad 7			Más información en: Unidad 3	
Chile	Santiago de Chile		**Nicaragua**	Managua
Más información en: Unidad 8			Más información en: Unidad 4	
Colombia	Bogotá		**Panamá**	Panamá
Más información en: Unidad 5			Más información en: Unidad 5	
Costa Rica	San José		**Paraguay**	Asunción
Más información en: Unidad 4			Más información en: Unidad 8	
Cuba	La Habana		**Perú**	Lima
Más información en: Unidad 6			Más información en: Unidad 7	
Ecuador	Quito		**Puerto rico**	San Juan
Más información en: Unidad 7			Más información en: Unidad 6	
El Salvador	San Salvador		**Rep. Dominicana**	Santo Domingo
Más información en: Unidad 4			Más información en: Unidad 6	
España	Madrid		**Uruguay**	Montevideo
Más información en: Unidad 2			Más información en: Unidad 8	
Guatemala	Ciudad de Guatemala		**Venezuela**	Caracas
Más información en: Unidad 4			Más información en: Unidad 5	

Argentina *Glaciar Perito Moreno (Perito Moreno Glacier). Located in the Glacier National Park in Patagonia, Argentina, it is a place of spectacular beauty and great glaciological and geomorphic interest.

Bolivia **Salar de Uyuni.** Situated in the southwest of Bolivia, it is the largest continuous salt flat in the world, covering an area of 10,582 km2 (4,085 square miles) and holds one of the biggest deposits of lithium in the world.

Chile **Desierto de Atacama** (Atacama Desert). Situated in the Norte Grande in Chile, it is the most arid desert on the planet and covers an area of approximately 105,000km2. It is considered to be one of the best places in the world for observing the skies and studying astronomy.

Colombia *Cartagena de Indias. Located on the shores of the Caribbean Sea, the city was founded in 1533. It holds such historic sites as the San Felipe Castle, the Palace of the Inquisition, the Clock Tower, the city walls and the Colonial streets.

Costa Rica **Río Celeste.** Flowing through the Tenorio Volcano National Park, this river is famous for its sky blue color, an optical effect produced by the high concentration of aluminum silicates in its waters. According to a local legend, the river is this color because "when God finished painting the heavens, He washed his brushes in the waters of this river."

Cuba *La Habana (Havana). Havana is the capital of the Republic of Cuba and its largest city, main port and cultural and economic center. Founded in 1519, the historic center is famed for its decadent beauty and atmosphere.

Ecuador *Islas Galápagos (The Galapagos Islands). An archipelago in the Pacific Ocean, located 972 km off the coast of Ecuador. Apart from being a World Heritage Site, UNESCO declared the Galapagos Islands to be a Biosphere Reserve in 1985. The islands are the natural habitat of several species in danger of extinction, among them, the giant tortoises.

El Salvador **El volcán Izalco** (The Izalco Volcano). "Place in the dark sands" in the Nahuatl language, it is the youngest of the volcanoes in El Salvador and one of the youngest in the continent. The volcano erupted continuously for almost 200 years and the flames could be seen from the ocean – hence its nickname: *Lighthouse of the Pacific.*

España *La Alhambra (The Alhambra). Situated in Granada, in the south of Spain, it is an elaborate complex of palaces and fortress where the sultans of the Moorish Kingdom of Granada lived during the XIIIth – XVth centuries. The interior decoration is striking, in andalusi style, and the palace stands in an incomparable natural setting.

Guatemala *Tikal. Situated in the region of Petén, in what is today Guatemala, in the Tikal National Park, it is one of the largest archaeological sites and urban centers of the pre-Columbian Maya civilization.

Honduras *Ruinas de Copán (Copán Ruins). An archaeological site located in the west of Honduras. It is famous for its magnificent Maya ruins, considered now to be the Paris of the Central American Maya world.

México *Pirámide de Kukulkán (Kukulkán Pyramid). A pre-Hispanic building located in the Yucatan Peninsula, built in the XIIth century AD by the Mayas in the ancient city of Chichén Itzá. The Temple of Kukulkán shows the profound knowledge of mathematics, geometry, acoustics and astronomy of the Mayas.

Nicaragua **Granada.** Situated between Xalteva and Lake Nicaragua, it was founded in 1524 by the Spanish conquistador, Francisco Hernández de Córdoba. It is also known as *La Gran Sultana* because of its Andalusian Moorish appearance. The Colonial architecture of its historic center, as well as the surrounding natural setting, make it the main tourist destination in Nicaragua.

Panamá **El canal de Panamá** (The Panama Canal). It is an inter-oceanic channel between the Caribbean Sea and the Pacific Ocean, which cuts across the isthmus of Panama at its narrowest point. It opened in 1914 and had the effect of shortening maritime communications in distance and time between remote places of the world. The United States, China, Chile, Japan and South Korea are the five principal users of the canal.

Paraguay *Ruinas jesuíticas (Jesuit Ruins). The Jesuit missions formed a group of thirty missionary settlements founded in the XVIIth century by the Company of Jesus among the Guaraní Indians, for the purpose of evangelizing them. These missions saved more than 100,000 Indians from slavery. At present all that is left are the imposing ruins of these villages, such as Jesús, Trinidad and Santa Rosa.

Perú *Machu Picchu. A religious sanctuary and vacation residence of the Inca emperor Pachacútec, in the middle of the XVth century, it lies between the mountains of Machu Picchu and Huayna Picchu in the south of Peru. Machu Picchu is considered a masterpiece of both architecture and engineering. The site was recently declared one of the seven wonders of the modern-day world.

Puerto Rico *Castillo de San Felipe del Morro (San Felipe del Morro Castle). A Spanish fortification built at the northern end of San Juan, Puerto Rico, in the XVIth century. Its purpose was to protect Puerto Rico and the Bay of San Juan from any invasion that might turn the fort into an enemy base from which to invade and attack other Spanish towns and ships.

República Dominicana **Isla Salona** (Saona Island). Situated in the south east of the Dominican Republic, it forms part of the Este National Park and is one of the largest of its islands. Its endless beaches of fine white sand are lined with coconut palms. Here, numerous species of birds and marine animals live. The island is protected officially and therefore there are no buildings on its shores.

Uruguay **Punta del Este.** It is a peninsular city situated on the southern end of Uruguay and one of the most important spa cities in Latin America. *Los Dedos, La Mano, Monumento al ahogado* or *Hombre emergiendo a la vida* are famous sculptures on the Brava Beach, which has become one of the best-known places in Uruguay.

Venezuela *Parque Nacional de Canaima (Canaima National Park). Situated in the state of Bolívar, Venezuela, it stretches over 30,000 km2 as far as the border with Guyana and Brazil. Because of its size it is considered to be the sixth largest national park in the world. Almost 65% of the park is taken up with rock mesetas called *tepuyes*, a unique biological environment, of great interest to geologists. The steep cliffs and waterfalls are spectacular sights.

---

* All these places have been declared World Heritage Sites by UNESCO. **World Heritage Site** is the title granted by UNESCO (United Nations Educational, Scientific and Cultural Organization) to specific places on the planet (forests, mountains, lakes, caves, deserts, buildings, architectural complexes, cultural routes, cultural panoramas or cities) which have been proposed and confirmed for inclusion on this list. The aim of the program is to catalog, preserve and publicize places of exceptional cultural or natural interest for the common heritage of mankind.

UNESCO was founded on November 16, 1945, with the purpose of contributing to peace and safety in the world through education, science, culture and communications.

WHY SPANISH?

Learning to communicate in Spanish can help you achieve a more vibrant and prosperous future, especially in today's globalizing world. As of 2014, **more than 450 million people speak Spanish** as a native language, making Spanish is the second most common native language in the world. And according to a study by the Instituto Cervantes, **45 million people in the United States** speak Spanish as a first or second language. That's a Spanish-speaking community the size of the whole country of Spain!

Spanish is the most-spoken language in the Western Hemisphere, and the official language of the European Union, making it an important language for international business. By learning Spanish, you'll be joining 20 million other students worldwide who are learning to speak Spanish. You'll also be gaining a valuable professional skill on an increasingly bilingual continent. ¡Bienvenidos!

WHY COMMUNICATIVE EXPERIENTIAL LEARNING?

Mechanical learning doesn't work.

How did you learn to ride a bike? Did you sit in a chair while someone explained the fundamentals of bike riding to you, or did you go outside and give it a try yourself? Did you get better by memorizing a set of expert techniques, or did you suffer a few skinned knees until you improved?

If you're like most people, you learned by doing —and we don't think learning a language should be any different. When you learn out-of-context grammar and vocabulary skills, or complete exercises designed to perfect isolated language functions, it can be difficult to combine these skills when you want to express something new, or understand something that you've never heard before. Even more importantly, this kind of instruction can make us forget that Spanish is a living language that is spoken creatively and individually by people all over the world.

We need to feel, experience and reflect in order to learn.

When we learn by doing —by following our own initiative and self-direction— we associate the things we learn with specific feelings and experiences, which helps us comprehend and retain new language. Activities that connect with our emotions awaken our curiosity, and help us remember what we've learned years later.

Communicative Experiential Learning is self-directed, and constructed according to the unique styles and needs of each individual. Differences in learning style and speed are allowed for and embraced in the experiential classroom.

Learning is more rewarding as part of a community.

Communicative Experiential Learning also creates a supportive peer environment, in which learners are truly part of a classroom community. Learning by doing naturally encourages cooperative learning strategies, and rewards an open exchange of ideas and experiences.

Spanish is a vital, living language —which can be surprisingly easy to forget when you're conjugating endless strings of AR verbs! Communicative Experiential Learning reminds us that the purpose of language is to connect with ourselves and with our communities, both locally and globally.

STUDENT RESOURCES

STUDENT'S BOOK

Mundo Real Media Edition uses lively and compelling content, images, and video to teach real-world language. The student book's experiential format encourages the development of strong communicative skills, which will increase your comfort level in real-world settings.

EBOOK

Mundo Real Media Edition eBooks are fully interactive and fully integrated with the Learning Management System ELEteca. Integrated audio and a seamless connection to online video content, as well as online and offline modes for Mac, PC, iOS, and Android, make using your eBook simple.

ONLINE WORBOOK

The *Mundo Real Media Edition* online workbook features a wide variety of activity types and exercises, and includes mbedded video, a video note-taking feature, and speech recognition technology.

CUADERNO PARA HISPANOHABLANTES

The *Mundo Real Media Edition* Cuaderno para hispanohablantes is written exclusively for native speakers who have grown up speaking conversational Spanish, and includes sophisticated activities and lessons that expand on the Student's Book.

Mundo Real Media Edition features a wealth of digital resources designed to supplement and enhance the Student's Book. All are available in the rich, interactive world of *Mundo Real Media Edition* ELEteca—in one place, with one password.

Interactive Activities

Audio and Video

- **¡Acción!** Narrative video that complements the student book.

- **Voces Latinas** Cultural clips to introduce the Spanish-speaking world.

- **Grammar Tutorials** Short grammar presentations to reinforce tricky skills.

- **Casa del Español** Street interviews that model authentic language.

Gamification

"La Pasantía," a game that allows you to engage with the Spanish language in a fun context, as you compete to win a spot on the staff of a Spanish newspaper.

Online Workbook and eBook Integration

The *Mundo Real Media Edition* Online Workbook and eBook are accessible through ELEteca, so you can access all of your digital resources in one place, using one password.

ASÍ SOMOS

¡Bienvenidos a la clase de español!

⋙ ¿Hablas español?

Gran Vía

In this unit, you will learn to:

- Recognize words in Spanish that are related to English
- Identify objects and people in a classroom
- Ask what something means
- Ask how to say something in Spanish
- Ask someone to repeat or explain
- Spell in Spanish

Using

- Cognates
- Spanish alphabet
- Classroom expressions
- Punctuation for questions and exclamations

Cultural Connections

- Connect information about Spanish and the Spanish-Speaking world, and compare cultural similarities

SABOR HISPANO

Yo hablo español, ¿y tú?

- Nuestros países

19

1 Look at the map of Spanish-speaking countries around the world and select the sentences that are true. Focus on the words in Spanish that look like words you know in English.

España

México

Cuba

Guatemala

Mar Caribe

República Dominicana

Honduras

Puerto Rico

Océano Pacífico

El Salvador

Nicaragua

Costa Rica

Océano Atlántico

Venezuela

Panamá

Colombia

Ecuador

Perú

Bolivia

Paraguay

Chile

Uruguay

Argentina

! ■ También hablan español en Filipinas y en partes de África.

a. ◯ España está en Europa, no está en América del Sur.

b. ◯ Puerto Rico y Venezuela son islas en el mar Caribe.

c. ◯ Guatemala, Honduras, El Salvador, Nicaragua, Costa Rica y Panamá están en Centroamérica.

d. ◯ México es parte de América del Norte.

e. ◯ Argentina tiene costa con el océano Atlántico y el océano Pacífico.

2 🎧 **1** **Follow along as you listen to the teacher welcome her students to Spanish class. Then indicate if the statements that follow are true (T) or false (F).**

¡Hola! Bienvenidos todos a la clase español. Soy la señora Blanco. Soy de Madrid, la capital de España. El español es una lengua importante. Muchas personas en el mundo hablan español. ¿En qué países hablan español? Miren el mapa. Hablan español en México, Guatemala, El Salvador, Honduras, Costa Rica, Nicaragua, Panamá, Colombia, Ecuador, Perú, Bolivia, Chile, Argentina, Uruguay, Paraguay, Venezuela, Puerto Rico, República Dominicana, Cuba y España.

¿Hablan español en Estados Unidos?

	T	F
1. According to the teacher, Spanish is an important language.	☐	☐
2. She says that people in Guatemala, Paraguay, and Brazil speak Spanish.	☐	☐
3. The teacher is from Spain.	☐	☐
4. Her name is Mrs. Blanco.	☐	☐
5. Madrid is the capital of Spain.	☐	☐
6. At the end, she states that people in the United States speak Spanish.	☐	☐

3 **Identify each country below and include any information you know about the country.**

⌐ ¬	⌐ ¬	⌐ ¬	⌐ ¬

1 🎧 **2** Listen to the following words in Spanish and see how many you understand. Then match the word to the appropriate image below. Use your knowledge of cognates to help you.

1. cafetería.................☐   5. familia ....☐

2. música....................☐   6. mapa.......................☐

3. clase ....☐   7. alfabeto ....☐

4. teléfono.................☐   8. computadora.........☐

❗ ▪ Cognates are words that look alike in Spanish and English. Although they have the same meaning, they are pronounced differently.

a.

b.

c.

d.

e.

f.

g.

h.

2 👥 Look at the following menu posted outside a restaurant in Cartagena, Colombia. With a partner, make a list of the words you recognize. Then try guessing at some of the unfamiliar words.

DESAYUNOS
MENÚ DEL DIA
BURRITOS-TACOS-NACHOS
SOPAS-ENSALADAS
HAMBURGUESAS-SANDWICH
CARNES-POLLO-TRUCHA
ONCES-CAFÉ

Familiar words	Unfamiliar words and their possible meaning

3 With a partner, look at the following signs and try to determine what each one is saying. Concentrate on the words you recognize and use the visuals to guess at unfamiliar words. Compare your answers with those of another pair.

a.

b.

c.

d.

e.

f.

4 Create your own sign using the expressions above and present it to the class.

EL ALFABETO ESPAÑOL

1 🎧 ³ Listen and repeat the letters in Spanish.

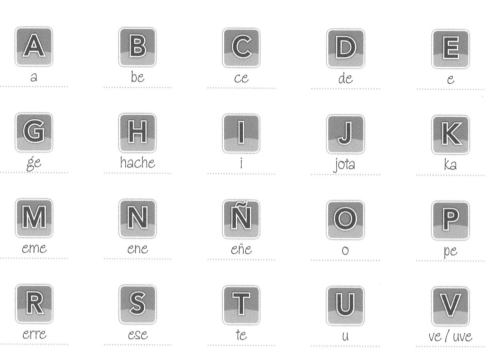

A	B	C	D	E	F
a	be	ce	de	e	efe

G	H	I	J	K	L
ge	hache	i	jota	ka	ele

M	N	Ñ	O	P	Q
eme	ene	eñe	o	pe	cu

R	S	T	U	V	W
erre	ese	te	u	ve / uve	doble ve / doble uve

X	Y	Z
equis	i griega/ye	zeta

> ❗ ▪ When used together, **ch** (*che*) and **ll** (*elle*) produce a single sound. They are not considered letters.

2 🎧 ⁴ Listen to the letters in Spanish and select the correct option.

1. ◯ b
   ◯ v

2. ◯ g
   ◯ ñ

3. ◯ y
   ◯ j

4. ◯ s
   ◯ r

5. ◯ j
   ◯ g

6. ◯ h
   ◯ x

7. ◯ z
   ◯ c

8. ◯ p
   ◯ b

3 🎧 ⁵ Listen and select the letter in each group that is not mentioned.

a. F G H J

b. M Ñ N P

c. K W C G

d. V B D E

e. Y I T L

4 Write the name of the letters to spell out the following Hispanic countries. Then write the name of the country on the map.

a.

  ... V E N E Z U E L A
uve   e   ene   e   zeta   u   e   ele   a

b.

 ... U R U G U A Y

c.

E C U A D O R

d.

P A R A G U A Y

e.

H O N D U R A S

México
Cuba
República Dominicana
Puerto Rico
Guatemala
El Salvador
Nicaragua
Costa Rica
Panamá
Colombia
Perú
Brasil
Bolivia
Chile
Argentina

5 Write out the names of the following countries where Spanish is spoken.

a. Pe - a - ene - a - eme - a ➡ ....
b. E - ese - pe - a - eñe - a ➡ ....
c. Eme - e - equis - i - ce - o ➡ ....
d. Be - o - ele - i - uve - i - a ➡ ....
e. A - erre - ge - e - ene - te - i - ene - a ➡ ....
f. Che - i - ele - e ➡ ....

6 Write out the letters of your name in Spanish in the name. Then, in groups of three or four, take turns spelling your name out to each other.

HOLA
mi nombre es

Modelo: E1: Hola, mi nombre es "ese – te – e – uve – e".
E2: Hola, Steve.

1 🎧 **6** Look at the drawings as you listen to the words commonly used to give instructions in class.

escucha

lee

escribe

marca

completa

relaciona

habla

pregunta

fíjate

2 Indicate what word from the list above is most likely associated with each of the images below.

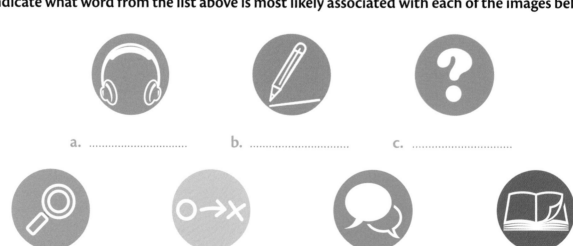

a. ....

b. ....

c. ....

d. ....

e. ....

f. ....

g. ....

3 🎧 **7** **Look at the drawing of the classroom and listen to the words for the people and objects you see.**

1. la profesora	6. el lápiz	11. el cuaderno	16. la mochila
2. el estudiante	7. el marcador	12. el diccionario	17. la carpeta
3. la papelera	8. el borrador	13. la goma de borrar	18. el mp4
4. la mesa	9. el libro	14. la tableta	19. el tablero de anuncios
5. la silla	10. el pizarrón	15. el bolígrafo	20. la puerta

4 **Identify the items in the following backpacks.**

1. ....
2. ....
3. ....
4. ....
5. ....
6. ....
7. ....

5 🎧 **8** Listen to some examples of questions you might use in Spanish class with your teacher.

> **Para comunicarte con tu profesor/profesora:**
>
> » **¿Cómo se dice** *blackboard* **en español?** *How do you say* blackboard *in Spanish?*
> » Pizarrón.
>
> » Estos son mis amigos, Luis y Pablo. *These are my friends, Luis and Pablo.*
> » No entiendo. **¿Puede repetir**, por favor? *I don't understand.* **Can you repeat, please?**
> » Estos son mis amigos, Luis y Pablo.
>
> » **¿Qué significa "pizarrón"?** *What does* "pizarrón" *mean?*
> » *Blackboard.*
>
> » ¿Cómo se escribe "cuaderno" en español? *How do you spell* "cuaderno" *in Spanish?*
> » Ce - u - a - de - e - erre - ene - o.
>
> » ¿Puede escribirlo en el pizarrón? *Can you write it on the board?*
> » Sí, claro. *Yes, of course.*
>
> » ¿Está bien así? *Is this right?*
> » Sí, está bien. *Yes, it's fine.*

> **!** ■ In Spanish, question marks and exclamation points are placed before and after the sentence. Notice that at the beginning they are written upside down.
>
> » *¿Está bien así?*
> » *¡Perfecto!*

6 👥 Fill in the blanks to complete the following conversations. Then practice them aloud with a partner.

a. » ¿Qué .... "carpeta"?
» "Carpeta" es *folder* en inglés.
» ¿Cómo se ....?
» Ce - a - erre - pe - e - te - a.
» ¿ .... bien así?
» Sí, está bien.

b. » ¿Cómo .... "papelera" en español?
» Pe - a - pe - e - ele - e - erre - a.
» ¿Puede ...., por favor?
» Pe - a - pe - e - ele - e - erre - a.

c. » ¿Cómo .... *backpack* en español?
» Mochila.
» ¿................... en el pizarrón?
» Sí, claro.

d. » ¿Qué .... "libro"?
» "Libro" es *book* en inglés.
» ¿Cómo se ....?
» Ele - i - be - erre - o.

7 👥 With a partner, create your own conversations using the expressions above and the vocabulary from Activity 3.

In this section of every unit, you will practice three of the four communication skills: reading, writing, and speaking. Specific strategies are presented to guide you as you complete the activities. Use the strategies in **Destrezas** to become a better learner.

COMPRENSIÓN DE VOCABULARIO

In the beginning, learning Spanish is all about learning vocabulary and expressions. Learning vocabulary is the first step to begin communicating in Spanish. Review the learning strategies in **Destrezas** and follow the suggestions to help you learn new vocabulary.

Destrezas

Making visual flashcards

In addition to making traditional flashcards with Spanish on one side and English on the other, try creating visual flashcards. Draw a picture of a word or action on one side of a card and the Spanish word on the other. Be sure to include the article before each noun. You don't have to be a great artist, as you are the only one that needs to know what the drawing represents. Use them to quiz yourself or have others use the cards to quiz you.

1 **Create visual flashcards for the following words from the unit.**

el bolígrafo	el marcador
el borrador	la mesa
la carpeta	la mochila
el cuaderno	la papelera
el diccionario	la silla
la goma de borrar	el tablero de anuncios
el lápiz	la tableta

2 👥 **Exchange flashcards with a partner and quiz each other on the new vocabulary words. ¡Atención! Each of you should be responding to your own cards.**

PRONUNCIACIÓN The Spanish vowels

In Spanish, each vowel has only one sound and is pronounced the same way in almost every case.

Vowel	Sounds like	Examples
a	*a* in f*a*ther, but shorter	m*a*rc*a*, c*a*rpet*a*, h*a*bl*a*
e	*e* in th*e*y, but shorter	m*e*sa, *e*studiante, clas*e*
i	*i* in mach*i*ne, but shorter	s*í*, escr*i*be, am*i*go
o	*o* in z*o*ne, but shorter	n*o*mbre, profes*o*ra, g*o*ma
u	*u* in r*u*le, but shorter	an*u*ncio, preg*u*nta, esc*u*cha

1 🎧 ⁹ **Listen and repeat after the speaker.**

2 🎧 ¹⁰ **List the words you hear in the appropriate column according to their vowel sound.**

a	e	i	o	u

YO HABLO ESPAÑOL, ¿Y TÚ?

El español es la segunda lengua más hablada en el mundo. Se habla en ca toda América Latina y España. Se habla en Filipinas y en algunas parte de África. ¡Apréndelo!

México

Habana

Cuba

República Dominicana

México D.F.

Santo Domingo

San Juan
Puerto Rico

Guatemala
Guatemala

Honduras
Tegucigalpa

El Salvador
San Salvador

Nicaragua
Managua

Costa Rica
San José

Panamá
Panamá

Caracas

Venezuela

Bogotá

Colombia

Quito

Ecuador

Perú

Lima

Bolivia
La Paz

Paraguay
Asunción

Chile

Uruguay

Santiago

Buenos Aires
Montevideo

Argentina

Catedral Metropolitana en el Zócalo de la capital mexicana, México D.F.

Playa Flamenco en la Isla de Culebra, Puerto Rico

Machu Picchu en Perú

Bosque tropical en Costa Rica

Barrio de La Boca en Buenos Aires, Argentina

¿Sabes que....? (Do you know that...?)

✓ Spanish is the second most widely spoken language in the world. (Mandarin is first and English is third).

✓ Spanish is the third language with the highest number of Internet users (8% of the total number of users).

✓ Another name for Spanish is Castilian (castellano), named after the region in Spain where it originated.

✓ The letter ñ only exists in Spanish.

Select the correct option to complete each sentence.

1. Spanish is the **first / second** most widely spoken language in the world.
2. The letter **q / ñ** is unique to Spanish.
3. The majority of students in the United States study **Spanish / Japanese**.
4. **Many / Not many** people speak Spanish.
5. Another name for Spanish is **Castilian / European Spanish**.
6. Spanish is the **second / third** language with the highest number of Internet users.

España

Barcelona
Madrid
Valencia
Sevilla

Molinos de viento en Castilla, España

🎧 11 **Underline the cognates and other words you recognize in the following text.**

«Hola, mi nombre es Sofía y soy estudiante. Estudio inglés en la escuela. Mi escuela es grande y tengo muchos amigos. Mis amigos son de Ecuador, México y Perú. Uso la computadora para comunicarme con mis amigos. También uso la computadora para estudiar y escuchar música. Y tú, ¿estudias español en clase?».

Quick facts!

✓ In the United States, Spanish is the second most widely spoken language.

✓ Spanish is the second most studied language among students in the United States.

✓ According to a study from the University of Lyon, France, Spanish speakers can pronounce 7.8 syllables per second. (Only Japanese has a higher number of syllables per second).

Fuentes: Universidad de Lyon, Top Languages in Global Information Production Study, Academia de la Lengua Española, Informe 2012 Instituto Cervantes.

INSTRUCCIONES EN LA CLASE *Instructions for class* (See page 26)

completa *complete*

escribe *write*

escucha *listen*

fíjate *look at*

habla *speak*

lee *read*

marca *mark*

pregunta *ask*

relaciona *match*

EN LA CLASE DE ESPAÑOL *In Spanish class* (See page 27)

el bolígrafo *pen*

el borrador *eraser*

la carpeta *folder*

el cuaderno *notebook*

el diccionario *dictionary*

el estudiante *student (male)*

la estudiante *student (female)*

la goma de borrar *pencil eraser*

el lápiz *pencil*

el marcador *marker*

la mesa *table, desk*

la mochila *backpack*

el mp4 *mp4*

la papelera
wastepaper basket

el pizarrón *blackboard*

el profesor *teacher (male)*

la profesora *teacher
(female)*

la puerta *door*

la silla *chair*

el tablero
de anuncios
bulletin board

la tableta
tablet

PARA COMUNICARTE CON TU PROFESOR/PROFESORA *To communicate with your teacher* (See page 28)

¿Cómo se dice… en español? *How do you say… in Spanish?*

¿Cómo se escribe… en español? *How do you spell… in Spanish?*

¿Está bien así? *Is this right?*

Hola, mi nombre es… *Hi, my name is…*

No entiendo. *I don't understand.*

¿Puede escribirlo en el pizarrón? *Can you write it on the blackboard?*

¿Puede repetir, por favor? *Can you repeat, please?*

¿Qué significa…? *What does… mean?*

Sí, claro. *Yes, of course.*

Sí, está bien. *Yes, it's fine.*

OTRAS PALABRAS Y EXPRESIONES ÚTILES *Other useful words and expressions*

bienvenidos *welcome*

está/están *is/are located*

el mundo hispano *Hispanic world*

los países *countries*

HOLA, ¿QUÉ TAL?

≫ ¿Son profesores o estudiantes?

≫ ¿Están en clase o en un restaurante?

≫ ¿Cómo se dice "friends" en español?

Los muchachos son buenos ami

In this unit, you will learn to:

- Say hello, good-bye, and make introductions
- Give your age and say where you are from
- Ask others about themselves
- Identify some common professions
- Express dates and phone numbers

Using

- Subject pronouns and the verb *ser*
- Verbs *tener* and *llamar(se)*
- Definite and indefinite articles

Cultural Connections

- Share information about the Spanish language and Hispanic communities in the United States, and compare cultural similarities

SABOR HISPANO

Hispanos en Estados Unidos

- Estados Unidos

¡ACCIÓN!

1 Look at the image below of students studying together in the library. Then choose the correct answer to complete the sentences.

1. La imagen representa...
   a. ◯ una foto de familia.
   b. ◯ una foto de compañeros de clase.
   c. ◯ una foto de vacaciones.

2. Los muchachos están...
   a. ◯ en la biblioteca.
   b. ◯ en un parque.
   c. ◯ en la cafetería.

3. En la imagen...
   a. ◯ hay 4 muchachos.
   b. ◯ hay 1 muchacho y 3 muchachas.
   c. ◯ hay 2 muchachos y 3 muchachas.

4. Los muchachos tienen en la mano *(hand)*...
   a. ◯ mochilas y libros.
   b. ◯ carpetas y cuadernos.
   c. ◯ bolígrafos y lápices.

2 🎧 12 Follow along as you listen to a conversation between students meeting for the first time. Then indicate whether each sentence is true (T) or false (F).

Nélida: Hola, ¿qué tal? Me llamo Nélida. Y ustedes, ¿cómo se llaman?
Alberto: Hola, yo soy Alberto y él es Miguel.
Miguel: ¿Qué tal? Ella es Cecilia. Es colombiana, de Bogotá.
Cecilia: Hola a todos, ¿qué tal? ¿De dónde eres, Alberto? ¿Eres americano?
Alberto: No, soy argentino, de Buenos Aires, pero vivo aquí en Estados Unidos.
Nélida: Cecilia, ¿cuántos años tienes?
Cecilia: Tengo 14 años. ¿Y tú?
Nélida: Tengo 15 años.
Miguel: Bueno, muchachos, vamos a clase. ¡Hasta luego!
Alberto: Sí, es verdad, ¡hasta luego!
Nélida y Cecilia: ¡Adiós!

	T	F
a. Alberto es español.	◯	◯
b. Cecilia tiene 14 años.	◯	◯
c. Cecilia es colombiana.	◯	◯
d. Miguel es de Bogotá.	◯	◯
e. Nélida y Cecilia tienen 14 años.	◯	◯

3 🎧 12 Listen again to the conversation and repeat after the speaker.

4 🎧 **13** Listen to Miguel, Nélida, Cecilia, and Alberto talk about where they are from. Then fill in the missing words in the sentences below.

a. Miguel es de Los Ángeles, él es ....

b. Alberto es de Buenos Aires, él es ....

c. Nélida es de Madrid, ella es ....

d. Cecilia es de Bogotá, ella es ....

5 🎧 **14** Follow along as you listen to the conversations below. What is the difference between them? Then, in groups of three, practice the conversations aloud with each of you taking a part.

a.

Víctor: ¡Hola, Susana! ¿Qué tal estás?
Susana: Bien. Mira, este es Antonio, un amigo de clase.
Víctor: Hola, Antonio.
Antonio: ¡Hola! ¿Qué tal?

b.

Jesús: Buenos días, Leonor. ¿Cómo está usted?
Leonor: Muy bien, gracias. Mire, le presento al señor Fernández.
Sr. Fernández: Encantado.
Jesús: Encantado.

> ❗ ■ The following abbreviations are used for a person's title:
> señor ➡ Sr.   señora ➡ Sra.   señorita ➡ Srta.

6 Read the following expressions and decide whether they would most likely be used in formal (F) or informal (I) situations. Then write what you think the expressions mean. Compare your answers with a partner.

	F	I	What do you think it means?
a. Hola, ¿qué tal?	☐	☐	
b. Buenos días, ¿cómo está?	☐	☐	
c. Encantado.	☐	☐	

7 In groups of three, take turns introducing each other in formal and informal situations using the conversations above as a model. *¡Atención!* Be sure to substitute your own information.

COMUNICA

GREETINGS, INTRODUCTIONS, AND SAYING GOOD-BYE

Informal	Formal
■ **Para saludar** *To say hello*	
Hola, ¿qué tal? *Hi, what's up?*	**Buenos días / tardes.** *Good morning/afternoon.*
Hola, ¿qué tal estás? *Hi, how are you doing?*	**Buenas noches.** *Good evening, Good night.*
■ **Para presentarse** *To introduce yourself*	
Hola, soy... *Hi, I'm...*	**Buenos días,**
Hola, me llamo... *Hi, my name is...*	**Buenas tardes/noches,** ⎬ soy...
■ **Para presentar a alguien** *To introduce someone*	
Mira, este es Dan. *Hey, this is...*	**Mire, le presento al Sr. Pérez.**
Mira, esta es Jenny. *Hey, this is...*	*Look, I'd like to introduce you to Mr. Pérez.*
Mira, estos son Dan y Bill. *Hey, these are...*	**Mire, le presento a la Sra. Díaz.**
Mira, estas son Jenny y Ana. *Hey, these are...*	*Look, I'd like to introduce you to Mrs. Díaz.*
■ **Para responder a una presentación** *To respond to an introduction*	
Hola, ¿qué tal? *Hi, what's up?*	**Encantado.** *Delighted (said by a male).*
	Encantada. *Delighted (said by a female).*
	¿Cómo está? *How do you do?*
■ **Para despedirse** *To say good-bye*	
Adiós. *Good-bye.*	
Hasta luego / mañana / pronto. *See you later/tomorrow/soon.*	

1 Look at the drawings below. Then read the conversations and match them to the appropriate drawing.

a. ○

b. ○   c. ○

d. ○

1. » Buenos días, Sra. Gómez, ¿cómo está?
    » Bien, Carlitos.

2. » Hola, ¿cómo te llamas?
    » Yo me llamo Marta. ¿Y tú?
    » Yo soy Daniel. ¿Qué tal?

3. » Hola, papá, este es mi amigo Alberto.
    » Encantado.
    » Hola.

4. » ¡Adiós, chicos!
    » ¡Hasta mañana, profesor!

2 Walk around the classroom and introduce yourself informally to three classmates. Then introduce yourself to three different classmates using formal expressions.

ASKING AND GIVING INFORMATION ABOUT YOURSELF

» **¿Cómo te llamas?** *What's your name?*

» **Me llamo Francisca García Mejías.**
My name is Francisca García Mejías.

» **¿De dónde eres?** *Where are you from?*

» **Soy de México. / Soy mexicana.**
I'm from Mexico. / I'm Mexican.

» **¿Cuántos años tienes?** *How old are you?*

» **Tengo 15 años.** *I'm 15 years old.*

» **¿Dónde vives?** *Where do you live?*

» **Vivo en Puebla. / Vivo en la calle Reina.**
I live in Puebla. / I live on Reina Street.

» **¿Qué haces?** *What do you do?*

» **Soy estudiante.** *I'm a student.*

■ People in Spanish-speaking countries often use two last names. In the case of Francisca García Mejías, García is Francisca's father's last name and Mejías is her mother's. In this way, both sides of the family are represented.

■ Other jobs or professions

For males	For females		For males	For females	
profesor	profesora	*teacher*	cantante	cantante	*singer*
médico	médica	*doctor*	futbolista	futbolista	*soccer player*
enfermero	enfermera	*nurse*	tenista	tenista	*tennis player*
bibliotecario	bibliotecaria	*librarian*	actor	actriz	*actor/actress*

3 🎧 15 👥 **Listen to the following conversations and fill in the missing words. Then practice the conversation with a partner.**

1. En el médico

Médica: ¿Cómo te llamas?
Carlos: Me llamo Carlos.
Médica: ¿Cuántos años ....?
Carlos: Tengo 5 ....

2. En la biblioteca

Sra. Díaz: ¿Cómo te llamas?
Rosalía: Me .... Rosalía
Castro Gómez.
Sra. Díaz: ¿........ vives?
Rosalía: Vivo en la calle Molina.

3. En la calle

Miguel: ¿De dónde ....?
Beatriz: Soy puertorriqueña.
Miguel: ¿Y .... haces?
Beatriz: ....profesora.

4 👥 **With a partner, take turns introducing yourself as one of the people in the images. Give your name, age, where you are from, and what you do. Use your imagination and the cues in the images to help you create your profile.**

1.

4.

2.

3.

5.

6.

ANTES DEL VIDEO

1 Look at the people in Images 2 and 4 and describe what they are doing. Are these situations formal or informal?

2 With a partner, list the expressions you would use in Spanish in the following situations.

a. Para saludar: ....

b. Para presentarse: ....

c. Para presentar a alguien: ....

d. Para responder a la presentación: ....

e. Para despedirse: ....

f. Para preguntar el número de teléfono: ....

g. Para preguntar la nacionalidad: ....

h. Para preguntar la edad: ....

i. Para preguntar el nombre: ....

3 Write a sentence or caption for each of the images.

	Frase
Imagen 1	
Imagen 2	
Imagen 3	

	Frase
Imagen 4	
Imagen 5	
Imagen 6	

DURANTE EL VIDEO

4 01:23 - 01:50 Watch the following scene and identify the objects from the list below mentioned in the conversation.

libros ○ lápiz ○ cuadernos ○ bolígrafos ○ tableta ○ carpetas
marcador ○ goma de borrar ○ diccionario

DURANTE EL VIDEO

5 🔊 **Listen again to the conversation between Lorena and Eli and fill in the missing words.**

02:09 - 02:50

Lorena: ¿(a) .... estudiante?

Eli: Sí. Voy a la universidad. (b) .... también. Somos (c) ....

Lorena: Por cierto, mi nombre es Lorena.

Eli: Hola, Lorena. ¡Encantada! Yo (d) .... Eli.

Lorena: ¡Encantada, Eli!

Eli: ¿(e) .... eres, Lorena?

Lorena: (f) .... de Venezuela. Estoy aquí por trabajo. Es mi primera semana en la ciudad. ¡Y mi primer día de trabajo en esta tienda!

Eli: ¡(g) .... a la ciudad!

Lorena: ¡Gracias! ¿Ustedes son de (h) .... ?

Eli: Yo soy (i) .... Vivo aquí con mis padres desde agosto de 2010.

6 **Complete the sentences with the nationality and country of each person.**

a. Lorena es ...., es de ....

b. Eli es ...., es de ....

c. Alfonso es ...., es de ....

d. Juanjo es ...., es de ....

7 **Watch the whole episode and indicate whether the following statements are true (T) or false (F).**

	T	F
a. Eli y sus amigos viven en la ciudad.	☐	☐
b. Lorena no tiene amigos en la ciudad.	☐	☐
c. Lorena trabaja los fines de semana.	☐	☐
d. Es el mes de septiembre.	☐	☐
e. En la tienda no hay mochilas.	☐	☐

DESPUÉS DEL VIDEO

8 👥 **In groups of three, create a similar situation. Assign each member a role to play (A, B, or C). Then, prepare a conversation in which Students A and B are friends and Student C is new to the school. Include the following words.**

bienvenido/a ○ encantado/a ○ compañeros/as ○ fin de semana ○ ustedes ○ soy ○ aquí

9 👥 **Present your conversation to the class.**

MORE IN ELETECA: EXTRA ONLINE PRACTICE

1 🎧 **16** **Listen and repeat the numbers in Spanish.**

0	cero	8	ocho	16	dieciséis	24	veinticuatro
1	uno	9	nueve	17	diecisiete	25	veinticinco
2	dos	10	diez	18	dieciocho	26	veintiséis
3	tres	11	once	19	diecinueve	27	veintisiete
4	cuatro	12	doce	20	veinte	28	veintiocho
5	cinco	13	trece	21	veintiuno	29	veintinueve
6	seis	14	catorce	22	veintidós	30	treinta
7	siete	15	quince	23	veintitrés	31	treinta y uno

2 🎧 **17** **Listen to the numbers and select the ones you hear.**

☐ 3   ☐ 2   ☐ 16   ☐ 7   ☐ 12   ☐ 11   ☐ 25

☐ 15   ☐ 9   ☐ 14   ☐ 28   ☐ 18   ☐ 13   ☐ 20

3 **Write out the numbers for the following math problems.**

a. 6 x 5 = ...

b. 3 + 4 = ...

c. 15 − 7 = ...

d. 20 ÷ 2 = ...

e. 7 + 15 + 4 = ...

f. 11 x 2 = ...

4 👥 **Write the numbers to the following math problems to complete the puzzle and uncover the secret number. Check your answers with a partner.**

1. Cinco más cinco.

2. Veintiuno entre tres.

3. Tres por cinco.

4. Dos más dos.

5. Diecinueve más uno.

6. Quince entre tres.

7. Siete por dos.

8. Doce menos cuatro.

9. Diez más uno.

- más ➡ +
- menos ➡ −
- por ➡ x
- entre ➡ ÷

5 Read the Modelo aloud taking parts with a partner. Then ask and exchange telephone numbers with three other classmates. ¡*Atención!* It is not necessary to give your real number.

Modelo:

¿Cuál es tu número de teléfono?

Es el 659 241 487

6 Let's play. Think of a number from 1 to 31. Your partner will try to guess that number in Spanish. Use a thumbs up or down signal to indicate a higher or lower number. Then switch roles and play again.

7 Look at the following people. Write out the number for the age you think they are. Then, with a partner, take turns asking each other to see if you agree. Use the Modelo provided.

Tomás tiene .... años. Paco tiene .... años. Teresa tiene .... años. Marcos tiene .... años.

Modelo: E1: ¿Cuántos años tiene...?
E2: Tiene... años.
E1: Sí, es verdad. / No, creo que tiene... años.

8 Introduce yourself to three classmates. Greet them and ask each one's name and age. Then introduce them to the class.

To ask someone's age
¿Cuántos años tienes?

To introduce someone
Este es Mike./**Esta es** Melissa.

9 🎧 **18** **Listen to the names of the months in Spanish and repeat.**

- enero
- febrero
- marzo
- abril
- mayo
- junio

- julio
- agosto
- septiembre
- octubre
- noviembre
- diciembre

❗ ■ The months in Spanish are not capitalized.

≫ *¿Qué día es hoy?* *What's today's date?*
≫ *Es el 4 de junio.* *It's June 4th.*

≫ *¿Cuándo es tu cumpleaños?* *When is your birthday?*
≫ *Es el 11 de mayo.* *It's May 11th.*

10 👥 **Answer the following questions by writing out the correct date. Then compare your answers with a partner.**

1. ¿Cuándo es el Día de la Independencia de Estados Unidos?
2. ¿Cuándo es el Día de San Valentín?
3. ¿Cuándo es Navidad (*Christmas*)?

4. ¿Cuándo es el último (*last*) día del año?
5. ¿Cuándo es el primer (*first*) día del año?
6. ¿Qué día es hoy?

11 👥 **In pairs, take turns asking each other for the missing names and birthdays of the famous people on each of your cards. Do you know who they are? Then use the astrological chart to give their sign.**

Modelo: E1: Su cumpleaños es el 24 de junio. ¿Quién es?   E2: ¿Cuándo es el cumpleaños de Lionel Messi?
E2: Es **Lionel Messi.** Es Cáncer.   E1: Es el **24 de junio.** Es Cáncer.

Estudiante 1	
Nombre	**Cumpleaños**
1.	24 de junio
2.	el 10 de octubre
3. Alejandro Bedoya	el 29 de abril
4. Zoe Saldaña	el 19 de junio
5. Enrique Iglesias	
6.	el 10 de julio
7. Thalía	el 26 de agosto

Estudiante 2	
Nombre	**Cumpleaños**
1. Lionel Messi	el 24 de junio
2. Mario López	el 10 de octubre
3.	el 29 de abril
4. Zoe Saldaña	
5. Enrique Iglesias	el 8 de mayo
6. Sofía Vergara	el 10 de julio
7.	el 26 de agosto

Acuario
20 de enero - 19 de febrero

Tauro
20 de abril - 20 de mayo

Leo
23 de julio - 22 de agosto

Escorpión
23 de octubre - 21 de noviembre

Piscis
20 de febrero - 20 de marzo

Géminis
21 de mayo - 21 de junio

Virgo
23 de agosto - 21 de septiembre

Sagitario
22 de noviembre - 21 de diciembre

Aries
21 de marzo - 19 de abril

Cáncer
22 de junio - 22 de julio

Libra
22 de septiembre - 22 de octubre

Capricornio
22 de diciembre - 19 de enero

12 👥 **In groups of four, take turns guessing each other's birthday. Start with the month, then the day and see who guesses the complete date first. Use a thumbs up or down signal to indicate a higher or lower month or date.**

Modelo: *¿Es en...? ¿Es el... de...?*

13 Look at the maps of different parts of the world. Write the names of the countries from the list in the appropriate spots on the maps.

> Cuba ○ España ○ China ○ Francia ○ India ○ Italia
> Puerto Rico ○ República Dominicana ○ México ○ Japón

14 👥 With a partner, fill in the missing nationalities in Spanish. Use the clues already provided in the chart to help you with the forms.

> ⚠ ■ Nationalities in Spanish are not capitalized. They also vary in form when referring to a man (*hombre*) or a woman (*mujer*). Do you see a pattern in the way they are formed?

País	Hombre	Mujer
Cuba	cubano	
China		china
México		mexicana
Italia	italiano	
India	indio	india
Puerto Rico	puertorriqueño	
República Dominicana	dominicano	
Francia	francés	
Japón		japonesa
España		española
Ecuador		ecuatoriana
Perú	peruano	
Chile	chileno	

15 🎧 **19** Listen to Olga introduce her friends Daniel and Susie. Then choose the correct nationality for each of them.

a. Daniel es... ☐ español.
          ☐ francés.
          ☐ dominicano.

b. Susie es... ☐ india.
          ☐ china.
          ☐ japonesa.

c. Olga es... ☐ cubana.
         ☐ italiana.
         ☐ puertorriqueña.

MORE IN ELETECA: EXTRA ONLINE PRACTICE

GRAMÁTICA

1. DEFINITE AND INDEFINITE ARTICLES

- In Spanish, there are four definite articles that correspond to the English *the*.

	Masculine	Feminine
Singular	**el** libro *the book*	**la** silla *the chair*
Plural	**los** libros *the books*	**las** sillas *the chairs*

- In both Spanish and English, the definite article is used to identify and talk about specific people, places, or things we know.

  El pizarrón es negro. The blackboard is black.　　　*La profesora es de Perú. The teacher is from Peru.*

  Los estudiantes son americanos. The students are American.

- There are four indefinite articles in Spanish that correspond to the English *a*, *an*, and *some*.

	Masculine	Feminine
Singular	**un** cuaderno *a notebook*	**una** mochila *a backpack*
Plural	**unos** cuadernos *some notebooks*	**unas** mochilas *some backpacks*

- The indefinite article is used to talk about nonspecific people, places, or things.

  Eduardo es un amigo. Eduardo is a friend.

  San Antonio es una ciudad bonita. San Antonio is a pretty city.

  Necesito unos marcadores. I need some markers.

- In Spanish, definite and indefinite articles match nouns in number (singular / plural) and gender (masculine / feminine). Most nouns ending in **–o** are masculine and most ending in **–a** are feminine.

1 **Write the indefinite and definite articles for the following people and things.**

a.

...... / ...... lápiz

b.

...... / ...... profesora

c.

...... / ...... estudiante

d.

...... / ...... carpeta

e.

...... / ...... profesor

f.

...... / ...... bolígrafo

g.
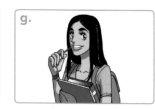
...... / ...... estudiante

h.

...... / ...... diccionario

2 **Write the plural forms of indefinite and definite articles for these objects.**

a. .... / .... sillas　　　c. .... / .... papeleras　　　e. .... / .... mochilas

b. .... / .... cuadernos　　　d. .... / .... libros　　　f. .... / .... teléfonos

2. SUBJECT PRONOUNS AND THE VERB *SER*

■ Subject pronouns refer to people and often come before the verb to show who is doing the action or is being described. The chart below lists the subject pronouns in Spanish with their meaning in English.

yo *I*		**nosotros/nosotras** *we*	
tú *you (informal)*		**vosotros/vosotras** *you (plural, Spain)*	
usted *you (formal)*		**ustedes** *you (plural)*	
él *he*		**ellos** *they (all males or mixed)*	
ella *she*		**ellas** *they (all females)*	

■ Both **tú** and **usted** are used when speaking directly to someone. Use **tú** when that person is a friend. Use **usted** when speaking to someone in a formal situation or to show respect.

■ Use **ustedes** when speaking to a group of people. Your teacher, for example, will address the class as **ustedes**. The English equivalent would be *you all*.

■ Use **nosotras** and **ellas** when referring to a group of all females.

■ **Vosotros/vosotras** is used in Spain.

¿De dónde son ustedes?

■ You have already been using the forms of the verb **ser** to make introductions and say where you and others are from. Here are all the forms of **ser** with the subject pronouns and meaning in English.

SER *(to be)*			
yo	**soy** *I am*	nosotros/as	**somos** *we are*
tú	**eres** *you are*	vosotros/as	**sois** *you are (plural, Spain)*
usted	**es** *you are (formal)*	ustedes	**son** *you are (plural)*
él	**es** *he is*	ellos	**son** *they (all males or mixed)*
ella	**es** *she is*	ellas	**son** *they (all females)*

■ Spanish speakers often omit the subject pronouns when using **yo**, **tú**, **nosotros/as**, and **vosotros/as** since the verb ending already carries that information.

Yo soy de Madrid. ➡ *Soy* de Madrid. (The form **soy** can only apply to **yo**)

Tú eres de Santiago. ➡ *Eres* de Santiago. (The form **eres** can only apply to **tú**)

■ **Usted**, **él** and **ella** use the same form of the verb: **es**.

■ **Ustedes**, **ellos** and **ellas** use the same form: **son**.

3 Choose the subject pronoun from the list below that you would use to talk about the following people.

> él o ella o ellos o ellas o nosotros

Modelo: Carlos → él

a. María → ....

b. María y Clara → ....

c. Juan → ....

d. María y Juan → ....

e. María, Juan y yo → ....

f. Tú y yo → ....

4 Look at the following people and select the correct question you would use to ask where each one is from. **¡Atención!** One question will be used more than once.

> ¿De dónde eres? o ¿De dónde es usted? o ¿De dónde son ustedes?

....

5 Choose the correct form of *ser* from the options.

a. Penélope Cruz **soy / es / eres** actriz.

b. Los profesores **son / somos / soy** interesantes.

c. Yo **eres / es / soy** estudiante.

d. Mis amigos y yo **son / somos / eres** de California.

e. Y tú, ¿**eres / es / son** italiano?

f. Shakira **son / somos / es** cantante.

g. Rafael Nadal y David Ferrer **somos / eres / son** tenistas.

h. Sr. Ramos, ¿**es / son / somos** usted bibliotecario?

6 Complete the sentences with the correct form of *ser* to describe the following people. Then check your answers with a partner.

Este .... Daniel. .... profesor de inglés en España. .... de Estados Unidos. .... muy inteligente.

¡Hola a todos! Yo .... Claudia. .... estudiante en la escuela secundaria. También .... futbolista, pero ¡no profesional! Y tú, ¿de dónde .... ?

 Additional vocabulary: también → *also* pero → *but*

¡Hola! Nosotros .... amigos. .... americanos pero .... de todas partes. Diego .... de Colombia. Jennifer .... de Chicago. Tomás y Elena .... de México. Y ustedes, ¿de dónde ....?

Dolores y Pablo no .... estudiantes. Ellos .... enfermeros en un hospital importante. Dolores .... peruana y Pablo .... americano.

7 Write a similar description about yourself. Then read it aloud to a classmate. What do you have in common?

Modelo: E1: Nosotros somos...
E2: No somos...

> To say that something is not true for you, use **no** before the verb.
> *Yo no soy de Bogotá. I'm not from Bogota.*

3. PRESENT TENSE OF *LLAMAR(SE)* AND *TENER*

■ You have been using the expression **me llamo** to tell someone your name. The expression comes from the verb **llamar(se)**.

LLAMAR(SE) *(to be called)*

yo	me llamo *I am called*	nosotros/as	nos llamamos *we are called*
tú	te llamas *you are called*	vosotros/as	os llamáis *you are (plural, Spain) called*
usted	se llama *you are called (formal)*	ustedes	se llaman *you are (plural) called*
él	se llama *he is called*	ellos	se llaman *they are called*
ella	se llama *she is called*	ellas	se llaman *they are called*

■ The verb **llamar(se)** literally means to be called and <u>not</u> *my name is*. Its meaning in English may sound strange to you, but it is absolutely clear to all Spanish speakers.

≫ ¿Cómo **te llamas**? *What's your name? / What are you called?*

≫ **Me llamo** Alberto. *My name is Alberto. / I'm called Alberto.*

≫ ¿Cómo **se llama** el profesor? *What's the teacher's name? / What is the teacher called?*

≫ **Se llama** Sr. Estévez. *His name is Mr. Estévez. / He's called Mr. Estévez.*

GRAMÁTICA

■ You have also been using the expression **tengo... años** to tell someone your age. This expression comes from the verb **tener**.

TENER... AÑOS *(to be... years old)*			
yo	tengo... años *I am... years old*	nosotros/as tenemos... años *we are... years old*	
tú	tienes... años *you are... years old*	vosotros/as tenéis... años *you are... years old (plural, Spain)*	
usted	tiene... años *you are (for.)... years old*	ustedes	tienen... años *you are... years old (plural)*
él	tiene... años *he is... years old*	ellos	tienen... años *they are... years old*
ella	tiene... años *she is... years old*	ellas	tienen... años *they are... years old*

■ Without **años**, the verb **tener** by itself means *to have*.

Yo **tengo** una computadora. *I have a computer.*

Los estudiantes **tienen** mochilas. *The students have backpacks.*

8 Write the correct form of the verb *llamar(se)* in the following sentences. ¡Atención! Be sure to use the complete expression made up of two words.

a. Ella .... Paquita.

b. Mi amigo .... Raúl.

c. Nosotras .... Susana y Luisa.

d. Tú .... Nacho, como *(like)* mi amigo.

e. Los cantantes .... Enrique Iglesias y Pitbull.

f. Yo no .... Celia.

9 Choose the correct form of the question and answer from the options.

Pregunta *(Question)*

1. ¿Cómo **te llamas / se llaman**?..................................
2. ¿Cuántos años **tienen / tengo** los estudiantes?......
3. ¿**Tienes / Tiene** usted teléfono celular?..................
4. ¿Cómo **me llamo / se llama** la bibliotecaria?..........
5. ¿Cuántos años **tengo / tiene** Luis?.........................
6. ¿Cómo **se llaman / nos llamamos** ustedes?..........

Respuesta *(Answer)*

a. **Me llamo / Se llama** Isabel.

b. **Tienen / Tengo** 15 años.

c. Sí, **tengo / tenemos** teléfono celular.

d. **Te llamas / Se llama** Sra. Menéndez.

e. **Tiene / Tienes** 13 años.

f. **Nos llamamos / Se llaman** Ana y Ricardo.

10 Prepare some questions to interview a classmate about his/her name, age, origin/nationality, what he/she does, and what's in his/her backpack. Use the chart below to help you prepare your questions in Spanish. After the interview, introduce your classmate to the class using all the information you collected about him/her.

Pregunta en español

name?	....
age?	....
origin?	....
do?	....
backpack?	....

Modelo: Este/Esta es...

MORE IN ELETECA: EXTRA ONLINE PRACTICE

GRAMMAR TUTORIALS 1 AND 2

COMPRENSIÓN DE LECTURA

1 **Read about the people in the images. Before reading, review the reading strategy in Destrezas and answer the questions.**

Destrezas

Before you start to read, search for clues in the image to help you understand unfamiliar words.

- *Who appears in the image?*
- *What are they wearing or doing?*

a.

María es chilena. Es enfermera y vive en Madrid.

b.

Manuel tiene 14 años. Vive en Italia, pero es español. Es estudiante.

c.

Carmen es profesora. Es de México y tiene 28 años.

2 **Read the passages again and choose the correct answer below.**

1. María es... y vive en...
   a. profesora ... Francia.
   b. enfermera ... España.
   c. médica ... Portugal.

2. Manuel tiene... y es de...
   a. catorce años ... España.
   b. once años ... México.
   c. catorce años... Italia.

3. Carmen es... y es...
   a. chilena ... policía.
   b. italiana ... estudiante.
   c. mexicana ... profesora.

PRONUNCIACIÓN The sounds of *ch* and *ñ*

1 🎧 **20** **Listen to the sounds of *ch* and *ñ* in the words below. Then listen again and repeat after the speaker.**

1. mu**ch**a**ch**o, mu**ch**a**ch**a, co**ch**e, diecio**ch**o, escu**ch**ar
2. ni**ñ**o, espa**ñ**ol, ense**ñ**ar, ma**ñ**ana, compa**ñ**ero

- The **ch** sequence in Spanish produce a single sound similar to the *ch* sound in English: ***Ch**ile,* **ch**urch.
- The **ñ** exists only in the Spanish alphabet. The sound is similar to the *ny* in ca**ny**on.

2 👥 **Underline the *ch* and *ñ* in the sentences below. Then take turns with a partner reading the sentences aloud.**

a.

El muchacho escucha música en el coche.

b.

Los niños españoles comen chocolate.

c.

La muchacha española dice: "Hasta mañana".

MORE IN ELETECA: EXTRA ONLINE PRACTICE

HISPANOS EN EE. UU.

> ¡Aquí hablamos **español** también!

Estados Unidos

- Toledo
- San Francisco
- Albuquerque
- Los Angeles
- Tucson
- San Antonio
- Miami

Nombres de ciudades en EE. U con origen español

MISSION SAN MIGUEL ARCANGEL
NATIONAL HISTORIC LANDMARK · 2006
EST. 1797

Una joven familia mexicana prepara Halloween.

Madre e hija celebran la Navidad.

Celebraciones del Cinco de Mayo en las calles de Montpellier, Vermont, EE. UU.

- ✓ Florida, New México y Louisiana tienen pasado español.
- ✓ Otros territorios tienen pasado mexicano como Sasabe y Tucson Arizona.
- ✓ Muchos lugares en EE. UU. tienen nombres en español: California, Florida, Arizona, Nevada, Montan Colorado... ¿Qué otros nombres d estados tienen origen español?

¿Sabes que...?

- ✓ Los hispanos en EE. UU. representan un 16,9*% de la población del país.
- ✓ Los hispanos o latinos vienen de América Latina o España.
- ✓ Los hispanos en EE. UU. son la comunidad hispanohablante más grande del mundo, después de México.

- ✓ Se habla español en EE. UU. desde (*since*) el año 1565.
- ✓ La palabra *hispano* se usa en EE. UU. desde 1970.
- ✓ En 1988, Ronald Reagan proclama el Mes Nacional de la Herencia Hispana, que se celebra todos los años del 15 de septiembre al 15 de octubre.

*In Spanish, the comma is used in place of the decimal point and vice versa, so the number 16,9 is equal to 16.9 in English.

🔊 21 ¡Famosos y en español!

Muchos famosos que viven en EE. UU. son hispanos o de origen hispano.
También hay muchos famosos que hablan español: Will Smith, Gwyneth Paltrow, Viggo Mortensen y otros.
¿Sabes qué famosos son hispanos o de origen hispano? ¡Marca las casillas!

Demi Lovato tiene ascendencia mexicana y española.

- ◯ Alexis Bledel
- ◯ Nick Jonas
- ◯ Selena Gómez
- ◯ Taylor Lautner
- ◯ Demi Lovato
- ◯ Bruno Mars
- ◯ Justin Bieber
- ◯ Enrique Iglesias
- ◯ Wilmer Valderrama
- ◯ Penélope Cruz
- ◯ Victoria Justice
- ◯ Miley Cyrus

Un día sin hispanos

Juan Martínez trabaja en una fábrica de conservas (canned food). Él habla de un día importante en su vida.

«Son las seis de la mañana. Camino al centro de mi ciudad. Hoy es un día importante. Las personas indocumentadas de origen hispano protestamos: trabajamos aquí y somos parte de la comunidad. Hay mucha gente. Todos queremos vivir aquí con la documentación necesaria. Los hispanos sí somos importantes».

Protestas de marzo de 2006

Fuentes: Univisión, Pew Research, Nielsen, The Associated Press, MayDay, redOrbit, American Civil Liberties Union, CNN, Census Bureau.

Univisión, ¿la cadena más popular?

❖ Univisión es la cadena (channel) de televisión más grande de EE. UU.
❖ Univisión emite desde (since) 1962.
❖ Los programas más populares son las telenovelas.
❖ Muchos programas y telenovelas son producciones de canales mexicanos como Televisa y El Canal de las Estrellas.
❖ Univisión tiene una media (average) de 1,81* millones de espectadores (viewers) de entre 18 y 49 años, más que las cadenas en inglés.
❖ Fusión es una nueva cadena de Univisión. Es para jóvenes latinos educados en español e inglés.

Un grupo de amigos ven un partido de fútbol.

Here is a list of more U.S. city names in Spanish.

Can you match the name in Spanish to its meaning in English?

1	Dos Palos, California	**a**	town
2	Boca Raton, Florida	**b**	two sticks
3	Amarillo, Texas	**c**	good view
4	Mesa Vista, California	**d**	rat's mouth
5	Casa Grande, Arizona	**e**	big house
6	Buena Vista, Florida	**f**	table view
7	Pueblo, Colorado	**g**	yellow

VOCES LATINAS

HISPANOS INFLUYENTES EN EE. UU.

Complete the sentences using the words listed below.

mexicanas ✳ telenovelas ✳ popular ✳ 16,9% ✳ protestas

1 Los hispanos son un _____ de la población de EE. UU.

2 Univisión es la cadena más _____ de EE. UU.

3 Los programas más populares de Univisión son las _____ .

4 Muchos programas de Univisión son producciones _____ .

5 En el movimiento 'Un día sin hispanos' hay muchas _____ .

1 Fill in the missing information in the chart below.

Masculino	Femenino	País
a.		República Dominicana
b.	mexicana	
c.		China
d.	india	
e. colombiano		

2 🎧 22 **Guillermo was elected President of the Spanish Club at his school. Read the e-mail he sent to his friend Michael telling him about the other Spanish Club officers.**

Asunto: El club del español

De: Guillermo   Para: Michael

Hola, Michael:

¿Qué tal? Mira, esta es una foto del club de español en la escuela.

El Sr. Pérez es el consejero (advisor) del club y también es profesor de español. Es colombiano y habla perfectamente inglés y español. En el comité ejecutivo somos cuatro estudiantes: Bo, Óscar, Asmita y yo.

Bo tiene quince años y es chino. Habla un poco de español pero comprende mucho. Todos los días habla con sus amigos por teléfono. Quiere ser médico y trabajar en un hospital.

Óscar es estudiante. Es dominicano y tiene diecisiete años. Habla mucho en clase y siempre escucha música en su mp4. Tiene un perro, se llama Chato. Tiene muchas fotos de Chato en su teléfono.

Asmita es india. Tiene catorce años y es estudiante. Asmita habla muy bien español, pero a veces dice palabras en inglés.

En el club solo hablamos en español y es un poco difícil comprendernos, pero es muy divertido.

Hasta luego,

Guillermo

3 With a partner, identify the person matching each description below. ¡Atención! Guillermo is also included in the descriptions.

	Bo	Óscar	Asmita	El Sr. Pérez	Guillermo
a. Tiene un perro.	☐	☐	☐	☐	☐
b. Es de China.	☐	☐	☐	☐	☐
c. Tiene 16 años.	☐	☐	☐	☐	☐
d. Es india.	☐	☐	☐	☐	☐
e. Es dominicano.	☐	☐	☐	☐	☐
f. Tiene 15 años.	☐	☐	☐	☐	☐
g. Habla español perfectamente.	☐	☐	☐	☐	☐
h. Es mexicano.	☐	☐	☐	☐	☐
i. Tiene 14 años.	☐	☐	☐	☐	☐
j. Es de Colombia.	☐	☐	☐	☐	☐

4 Take turns asking each other the following questions about Guillermo's e-mail.

a. ¿Quién tiene quince años?

b. ¿Cómo se llama la chica india?

c. ¿Qué hace el Sr. Pérez?

d. ¿Cómo se llama el chico que tiene diecisiete años?

e. ¿De dónde es Bo?

f. ¿Cuántos años tiene Asmita?

g. ¿Cómo se llama el perro de Óscar?

5 Put these words in the correct order to make logical sentences. Then, with a partner, write an appropriate question for each response.

a. llamo / Asmita / me		¿	?
b. tengo / años / diecisiete		¿	?
c. se / Chato / llama / el perro		¿	?
d. el Sr. Pérez / es / colombiano		¿	?
e. el profesor / la clase / de / es		¿	?

EVALUACIÓN

1 **Fill in the blanks with a word from the list to form logical questions and answers.**

> soy ○ qué ○ tienes ○ cómo ○ dieciocho ○ tengo ○ dónde ○ cuál ○ soy ○ llamo

a. » ¿...................... te llamas? » Me .... Emilio.

b. » ¿Cuántos años ....? » Tengo .... años.

c. » ¿De .... eres? » .... argentino.

d. » ¿...................... es tu número de teléfono? » No .... teléfono.

e. » ¿...................... haces? » .... estudiante.

PAÍSES Y NACIONALIDADES

2 **Write the correct nationality for the following countries. Include both male and female forms.**

a. España .... / ....

b. República Dominicana .... / ....

c. México .... / ....

d. India .... / ....

e. Francia .... / ....

f. Cuba .... / ....

NÚMEROS DE 0 A 31

3 **Write out the following numbers.**

a. 1 ....   d. 3 ....   g. 5 ....

b. 8 ....   e. 12 ....   h. 9 ....

c. 20 ....   f. 4 ....   i. 18 ....

LOS MESES DEL AÑO Y LA FECHA

4 **Rewrite the following dates in Spanish.**

a. June 15 ....

b. November 30 ....

c. March 13 ....

d. January 24 ....

5 Match the image to the corresponding month of the year.

a. ☐ diciembre

b. ☐ agosto

c. ☐ marzo

d. ☐ febrero

DEFINITE AND INDEFINITE ARTICLES

6 Write the correct indefinite article.

a. .... bolígrafo

b. .... consola

c. .... sillas

d. .... enfermeros

7 Write the correct definite article.

a. .... números

b. .... país

c. .... mesas

d. .... consola

PRESENT TENSE OF *SER, TENER* AND *LLAMAR(SE)*

8 Complete each sentence with the correct form of *ser, tener* or *llamar(se)*. *¡Atención!* Use the subject pronouns to help you with the form.

a. Ella .... María y yo me llamo Adrián.

b. Ellos .... dieciséis años.

c. Nosotros .... españoles.

d. Él .... estudiante de español.

e. ¿ .... ustedes de Puerto Rico?

f. David y yo .... trece años.

g. Ellos .... Juan y Adrián.

CULTURA

9 Answer the following questions about Hispanics in the United States and in your community.

a. ¿Cómo se llama el estado donde vives? ¿Es de origen español? ¿Tiene algún significado *(meaning)* especial?

b. ¿Qué es Univisión y por qué es importante? ¿Tienes Univisión en tu región?

c. ¿Qué fiesta mexicana celebran muchos americanos?

d. ¿Qué actor americano habla español?

e. ¿Quién es Demi Lovato? ¿Cuál es su ascendencia *(ancestry)*? ¿Tienes ascendencia hispana?

MORE IN ELETECA: EXTRA ONLINE PRACTICE

Saludos *Greetings*

Buenos días. *Good morning.*
Buenas tardes. *Good afternoon.*
Buenas noches. *Good evening/ night.*
¿Qué tal? *What's up?*
¿Qué tal estás? *How are you doing?*

Presentaciones *Introductions*

Mire, le presento a (al)… *Look, I'd like to introduce you to...*
Mira, este/esta es… *Hey, this is...*
Mira, estos/estas son… *Hey, these are...*
Encantado/a. *Delighted.*
¿Cómo estás? *How do you do?* *(informal)*

Despedidas *Saying good-bye*

Adiós. *Good-bye.*
Hasta luego. *See you later.*
Hasta pronto. *See you soon.*

Pedir información *Asking questions*

¿Cómo te llamas?
  What's your name?
¿Cuántos años tienes?
  How old are you?
¿De dónde eres?
  Where are you from?
¿Dónde vives?
  Where do you live?
¿Qué haces?
  What do you do?

Profesiones *Professions*

actor / actriz *actor / actress*
bibliotecario / bibliotecaria *librarian*
cantante *singer*

enfermero / enfermera *nurse*
futbolista *soccer player*
médico / médica *doctor*
profesor / profesora *teacher*
tenista *tennis player*

Nacionalidades *Nationalities*

chino/a *Chinese*
cubano/a *Cuban*
chileno/a *Chilean*
dominicano/a *Dominican*
ecuatoriano/a *Ecuadorian*
español / española *Spanish*

francés / francesa *French*
indio/a *Indian*
italiano/a *Italian*
japonés / japonesa *Japanese*
mexicano/a *Mexican*
peruano/a *Peruvian*
puertorriqueño/a *Puerto Rican*

Artículos *Articles*

el / la / los / las *the*
un / una *a, an*
unos / unas *some, a few*

Pronombres de sujeto *Subject pronouns*

yo *I*
tú *you (informal)*
usted *you (formal)*
él *he*
ella *she*
nosotros/as *we*
vosotros/as *you (plural, Spain)*
ustedes *you, you all (plural)*
ellos *they (males or mixed)*
ellas *they (females)*

Verbos *Verbs*

llamar(se) *to be called*
ser *to be*
tener *to have*
tener… años *to be… years old*

Palabras y expresiones útiles *Useful words and expressions*

el amigo / la amiga *friend*
¿Cuándo es tu cumpleaños?
  When is your birthday?

pero *but*
perro *dog*

¿Qué día es hoy? *What's today's date?*
Señor (Sr.) *Mr.*
Señora (Sra.) *Mrs.*
Señorita (Srta.) *Miss./Ms.*
también *also*

NUMBERS 0-31 (See page 42)

0	cero	8	ocho	16	dieciséis	24	veinticuatro
1	uno	9	nueve	17	diecisiete	25	veinticinco
2	dos	10	diez	18	dieciocho	26	veintiséis
3	tres	11	once	19	diecinueve	27	veintisiete
4	cuatro	12	doce	20	veinte	28	veintiocho
5	cinco	13	trece	21	veintiuno	29	veintinueve
6	seis	14	catorce	22	veintidós	30	treinta
7	siete	15	quince	23	veintitrés	31	treinta y uno

ARTICLES (See page 46)

	Indefinite articles		Definite articles	
	Masculine	**Feminine**	**Masculine**	**Feminine**
Singular	**un**	**una**	**el**	**la**
Plural	**unos**	**unas**	**los**	**las**

SUBJECT PRONOUNS (See page 47)

Singular	Plural
yo	**nosotros/nosotras**
tú	**vosotros/vosotras**
usted/él/ella	**ustedes/ellos/ellas**

PRESENT TENSE (See page 49)

	LLAMAR(SE)	SER	TENER
yo	**me** llamo	**soy**	**tengo**
tú	**te** llamas	**eres**	**tienes**
usted/él/ella	**se** llama	**es**	**tiene**
nosotros/as	**nos** llam**amos**	**somos**	tenemos
vosotros/as	**os** llam**áis**	**sois**	tenéis
ustedes/ellos/ellas	**se** llam**an**	**son**	**tienen**

ESTÁS EN TU CASA

≫≫ ¿Cuántos años tiene el muchacho?

≫≫ ¿Está en casa o en clase?

≫≫ Y tú, ¿estás en casa o en clase?

El muchacho estudia en la cocina.

In this unit, you will learn to:

- Express opinions and preferences
- Describe people, places, and things
- Talk about your home
- Talk about activities
- Say where you and others are

Using

- Descriptive adjectives
- *-ar* verbs
- Verb *estar*
- Numbers to 101

Cultural Connections

- Share information about homes in Hispanic countries, and compare cultural similarities

SABOR HISPANO

Vivir en España

- España

¡ACCIÓN!

1 **Look at the image below of Juan and his family in Barcelona. Then choose the correct answer to complete the sentences.**

1. ¿Qué es Juan?

   a. ◯ cantante

   b. ◯ profesor

   c. ◯ turista

2. ¿Qué tiene la mujer en las manos?

   a. ◯ mochila

   b. ◯ tableta

   c. ◯ cámara

3. ¿En qué país está la familia?

   a. ◯ Argentina

   b. ◯ España

   c. ◯ Estados Unidos

4. ¿Qué aparece en la foto?

   a. ◯ monumento

   b. ◯ parque

   c. ◯ escuela

2 **Read more about Juan. Then answer the questions to find out the name of the structure in the photo above and who designed it.**

> Hola, me llamo Juan. Tengo 14 años y soy de Málaga, una ciudad que está en el sur de España. Estoy en Barcelona, mi ciudad *(city)* favorita. Tengo muchas fotos de la ciudad. Esta es de la Sagrada Familia, un monumento del arquitecto Gaudí, muy famoso en España. También tengo fotos del Parque Güell, otra de sus obras *(works)* más originales.

a. ¿Cómo se llama el edificio *(building)*?

b. ¿Quién es el arquitecto?

c. ¿Qué otra obra es del mismo *(same)* arquitecto?

3 🎧 **23** **Listen to the conversation between Juan and his friend María after his trip. Then decide whether the statements are true (T) or false (F).**

María: Hola, Juan. ¿Tienes las fotos de Barcelona?

Juan: Sí, aquí tienes mis fotos.

María: En esta foto, estás en la Sagrada Familia, ¿verdad?

Juan: Sí, es un lugar *(place)* muy bonito y conocido.

María: Para mí, esta foto es bellísima. ¿Dónde es?

Juan: Es en el Parque Güell, otro lugar importante de la ciudad.

María: ¿Y cuál es tu foto favorita?

Juan: Esta. Estoy con dos amigos en la Casa Milà, otro edificio conocido de Gaudí.

María: ¿Quiénes son estos chicos?

Juan: Se llaman Karen y Mateo, son mexicanos, pero viven en Barcelona.

María: Para ti, ¿cómo es la gente *(people)* en Barcelona?

Juan: Es muy simpática y amable.

María: Para mí, también.

Juan: Aquí tienes más fotos.

Parque Güell

Casa Milà

	T	F
a. Juan solo tiene tres fotos de Barcelona.	☐	☐
b. En una foto, Juan está en la Casa Milà.	☐	☐
c. Para María, la Sagrada Familia es un lugar muy bonito.	☐	☐
d. Karen es una amiga mexicana.	☐	☐
e. Para María, la gente de Barcelona no es simpática.	☐	☐

Mateo y Karen

4 🎧 **23** **Listen again to the conversation and repeat after the speaker.**

5 👥 **Here are some more of Juan's photos of Barcelona. Choose the one you like best. With a partner, use the information in the photo and the Modelo to talk about your preference. Then switch roles.**

Modelo:

E1: Mira estas fotos de Barcelona.   E2: Para mí, es esta de...

E2: ¡Qué bonitas!   E1: ¿Qué es?

E1: ¿Cuál es tu favorita?   E2: Es...

La Torre Agbar. Edificio símbolo de Barcelona

La Rambla. Avenida muy importante en Barcelona, España

Camp Nou. Estadio de fútbol del FC Barcelona

COMUNICA

TALKING ABOUT PREFERENCES

Para preguntar	Para responder
¿Cuál es tu deporte favorito?	(Mi deporte favorito es) el tenis.
¿Cuál es tu animal favorito?	(Mi animal favorito es) el gato (cat).
¿Cuál es tu comida (food) favorita?	(Mi comida favorita es) el queso.

1 Look at María's favorite things and fill in the blanks with the appropriate word from the list.

país ○ animal ○ deporte ○ asignatura ○ número ○ comida

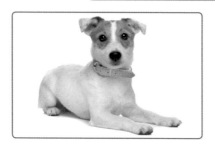

a. Mi ....
favorito es el perro.

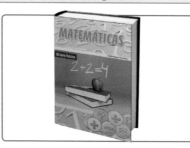

b. Mi ....
favorita es Matemáticas.

c. Mi ....
favorito es el baloncesto.

d. Mi ....
favorita es el queso.

e. Mi ....
favorito es el quince.

f. Mi ....
favorito es México.

2 With a partner, take turns asking each other about your favorite things and record your partner's answers in the survey chart below.

Modelo: ¿Cuál es tu... favorito/a?

> ❗ ■ Here are some of the **subjects** you study in school. Can you tell what they are?
> - Arte
> - Español
> - Música
> - Biología
> - Historia
> - Educación Física
> - Ciencias
> - Matemáticas
> - Geografía
>
> ■ Otras asignaturas / materias (other subjects):
> - Artes y letras (arts and humanities)
> - Computación (computer science)

> ❗ ■ **Deportes** (sports)
> - el baloncesto / el básquetbol
> - el béisbol
> - el fútbol
> - el fútbol americano
> - el golf
> - el tenis
> - el vóleibol

Encuesta sobre gustos

■ **número**	■ **asignatura**	■ **animal**
■ **comida**	■ **deporte**	■ **país**

EXPRESSING OPINIONS

Para mí, *For me,*			fantástico *fantastic.*
Para ti, *For you,*			genial *great.*
Para usted, *For you (formal),*			fácil *easy.*
Para él/ella, *For him/her,*	**el español es**	divertido *fun.*
Para nosotros/as, *For us,*	*Spanish is*	interesante *interesting.*
Para vosotros/as, *For you (pl. Spain),*		importante *important.*
Para ustedes, *For you (all),*		aburrido *boring.*
Para ellos/ellas, *For them,*		difícil *difficult.*

En mi opinión, *In my opinion,...*

Pienso / Creo / Opino que... *I think / I believe / My opinion is that...*

Showing agreement and disagreement with someone's opinion

?	**✓**		**✗**	
¿Y para ti?	Para mí, también.	*For me too.*	Para mí, no.	*Not for me.*
¿Verdad?	Sí, es verdad.	*Yes, that's true.*	No, no es verdad.	*No, that's not true.*
¿Qué crees?	Creo que sí.	*I believe so.*	Creo que no.	*I don't believe so.*

3 🎧 24 👥 **Listen to the following conversations. Then take turns role playing with a partner.**

a. **Mateo:** Para mí, Colombia es un país muy bonito. ¿Y para ti?
Belén: Para mí, también.

b. **Jesús:** Para mí, el fútbol americano es fantástico. ¿Y para ustedes?
María y Daniel: Para nosotros, no.

c. **Pedro:** Para ti, el español es un idioma muy fácil, ¿verdad?
Jorge: Sí, es verdad.

4 🎧 25 **Listen to María and Juan as they are interviewed about their preferences. Decide if they agree or disagree about the following.**

	✓	✗
a. La gente de Barcelona es abierta.		
b. El fútbol es un deporte divertido.		
c. El inglés es una lengua difícil.		
d. Una ciudad pequeña es aburrida.		
e. Es interesante leer *(to read)* todos los días.		

5 👥 **Take turns expressing your preferences and asking your partner for his / her opinion about the following topics: *el fútbol, la comida china, la música rap, la clase de Ciencias.***

Modelo: Para mí / Creo que / En mi opinión, el fútbol es.

MORE IN ELETECA: EXTRA ONLINE PRACTICE

1.
2.
3.
4.
5.
6.

ANTES DEL VIDEO

1 👥 Take turns describing your room to your partner. Talk about the furniture and other objects in your room and what they look like. Take notes.

....

2 Look at the list below and indicate the words for the objects that appear in Image 2.

- ☐ mesa
- ☐ silla
- ☐ muebles
- ☐ lámpara

- ☐ estantería
- ☐ habitación
- ☐ cama
- ☐ puerta

- ☐ televisión
- ☐ alfombra
- ☐ armario
- ☐ libro

- ☐ mesilla
- ☐ espejo
- ☐ sofá
- ☐ computadora

3 Look at Image 1. Do you know the name in Spanish for this tool and its use? Make your best guess and choose from the options provided.

Es...	Se usa para...
a. un termómetro.	**a.** pesar los alimentos.
b. un metro.	**b.** medir la temperatura.
c. un peso.	**c.** medir los objetos.

DURANTE EL VIDEO

4 List the words from Activity 2 that are mentioned in the episode.

....

5 🔘 Juanjo and Alfonso are arranging their room so that everything fits. Watch again
00:48 - 01:30 while Juanjo measures the table and listen for the expression he uses to give the measurements. Write what he says.

....

6 🔊 Watch the next segment and listen closely to the adjectives Juanjo and Alfonso use
01:30 - 03:15 to talk about their things. Check off the adjectives you hear. ¡*Atención!* Pay careful
attention to number and gender.

☐ blanca ☐ feos ☐ antiguos ☐ pequeña ☐ modernos
☐ azul ☐ guapos ☐ baratos ☐ terribles ☐ favoritos
☐ negros ☐ grande ☐ bonito ☐ verdes ☐ amarillo

7 Watch the entire episode from beginning to end and write the expressions the characters use
to ask and give their opinion.

	Pedir opinión	Expresar opinión
1		
2		
3		

8 Look at Images 4, 5, and 6 of the characters in the episode. Write who appears in each image
and their opinion about the furniture using the expressions in Activity 7.

Imagen 4: .... – ....
Imagen 5: .... – ....
Imagen 6: .... – ....

9 👥 Write what you think about their furniture and share your opinion with several of your
classmates.

DESPUÉS DEL VIDEO

10 👥 With a partner, measure the following objects in class. One of you will measure while the
other records in Spanish. Create your own tool for measuring if you don't have a measuring
tape!

a. mesa: .... **b.** silla: .... **c.** puerta: .... **d.** libro: ....

11 Write a sentence using the adjectives you checked off in Activity 6. ¡*Atención!* Be sure to use
the correct object or person to match number and gender of the adjective.

Modelo: *La mesa del profesor es blanca.*

12 👥 Read five of the sentences you wrote in Activity 11 and ask your partner for his/her opinion
using the expressions from the video. Be sure your partner responds using similar expressions.

Modelo: E1: *La mesa del profesor es blanca, ¿verdad?*
         E2: *Para mí, no es blanca, es beige...*

13 👥 Describe your room once more to your partner. This time, include new words and
expressions you learned in the episode as needed.

 MORE IN ELETECA: EXTRA ONLINE PRACTICE

1 🎧 26 **Listen to the names for the colors in Spanish.**

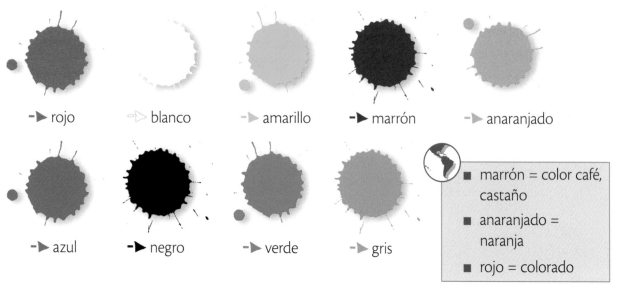

→ rojo   ⇨ blanco   → amarillo   → marrón   → anaranjado

→ azul   → negro   → verde   → gris

- marrón = color café, castaño
- anaranjado = naranja
- rojo = colorado

2 **Write the colors for each of the flags below. Can you name any of the countries they represent?**

1. ....
2. ....
3. ....

4. ....
5. ....
6. ....

3 👥 **Take turns asking each other about the images. Use the question cues provided. ¡Atención! Remember to use the correct form of the adjectives.**

1. ¿De qué color es el gato? ¿Es grande o pequeño?
   ¿De qué color es el perro? ¿Es grande o pequeño?

2. ¿De qué color es la catedral de Granada en Nicaragua?
   ¿Es moderna o antigua? ¿Es grande o pequeña?

3. ¿De qué color son las sillas? ¿Son grandes o pequeñas?
   ¿De qué color es la mesa?

4. ¿De qué color es/son...?

!
- Colors in Spanish agree in number and gender with the noun.
  La mesa es amarilla.
  Los cuadernos son amarillos.

4 Look at the names of the rooms in a house and practice saying them aloud with a partner. Then take turns asking each other about the color of each room.

Modelo:
E1: ¿De qué color es...?
E2: Es...

a. ¿De qué color es el dormitorio?

b. ¿De qué color es el salón?

c. ¿De qué color es la cocina?

d. ¿De qué color es el cuarto de baño?

La cocina

El dormitorio

El cuarto de baño

El salón

- el dormitorio = el cuarto, la recámara

- el salón = la sala, la sala de estar

- el cuarto de baño = el baño

5 🎧 **27** Listen to Elena talk about her favorite rooms and colors. Then match the room to the correct color.

1. el salón	**a.** verde
2. la clase	**b.** amarillo
3. la cocina	**c.** blanco
4. el dormitorio	**d.** anaranjada

6 With a partner, take turns asking and talking about the rooms in your house. Ask about colors and his/her preferences. Use the questions and expressions you learned in Comunica.

Modelo:

¿Cuál es tu habitación favorita en casa?

Para mí, es la cocina.

¿De qué color es?

Es blanca.

7 Look at the list of words for furniture in Spanish and practice saying them aloud with a partner. Can you guess their meaning?

- el armario
- la ducha
- la estufa

- la mesa
- la cama
- el espejo y la cómoda

- el horno
- la mesilla
- la bañera

- la estantería
- el lavabo
- el sofá

8 🎧 28 Listen and write the words you hear under each image. Use the list above.

a.

la ....

b.

la ....

c.

el armario

d.

la ....

e.

la ....

f.

el horno

g.

el ....

h.

la mesa

i.

la bañera

j.

el ....

k.

el .... y la ....

l.

la estantería

- la bañera = la tina
- el lavabo = el lavamanos
- la cocina = la estufa

9 Write the names of the furniture and household items in the appropriate column below.

La cocina	El dormitorio	El cuarto de baño	El salón

10 Describe your room and the furniture in it to your partner. Include the color and size of the items. Your partner will try to recreate it on a separate piece of paper.

Modelo: Tengo un dormitorio muy bonito.
Tengo una cama azul.
Tengo dos mesillas y una silla anaranjada.

11 **29** **Listen and repeat the numbers after the speaker.**

32	treinta y dos
40	cuarenta
43	cuarenta y tres
50	cincuenta
54	cincuenta y cuatro
60	sesenta

65	sesenta y cinco
70	setenta
76	setenta y seis
80	ochenta
87	ochenta y siete
90	noventa

98	noventa y ocho
99	noventa y nueve
100	cien
101	ciento uno

> ■ Use **y** after the number 30. *Veintinueve, treinta, treinta **y** uno...*
>
> ■ Use **cien** for one hundred (100) and **ciento** for numbers higher than one hundred. *Cien, ciento uno, ciento dos...*

12 **30** **Write out the numbers you hear. Use the list above to help you.**

a. .... c. .... e. ....

b. .... d. .... f. ....

13 **Take turns with a partner asking and giving prices for the furniture and items at the yard sale below.**

Estudiante 1:

1. la cómoda azul

2. la silla blanca

3. el espejo pequeño

Estudiante 2:

1. la silla anaranjada

2. la mesilla blanca

3. la cómoda amarilla

> ■ To talk about prices, use the following expressions:
>
> • **¿Cuánto cuesta** la mochila?   • **Cuesta** treinta dólares.
>   *How much is the backpack?*   *It costs thirty dollars.*

14 **You are looking for some inexpensive furniture for your room. With a budget of $100 to spend, ask your partner how much two items would cost at the yard sale. Negotiate to get the price you want.**

Modelo: E1: ¿Cuánto cuestan la silla blanca y el armario azul?
E2: Cuestan ciento cuarenta y tres dólares.
E1: Solo tengo cien dólares.
E2: Lo siento (*Sorry*). / Está bien. Trato hecho (*It's a deal*).

GRAMÁTICA

NOUNS

■ In Spanish, words that name a person, place or thing (nouns) are grouped into two genders: masculine and feminine. All nouns (both persons and objects) fall into one of these groups. Most nouns that end in **–o** are masculine, and most nouns that end in **–a** are feminine.

El bolígraf**o** (*masc.*) *the pen*
La cámara (*fem.*) *the camera*

> **!** Exceptions
> **el** problema, **el** día, **el** mapa, **el** diploma
> **la** mano, **la** radio

1 **Indicate whether the following nouns are masculine or feminine.**

	M F		M F		M F		M F
a. familia	☐ ☐	**c.** chica	☐ ☐	**e.** niño	☐ ☐	**g.** bolígrafo	☐ ☐
b. libro	☐ ☐	**d.** queso	☐ ☐	**f.** pizarra	☐ ☐	**h.** mapa	☐ ☐

ADJECTIVES

■ Adjectives are words that describe nouns. The adjective must agree in gender (masculine or feminine) and number (singular or plural) with the noun it modifies. Look at the chart below to see how adjectives change to show agreement with feminine nouns.

	Masculine	Feminine
Adjectives that end in **–o** change to **–a**:	bonit**o**	bonit**a**
Adjectives that end in **–e**, no change:	grand**e**	grand**e**
Adjectives that end in a consonant, no change:	azul	azul
Nationalites that end in a consonant, add **–a**:	español	español**a**

2 **Write the feminine forms of the following adjectives.**

a. horrible ⇒ ....
b. divertido ⇒ ....
c. pequeño ⇒ ....

d. bueno ⇒ ....
e. interesante ⇒ ....
f. genial ⇒ ....

PLURALS OF NOUNS AND ADJECTIVES

■ Look at the chart below to see how plurals are formed for both nouns and adjectives.

	Nouns	Adjectives
Words that end in a vowel, add **–s**	mesa / mes**as**	grand**e** / grand**es**
Words that end in a consonant, add **–es**[1]	acto**r** / acto**res**	azu**l** / azu**les**

[1] Words that end in a **–z**, change **–z** to **–ces**: *lápiz/lápices*.

3 **Write the plural forms of the following nouns.**

a. hombre ➡ ....

b. borrador ➡ ....

c. marcador ➡ ....

d. carpeta ➡ ....

e. libro ➡ ....

f. pez ➡ ....

Los lápices de colores

AGREEMENT

■ In Spanish, articles and adjectives must agree in number and gender with the nouns they modify.

Masculine
el **carro** bonit**o** y azul
los **carros** bonit**os** y azul**es**

Feminine
la **silla** bonit**a** y azul
las **sillas** bonit**as** y azul**es**

4 **Complete the following adjectives to show agreement with the noun.**

a. El chico es guapo. / La chica es guap........

b. La gata es bonita. / El gato es bonit........

c. Los carros son grandes. / El carro es grand........

d. La mochila es azul. / Las mochilas son azul........

2. PRESENT TENSE OF –AR VERBS

■ Spanish has three groups of verbs which are characterized by the ending of the infinitive. The largest group of Spanish infinitives end in **–ar**. You will learn about the other two groups in Unidad 3. First look at the following infinitives in Spanish and their meaning in English.

Spanish Infinitive	English Infinitive
amar	*to love*
bailar	*to dance*
caminar	*to walk*
cantar	*to sing*
comprar	*to buy*
descansar	*to rest*

Spanish Infinitive	English Infinitive
escuchar	*to listen to*
estudiar	*to study*
hablar	*to speak*
pasear	*to go for a walk*
trabajar	*to work*
viajar	*to travel*

GRAMÁTICA

■ In Spanish, we use a formula to conjugate verbs, that is, to show who is doing the action. To form the present tense of verbs ending in **–ar**, drop the **–ar** ending from the infinitive, and add the appropriate ending as shown in the chart below.

Subject pronouns	Infinitive HABLAR	Endings for –ar verbs		
yo	habl	**–o**	habl**o**	*I speak*
tú	habl	**–as**	habl**as**	*you (informal) speak*
usted				*you (formal) speak*
él	habl	**–a**	habl**a**	*he speaks*
ella				*she speaks*
nosotros/as	habl	**–amos**	habl**amos**	*we speak*
vosotros/as	habl	**–áis**	habl**áis**	*you (plural, Spain) speak*
ustedes				*you (plural) speak*
ellos	habl	**–an**	habl**an**	
ellas				*they speak*

5 🎧 31 **Listen to the verb forms and choose the correct subject pronoun for each verb.**

1. nosotros ....
2. ....
3. ....
4. ....
5. ....
6. ....
7. ....
8. ....

6 **Write the correct form of the infinitive in parenthesis.**

a. Yo (hablar) .... perfectamente el inglés.

b. ¿Tú (escuchar) .... música española?

c. Marta (bailar) .... flamenco.

d. Carlos y yo (caminar) .... por el parque.

e. Ustedes (cantar) .... muy bien.

f. Ellos (estudiar) .... en el instituto.

7 **Read the following text about Juan and underline all the –ar verb forms. Then identify the infinitive that each conjugated verb comes from.**

Este muchacho se llama Juan, no es de aquí. Es español y estudia francés. Habla inglés muy bien. Toca la guitarra en un grupo y canta. También escucha todo tipo de música en su mp4. Su mejor amiga se llama María. Estudia en Madrid, pero viaja mucho. Ahora está en Italia. Ellos siempre pasean por el parque del Retiro los fines de semana y visitan otras ciudades.

8 👥 **Complete the following sentences to describe what you and others do. Use the correct form of the verb. You can choose an option in parenthesis or use one of your own. Then share your answers with a partner. What do you have in common?**

a. En casa, yo (hablar) .... (mucho / español / inglés /...).

b. Yo (escuchar) .... música en (mi mp4 / mi computadora / mi teléfono celular /...).

c. Mi amigo (llamarse) .... (Bart / Paco / Jack /...).

d. Él (estudiar) .... (Matemáticas / Español / Biología /...).

e. Mi amigo y yo (pasear) .... por (el parque / la ciudad / la calle /...).

3. THE VERB *ESTAR*

■ The verb **estar** also ends in **–ar**, but it is considered irregular because it does not follow the same formula as regular **–ar** verbs. Look at the forms below.

ESTAR			
yo	**estoy**	nosotros/as	**estamos**
tú	**estás**	vosotros/as	**estáis**
usted/él/ella	**está**	ustedes/ellos/ellas	**están**

■ The verb **estar** is used to express where someone or something is located.

*Yo **estoy en** clase. I'm in class.*   *Juan **está en** Barcelona. Juan is in Barcelona.*

■ It is also used to express how you and others are feeling.

¿Cómo estás? How are you?   *Estoy bien. I'm fine.*   *Estoy contento. I'm happy.*

■ Here are some adjectives that describe how someone is feeling.

bien *well*	**contento/a** *happy*	**enfermo/a** *sick*	**triste** *sad*

*Hoy estoy muy **contento** porque empiezan las vacaciones.*
I'm very happy today because it's the start of vacation.
*María está **enferma**. Tiene gripe. María is sick. She has the flu.*

9 Match the people to the correct form of the verb *estar* to complete the sentences.

1. Alberto
2. Me llamo Dani y
3. Los estudiantes
4. Luisa y tú
5. Tú

a. estás contenta.
b. están en España.
c. están tristes.
d. estoy en Internet.
e. está en la biblioteca.

10 With a partner, take turns asking each other where the people in the photos are and how they are feeling. Use *Dónde está(n)* and *Cómo está(n)* in your questions. ¡*Atención!* Be sure to use the correct form of the adjective when describing these people.

COMPRENSIÓN DE VOCABULARIO

1 **Look at the drawing of Miguel's room. Then review the strategy in Destrezas and follow the suggestion.**

Destrezas

Label and practice words

Label the words you know in Spanish for the furniture and objects in the drawing. Then practice saying them aloud. This will help you prepare for the questions that follow.

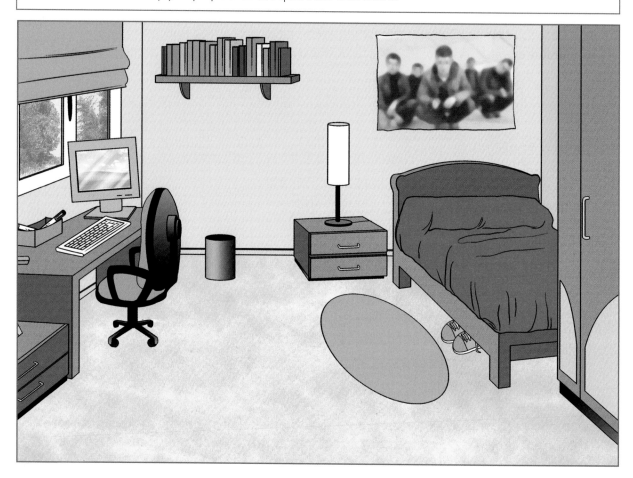

2 **Look at the items you have labeled in the drawing and write a description for each one as in the Modelo.**

Modelo: La silla es azul y negra.

....
....
....
....
....
....
....

3 Choose the correct answer to complete each sentence.

1. El dormitorio es...
   a. una habitación.
   b. un mueble.
   c. un sofá.

2. .... música en la computadora.
   a. Estoy
   b. Hablo
   c. Escucho

3. La cama es...
   a. rojo.
   b. roja.
   c. rojas.

4. La ... es marrón.
   a. estantería
   b. lámpara
   c. silla

5. Los bolígrafos están en...
   a. la mesa.
   b. la mesilla.
   c. la estantería.

6. Los libros .... son cuatro.
   a. verdes
   b. verdos
   c. verdas

7. .... mí, el dormitorio es grande.
   a. Por
   b. Para
   c. A

8. En el dormitorio, nosotros .... bien.
   a. estudio
   b. estudiáis
   c. estudiamos

PRONUNCIACIÓN The sounds of *h, ll, y*

1 Read about the sounds these letter make. Then, with a partner, practice reading aloud the sentences that follow.

Vowel	Sounds like	Examples
h	The letter **h** in Spanish is silent.	• *Hablo inglés.* • *Hola amigos.* • *Ahora son las tres de la tarde.* • *La enfermera está en el hospital.*
ll	When used together **ll** makes the sound of the **y** in *yet*.	• *¿Cómo te llamas?* • *¿Cómo se llama usted?* • *Tengo una mesilla amarilla.* • *Vivo en la calle Villanueva.*
y	The letter **y** in Spanish is similar to the sound of **ll** or the English *y* in *yet*. When it stands alone to mean *and* or when it comes at the end of a word, **y** is pronounced like *ee* in the English *see*.	• *Yolanda tiene treinta y dos años.* • *Hoy es el treinta y uno de mayo.* • *Maya y yo somos amigos.* • *Estoy bien, ¿y tú?*

 MORE IN ELETECA: EXTRA ONLINE PRACTICE

VIVIR EN ESPAÑA

> ¡Ven a Europa y visita España!

España
Barcelona
Madrid ★
Valencia
Sevilla

La vida en este país europeo es muy interesante...

Pisos tradicionales en el centro de Madrid

Un chalet en Marbella

Apartamentos modernos en Barcelona

El patio de una casa española

✓ En España hay muchos tipos de viviendas (housing). Por ejemplo: pisos o apartamentos, chalets (cas con jardín) y casas tradicionales c un gran patio.

✓ El 78% de la gente española vive en ciudades. El 22% vive en zonas rurales.

✓ Para los españoles, es importante ser el propietario (owner) de su cas El 80% de ellos prefiere comprar u casa antes que alquilar (rent).

¿Sabes que...?

✓ En España viven más de 47 millones de personas.

✓ Las dos ciudades españolas más importantes son Madrid, la capital, y Barcelona.

✓ España es el lugar más popular del mundo para ir de vacaciones: ¡58 millones de turistas la visitan cada año!

✓ Además del cumpleaños, algunos (some) españoles celebran el día de su santo (saint's day), según la tradición católica. Por ejemplo, si te llamas Juan, celebras tu santo el 24 de junio.

✓ España es uno de los países con más energía renovable (renewable) de Europa. ¡Es un país «verde»!

32 Una casa famosa

«¡Hola! Mi nombre es Lidia y soy de Barcelona. Me encanta vivir en mi ciudad: es bonita, cosmopolita y moderna. Yo vivo en un piso en el centro: es viejo, pero la decoración y los muebles son modernos.

Mi edificio favorito en Barcelona es la Casa Milà, o La Pedrera. Está en el Paseo de Gracia, número 92. Es un famoso edificio del arquitecto Antonio Gaudí, inspirado en la naturaleza *(nature)*. Me gustan mucho los balcones de la casa porque son originales. También me encanta la azotea *(roof terrace)*: allí hay muchas columnas y una vista *(view)* bonita de la ciudad. En La Pedrera viven varias familias... ¡Qué suerte tienen!».

La Pedrera, en Barcelona, y su azotea

El pueblo más bonito

El pueblo *(town)* de Priego de Córdoba está en Andalucía, una región en el sur de España. Según *(According to)* una encuesta del periódico ABC, es el pueblo más bonito de España.

Es un lugar con mucha historia y sitios interesantes. Por ejemplo, la calle Real es una calle pequeña, de piedra *(cobblestones)*, con casas de color blanco. En primavera *(spring)*, la gente decora sus casas con plantas y flores.

Una calle con plantas en Priego de Córdoba

Fuentes: abc.es, Banco Mundial, fotocasa.es, *El País*, Ministerio de Industria, Energía y Turismo, Europapress, INJUVE.

Vivir en familia

❖ En España, muchos jóvenes españoles menores de *(younger than)* 30 años viven con sus padres *(parents)*. Solo el 20% es independiente.

❖ Los motivos son una combinación de tradición y economía. La familia es muy importante en la cultura española, pero, además, muchos jóvenes no tienen trabajo y no pueden alquilar una casa.

❖ Los jóvenes españoles dicen *(say)* que la familia y los amigos son las cosas más importantes en su vida.

❖ Vivir con los padres hasta los 30 años también es normal en muchos países latinoamericanos.

La familia es muy importante para los jóvenes españoles.

Decide if the information in the sentence is true (T), false (F) or the information was not presented (N/P).

1. La azotea está en la parte de arriba de un edificio.   T ◯ F ◯ N/P ◯

2. Es normal vivir con la familia a los 40 años.   T ◯ F ◯ N/P ◯

3. Lidia vive en un piso viejo.   T ◯ F ◯ N/P ◯

4. La Pedrera está en Barcelona.   T ◯ F ◯ N/P ◯

5. La calle Real de Priego es una calle principal muy larga.   T ◯ F ◯ N/P ◯

VOCES LATINAS

VIVIR EN ESPAÑA

Match each question with the correct answer.

1. ¿Qué tipo de viviendas hay en España?

2. ¿Cuántos turistas visitan España cada año?

3. ¿Por qué muchos jóvenes viven con sus padres?

4. ¿Dónde está La Pedrera?

5. ¿De qué color son las casas de la calle Real de Priego?

a. Porque es una tradición y por motivos económicos.

b. De color blanco.

c. Hay pisos o apartamentos, casas y chalets.

d. Más de 58 millones.

e. En el Paseo de Gracia, en Barcelona.

RELATO Los problemas de Raquel

1 **Write the infinitive in Spanish for the verbs below.**

a. bailo ⇒ ....

b. habla ⇒ ....

c. estoy ⇒ ....

d. escuchan ⇒ ....

e. pregunta ⇒ ....

f. descansas ⇒ ....

g. cantamos ⇒ ....

h. estamos ⇒ ....

i. compran ⇒ ....

j. tengo ⇒ ....

2 🎧 **33** **Read the text below about Raquel and the problems she is having at home and at school. As you read, fill in the blanks with the word for one of the images below that fits the context. ¡Atención! The images are not in the order in which they will appear in the reading.**

Los problemas de Raquel

Para mí, la música es lo más importante. Yo (1) .... música todos los días en mi casa. En mi opinión, Shakira es la mejor cantante y me gusta bailar con su música. Compro todas las canciones nuevas de mis cantantes favoritos y bailo y canto en mi dormitorio. Vivo en un (2) .... de apartamentos en Barcelona y mi vecino (*neighbor*) habla con mi madre: "¡Señora, Raquel hace mucho ruido (*noise*)! ¡Baila por las noches y es imposible descansar!". Mi madre escucha atentamente y luego habla conmigo: "¡Raquel, prohibido bailar en tu (3) .... !". Pienso que mi vecino es horrible. Seguro que el color preferido de mi vecino es el negro.

¡Pero tengo 14 años! ¡Solo estoy contenta cuando bailo y canto con la música!

En la escuela, la (4) .... me pregunta: "Raquel, ¿de dónde es Cristobal Colón?", pero yo escucho mi mp4 y no respondo a la pregunta. La profesora habla con mi madre: "Raquel escucha todo el día el mp4 en clase". Seguro que el color preferido de mi profesora es el (5) .... también.

No puedo (*can't*) escuchar el (6) .... en clase porque la profesora habla con mi madre.

No puedo bailar en el (7) .... porque mi vecino es antipático y habla con mi madre.

No puedo bailar en la (8) .... porque es pequeña y mi madre está ahí.

¡Tengo muchos problemas!

3 Indicate whether each sentence is true (T) or false (F).

	T	F
a. Raquel es española.	☐	☐
b. Raquel tiene 15 años.	☐	☐
c. El color preferido de la profesora de Raquel es el rojo.	☐	☐
d. El salón de Raquel es blanco.	☐	☐
e. La cocina de Raquel es pequeña.	☐	☐
f. Raquel escucha a la profesora.	☐	☐

4 Select the questions for Estudiante 1 or Estudiante 2 and write out your answers. Then ask your partner the same questions to check your answers. Your partner will do the same with his/her questions.

Question words

- **cómo** ➡ ¿**Cómo** te llamas?
- **cuál** ➡ ¿**Cuál** es tu color favorito?
- **cuánto** ➡ ¿**Cuánto** cuesta?
- **cuántos** ➡ ¿**Cuántos** años tienes?

- **de dónde** ➡ ¿**De dónde** eres?
- **dónde** ➡ ¿**Dónde** vives?
- **por qué** ➡ ¿**Por qué** estás triste? (why)
- **qué** ➡ ¿**Qué** haces?

Estudiante 1

a. ¿De dónde es Raquel?

b. ¿Cuántos años tiene?

c. ¿Quién es la cantante favorita de Raquel?

Estudiante 2

a. ¿Qué hace Raquel todos los días?

b. ¿Por qué cree que su vecino es antipático?

c. ¿Por qué la profesora habla con su madre?

5 Read the following conversations and write the names of the person who probably said them. Then take turns role playing.

» .... ¡Prohibido bailar en la casa!

» ....pero mamá... Necesito bailar.

» .... ¡Basta de ruidos! ¡Esto es horrible!

» ....pero señor García. Usted no es moderno...

» .... ¡Voy ahora mismo a hablar con tu madre!

6 Make a list of the things you can't do at home or in class. Use the expression *No puedo* + infinitive.

No puedo ver la televisión porque mis padres protestan............................

....

....

....

....

EVALUACIÓN

1 Match the first two columns to express preferences. Then choose a statement from the last column to express an opinion about the preference.

1. Para mí, el sofá
2. Shakira
3. Creo que la cocina
4. Para mí, el rojo

a. es mi cantante favorita.
b. es mi color favorito.
c. es el lugar importante de la casa.
d. es un mueble fantástico.

- No es verdad. El dormitorio es mi favorito.
- Para mí, también.
- Creo que Julieta Venegas canta mejor.
- Para mí, el color azul.

LA CASA, LOS MUEBLES Y LOS COLORES

2 Look at the images below and write the name in Spanish of the room it represents.

 a.
 b.
 c.
 d.

....

3 Use the images above to answer the following questions.

a. ¿De qué color es la cama? ➡ ....
b. ¿De qué color es la mesa del salón? ➡ ....
c. ¿Cómo se llama la habitación donde está la cama? ➡ ....
d. ¿Cómo se llama la habitación donde está la ducha? ➡ ....

4 Select the word that does not belong in the series.

a. dormitorio / salón / lavabo / cocina / terraza ➡ ....
b. estufa / ducha / bañera / lavabo / espejo ➡ ....
c. negro / amarillo / verde / grande / azul ➡ ....

LOS NÚMEROS

5 Fill in the missing words to complete the numbers in Spanish.

a. **32** ➡ treinta y ....
b. **25** ➡ .... cinco.
c. **58** ➡ .... y ocho.

d. **48** ➡ cuarenta y ....
e. **89** ➡ ochenta y ....
f. **91** ➡ .... y uno.

GENDER, NUMBER, AND AGREEMENT OF NOUNS AND ADJECTIVES

6 **Choose the correct response from the options.**

a. El armario es **blanca / blanco**.

b. **El / Los** espejo es muy grande.

c. El dormitorio de Carmen es **rojo / roja**.

d. **La / El** sofá está en el salón.

e. La cocina es **verde / verdes**.

f. El cuarto de baño es **pequeño / pequeños**.

g. **El / La** salón tiene muebles **modernos / modernas**.

h. ¿Cuál es tu color **favorito / favorita**?

i. El baño es **grande / grandes**.

PRESENT TENSE OF –AR VERBS AND ESTAR

7 **List the verbs under the correct subject pronoun according to the form.**

hablas ○ escucho ○ camina ○ compran ○ visitas ○ terminamos ○ bailo ○ me llamo

yo	tú	usted/él/ella	nosotros/as	ustedes/ellos/ellas

8 **Fill in the blanks with the correct form of the verb in parenthesis.**

a. Pedro (bailar) .... muy bien.

b. Paola y Marta (comprar) .... mochilas rojas.

c. Yo (escuchar) .... la radio por la noche.

d. Valencia (estar) .... en España.

e. Ustedes (visitar) .... a su antiguo profesor.

f. Tú (hablar) .... mucho.

g. Lucía (estar) .... en la escuela.

h. Nosotros (estar) .... contentos.

CULTURA

9 **Answer the following questions about Spain and compare similarities with your own country or region.**

a. ¿Qúe es La Pedrera? ¿De quién es? ¿Cuál es el edificio más *(most)* espectacular de tu ciudad o región?

b. ¿Qué dicen *(say)* los jóvenes españoles de su familia y amigos? ¿Es verdad para ti también?

c. ¿Qué tipo de viviendas hay en España? ¿En qué tipo de casa vives tú?

d. ¿Qué celebran los españoles además de *(in addition to)* su cumpleaños? ¿Qué celebras tú?

e. ¿Por qué es España un país "verde"? ¿Piensas que tu país o región es "verde"?

MORE IN ELETECA: EXTRA ONLINE PRACTICE

EN RESUMEN: Vocabulario

Los lugares *Places*
la ciudad *city*

el edificio *building*
la escuela *school*
el parque *park*

Los deportes *Sports*
el baloncesto / el
   básquetbol *basketball*
el béisbol *baseball*
el fútbol *soccer*
el fútbol americano *football*
el golf *golf*
el tenis *tennis*
el vóleibol *volleyball*

Las asignaturas *School subjects*
Arte *art*
Artes y letras *arts and humanities*
Biología *biology*
Ciencias *science*
Computación *computer science*
Educación Física *physical education*
Español *Spanish*
Geografía *geography*
Historia *history*
Matemáticas *math*
Música *music*

Descripciones *Descriptions*
aburrido/a *boring*
bonito/a *beautiful, pretty*
difícil *difficult*
divertido/a *funny*
fácil *easy*
fantástico/a *fantastic*
favorito/a *favorite*
genial *great*
grande *big*
guapo/a *handsome / pretty*
importante *important*
interesante *interesting*

pequeño/a *small*
simpático/a *likeable*

Los colores *Colors*
amarillo *yellow*

anaranjado / naranja *orange*
azul *blue*
blanco *white*
gris *grey*
marrón *brown*
negro *black*
rojo *red*
verde *green*

La casa y los muebles *House and furniture*
el armario *closet*
la bañera *bathtub*
la cama *bed*
la cómoda *chest of drawers*
la cocina *kitchen*
el cuarto de baño *bathroom*
el dormitorio *bedroom*

la ducha *shower*
el espejo *mirror*
la estantería *shelf*
la estufa *stove*
la habitación *room*
el horno *oven*
el lavabo *sink*
la mesa *table*
la mesilla *bedside table*
el sofá *sofa*
el salón *living room*

Verbos *Verbs*
amar *to love*
bailar *to dance*
caminar *to walk*
cantar *to sing*
comprar *to buy*
descansar *to rest*
escuchar *to listen*
estar *to be*
estar bien *to be fine*
estar contento/a *to be happy*

estar enfermo/a *to be sick*
estar triste *to be sad*
estudiar *to study*
hablar *to speak*
pasear *to stroll*
trabajar *to work*
viajar *to travel*

Interrogativos *Questions words*
cómo *how*
cuál *which one*
cuánto *how much*
cuántos *how many*
de dónde *from where*
dónde *where*
por qué *why*
qué *what*

Palabras y expresiones útiles *Useful words and expressions*
Creo que... *I believe that...*
¿Cuánto cuesta? *How much does it cost?*
En mi opinion... *In my opinion...*
Lo siento. *I'm sorry.*
Para mí, ti, él... *For me, you, him,...*
Pienso que... *I think that...*
el animal *animal*
la cámara *camera*
la comida *food, meal*
el gato *cat*

GENDER, NUMBER, AND AGREEMENT OF NOUNS AND ADJECTIVES

(See page 72)

Singular	
Masculine	**Feminine**
–o	**–a**
el bolígraf**o**	**la** cámar**a**

Plural		
Masculine/Feminine		
Termina en vocal: **+s**	Termina en consonante: **+es**	Termina en z: **+ces**
Ends in a vowel: +s	*Ends in a consonant: +es*	*End in a z: -ces*
mes**a** / mes**as**	actor / actor**es**	lápiz / lápi**ces**

Feminine forms of adjectives

- Adjectives that end in **–o** change to **–a**: *blanc**o*** / *blanc**a***.
- Adjectives that end in **–e**, no change: *elegante*.
- Adjectives that end in a consonant, no change: *fácil*.
- Nationalites that end in a consonant, add **–a**: *franc**és*** / *franc**esa***.

Plural forms of nouns and adjectives

- Words that end in a vowel, add **–s**: *moren**o*** / *moren**os***.
- Words that end in a consonant, add **–es**: *jove**n*** / *jóven**es***.

AGREEMENT

(See page 73)

Singular			
Masculine	**Feminine**	**Masculine/Feminine**	
–o	**–a**	**–e**	**–consonante**
el carro bonit**o**	**la silla** bonit**a**	**el carro** grande	**el carro** azul
		la silla grande	**la silla** azul
Plural			
los carros bonit**os**	**las sillas** bonit**as**	**los carros** grandes	**los carros** azul**es**
		las sillas grandes	**las sillas** azul**es**

PRESENT TENSE OF -AR VERBS AND ESTAR

(See pages 73-75)

	HABLAR	**ESTAR** (irregular)
yo	habl**o**	**estoy**
tú	habl**as**	**estás**
usted/él/ella	habl**a**	**está**
nosotros/as	habl**amos**	**estamos**
vosotros/as	habl**áis**	**estáis**
ustedes/ellos/ellas	habl**an**	**están**

1 José Sol is a "famous" singer. Fill in the blanks with words from the list to learn more about him.

divertidas ○ para ○ cantante ○ tengo ○ soy
○ negra ○ es ○ llamo ○ tengo ○ favorita

Me .... José Sol. Soy ...., canto canciones románticas y .... Pienso que mis canciones son fantásticas. .... mí, cantar .... genial. .... español, de Toledo. .... veinte años. .... dos guitarras, una .... y una azul. La guitarra azul es mi ....

2 🎧 34 Listen to an interview with José Sol on the radio. Then answer the questions.

a. ¿Cuál es su canción favorita?
b. ¿Cuál es su ciudad favorita?
c. ¿Dónde vive ahora José?
d. ¿Cómo es su casa?
e. ¿Cuántas habitaciones tiene?
f. ¿Dónde escribe sus canciones?

a. ....
b. ....
c. ....
d. ....
e. ....
f. ....

3 Read José Sol's answers to the reporter's questions and decide where the answers should go in the interview on the next page. Write the correct numbers on the blanks.

Respuestas de José Sol

1. No, no, ahora vivo en Madrid, en una casa muy grande, con cuatro dormitorios, dos cocinas, tres cuartos de baño y un salón.
2. Mi canción favorita es *La canción de los colores*. Es mi nueva canción.
3. Pienso que Madrid es genial, pero para mí, Toledo es mi ciudad favorita. Yo soy de Toledo y me gusta cantar allí.
4. Creo que el salón. En el salón escribo mis canciones.
5. Igualmente.
6. Gracias a vosotros, adiós.
7. Hola, buenos días.

Periodista: Tenemos con nosotros al famoso cantante José Sol. Buenos días, José.

José Sol: .... [7]

Periodista: Encantado de conocerte, es un placer para mí.

José Sol: .... ☐

Periodista: De todas tus canciones, ¿cuál es tu canción favorita?

José Sol: .... ☐

Periodista: Has cantado en muchas ciudades. Pero, ¿cuál es tu ciudad favorita?

José Sol: .... ☐

Periodista: ¿Dónde vives? ¿En Toledo?

José Sol: .... ☐

Periodista: Increíble. ¿Cuál es tu habitación favorita?

José Sol: .... ☐

Periodista: Muchas gracias por la entrevista y hasta pronto.

José Sol: .... ☐

4 👥 **With a partner, prepare a similar interview between a "famous" singer and a reporter. Use the interview with José Sol as a model.**

5 **José Sol sings in all these countries, represented here with their flags. Write the colors of each flag.**

....

....

6 **Here is an excerpt from one of José Sol's songs, *La canción de los colores*. Fill in the missing words using the images to complete the song.**

> La .... es verde, el .... es verde.
> Oh, oh, oh
> La .... es roja, el .... es rojo.
> Oh, oh, oh
> El .... es azul, la .... es azul.
> Oh, oh, oh.

¡MI FAMILIA ES MUY SIMPÁTICA!

>> ¿Cómo celebras tu cumpleaños?

>> ¿Tienes una fiesta de cumpleaños en casa?

>> ¿Invitas a tus amigos y familia?

La familia celebra la fiesta de los quince años en San Miguel de Allende, México.

In this unit, you will learn to:

- Describe family members
- Describe physical characteristics
- Describe personality traits and physical conditions
- Ask and say what people are like
- Express possession
- Talk about clothes

Using

- -er and -ir verbs
- Possessive adjectives
- Demonstrative adjectives

Cultural Connections

- Connect information about Hispanic families and celebrations, and compare cultural similarities

SABOR HISPANO

La familia mexicana

- México

¡ACCIÓN!

1 Look at the image of Nicolás and his family and select the sentences that are true.

a. ◯ Esta es la familia de Nicolás.

b. ◯ Aparecen cuatro personas.

c. ◯ Puedes ver una chica joven y un chico joven.

d. ◯ Puedes ver un chico joven y un niño.

e. ◯ El niño tiene más de catorce años.

f. ◯ El niño tiene menos de catorce años.

g. ◯ El señor y la señora son los padres de Nicolás.

h. ◯ El señor y la señora son los abuelos de Nicolás.

2 🎧 ³⁵ Listen to the following conversation and indicate if the statements are true (T) or false (F).

Nicolás: Mira, María, mi familia.

María: ¿Quién es ese hombre?

Nicolás: Es mi padre. Y ella es mi madre. Es morena, igual que todos nosotros.

María: Sí, es verdad. Tu padre es muy alto, ¿no?

Nicolás: Sí, y es calvo…

María: ¿Tu hermano es este que lleva pantalón marrón? Es muy guapo.

Nicolás: Sí, y también es muy simpático.

María: ¿Cuántos años tiene?

Nicolás: Es mi hermano pequeño. Tiene 8 años.

María: Tiene el pelo rizado como tú. Ustedes son muy parecidos.

Nicolás: Sí, es cierto. Y tú, ¿cuántos hermanos tienes?

María: No tengo hermanos. Soy hija única.

	T	F
a. La madre de Nicolás es rubia.	◯	◯
b. El padre de Nicolás es bajo.	◯	◯
c. El hermano de Nicolás es muy guapo y simpático.	◯	◯
d. El hermano de Nicolás es pequeño y tiene el pelo rizado.	◯	◯
e. María tiene un hermano mayor.	◯	◯

3 🎧 **35** Listen to the conversation again and repeat.

4 Look at the pictures and read the descriptions for each person. Then choose the correct option in the sentences below.

Es rubia, tiene los ojos azules y el pelo largo y liso. Es antipática.

Es alta y morena. Tiene el pelo largo y rizado. Lleva un vestido rojo.

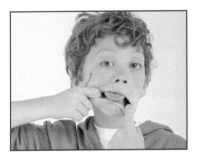

Es pelirrojo y muy divertido. Tiene el pelo corto y rizado. Es joven. Tiene diez años.

Es morena y simpática. Tiene el pelo corto.

Es mayor, es gordo y tiene el pelo blanco. Lleva una camisa verde.

Es calvo. No lleva barba. Tiene los ojos verdes. Lleva gafas y una camisa roja.

a. Mi hermano **lleva** / **es** una camisa azul.

b. Mi hermana es **morena** / **rojo** y tiene el pelo **rizado** / **joven**.

c. Mi padre no tiene pelo. **Es calvo** / **Tiene el pelo liso**.

d. Ese señor tiene setenta años. Es **mayor** / **joven**.

e. Mi madre es **divertido** / **simpática**.

5 👥 Work with a partner and take turns describing each other using the expressions above.

Modelo:

Mi compañero es moreno y tiene el pelo corto. Lleva una camisa verde. No tiene barba.

Mi compañera lleva una camisa rosa y jeans. Es alta y rubia. Tiene el pelo largo.

COMUNICA

DESCRIBING PHYSICAL CHARACTERISTICS

¿Cómo es?

Es...	Tiene los ojos...	Tiene / Lleva el pelo (hair)...
fuerte *strong*	oscuros *dark*	rubio/a *blond*
delgado/a-gordo/a *thin/overweight*	claros *light*	moreno/a *dark brown*
alto/a-bajo/a *tall/short*	grandes *big*	castaño/a *light brown*
feo/a *unattractive*	pequeños *little*	pelirrojo/a *red*
guapo/a *attractive*	azules *blue*	liso *straight*
joven *young*	verdes *green*	rizado *curly*
mayor *old*	negros *black*	largo *long*
calvo *bald*	marrones *brown*	corto *short*

Tiene la boca/la nariz...	Lleva	
grande *big*	bigote *mustache*	gafas *glasses*
pequeña *small*	barba *beard*	una camisa blanca *a white shirt*

- If you are describing a characteristic that may be perceived as negative, use **un poco** before the adjective.

  Es guapo pero es **un poco** *bajo. He's very attractive but he's a little short.*

1 In pairs, describe a mutual friend or another student in class. Use the following expressions to talk about his/her characteristics: *Es..., Tiene el pelo..., Tiene los ojos...*

Modelo: E1: ¿Cómo es Mary?

E2: Tiene el pelo negro, los ojos...

2 🎧 36 Listen to the descriptions and identify the person being described.

a.

b.

c.

d.

3 Let's play. In groups of three, take turns describing one of the people below to see which of you guesses correctly in the shortest amount of time.

a.

b.

c.

d.

DESCRIBING PERSONALITY TRAITS AND PHYSICAL CONDITIONS

- Use the verb **ser** to describe a person's characteristics.

  *Nuria **es** inteligente.* Nuria is intelligent.

  *Marta **es** una chica muy amable.* Marta is a very nice girl.

> - Use **un poco** before the adjective to soften a personality trait.
>
>   *Jaime es **un poco** vago.* Jaime is a little lazy.

SER	TENER
soy	tengo
eres	tienes
es	tiene
somos	tenemos
sois	tenéis
son	tienen

- Use **tener** to describe a person's physical condition.

  *Nicolás **tiene** calor.* Nicolás is warm.

- Here is a list of adjectives and expressions that describe personality traits and physical conditions:

SER
simpático/a ≠ antipático/a *likeable ≠ disagreeable*
divertido/a ≠ aburrido/a *fun ≠ boring*
trabajador/a ≠ vago/a *hard-working ≠ lazy*
abierto/a ≠ tímido/a *outgoing ≠ shy*
amable ≠ maleducado/a *polite ≠ rude*
hablador/a *talkative*
inteligente *intelligent*

TENER
Tener hambre *to be hungry*
Tener sed *to be thirsty*
Tener calor *to be warm*
Tener frío *to be cold*
Tener sueño *to be sleepy*

4 🎧 37 👥 **Listen to the conversations and fill in the missing words. Then practice the conversations with a partner.**

a. **Nuria:** Mi amiga Marta tiene ....

   Luis: ¿Por qué?

   Nuria: Porque no lleva ....

b. **Alberto:** El profesor de Lengua es muy ....

   Luis: Sí, es verdad, y también es muy .... en clase.

c. **Juanjo:** Mi novia es divertida, ..., inteligente...

   Carlos: ¿No tiene defectos?

   Juanjo: Bueno, sí, es un poco ....

Marta

5 👥 **With a partner, take turns describing what your friend is like.**

Modelo: E1: ¿Cómo es tu amigo?

E2: Es...

MORE IN ELETECA: EXTRA ONLINE PRACTICE

1.

2.

3.

4.

5.

6.

1 Look at the scenes from the episode and then with a partner, choose the best description for each one.

Imagen 1. Las muchachas hablan de…

   a. la boda de la tía de Eli.

   b. la graduación de la tía de Eli.

   c. el cumpleaños de la tía de Eli.

Imagen 2. Eli y Lorena hablan de ropa en…

   a. la habitación de Eli.

   b. en una tienda.

   c. en un mercado.

Imagen 3. Es una foto de…

   a. Eli de pequeña con su padre.

   b. el tío de Eli con su primo Felipe.

   c. el padre de Eli con su hermano Sebas.

Imagen 4. Eli describe a…

   a. su tío.

   b. su madre y a su tía.

   c. su madre.

Imagen 5. Felipe habla con…

   a. su primo Sebas de un partido de futbol.

   b. su amigo Sebas de sus problemas.

   c. su amigo Sebas de las muchachas.

Imagen 6. Sebas…

   a. llama a Felipe para quedar.

   b. describe a Lorena, la amiga de Eli.

   c. está triste porque Felipe no contesta al teléfono.

2 Watch the complete episode and check your answers to Activity 1. Then number the statements in the correct order.

a. ☐ Eli describe las fotos de su familia antes de entrar al dormitorio.

b. ☐ Sebas espía a las muchachas y comenta por celular a su amigo Felipe que Lorena, la nueva amiga de Eli, es muy linda.

c. ☐ Las muchachas creen que la pregunta de Sebastián es divertida.

d. ☐ Lorena llega a casa de Eli y comenta qué bonita es.

e. ☐ Lorena escoge (chooses) un vestido para una posible cita con Sebas.

f. ☐ Eli dice que está muy preocupada porque tiene que elegir ropa para una cita.

g. ☐ Sebas decide entrar al dormitorio y preguntar a Lorena si tiene novio para demostrar que no es tímido.

h. ☐ Lorena y Eli hablan de la ropa ideal para una cita y Eli muestra sus prendas.

3 **Watch the episode again and match the characters to what they are thinking.**

Lorena

Eli

Sebastián

Felipe

Pensamientos:............ Pensamientos:............ Pensamientos:............ Pensamientos:............

a. Todas las amigas de Eli son guapas.

b. Para la primera cita es muy importante llevar falda, ¡siempre falda!

c. ¿Qué me pongo para mi cita?

d. ¿Qué ropa lleva Lorena? ¿Cómo es?

e. Esa falda es muy corta.

f. ¿Tiene novio Lorena?

g. No soy tímido.

h. ¡Mi hermano solo piensa en chicas!

i. Esta familia vive en una casa muy bonita.

j. Lorena es totalmente diferente a las otras amigas de Eli.

k. Su hermano es muy divertido.

l. Seguro que su apartamento es muy bonito.

DESPUÉS DEL VIDEO

4 **Answer the following questions.**

a. ¿Qué personajes hacen descripciones físicas?

b. ¿A quién describen?

c. ¿Cómo los describen?

5 **Think back to the different items of clothing that appear in the episode and identify the items that did not.**

> pantalones ○ zapatos ○ bañador ○ falda ○ camisa ○ zapatillas ○ bufanda ○ jersey
> pijama ○ abrigo ○ vestido ○ camiseta ○ gorro ○ botas ○ chaqueta ○ pantalones cortos

6 **In groups of three or four, create a similar conversation and present it to the class. Describe where you are, the occasion and the clothes needed.**

MORE IN ELETECA: EXTRA ONLINE PRACTICE

1 🎧 **38** **Look at the drawing of Jaime's family. Follow along as you listen to the description of who everyone is.**

■ España:
- la esposa = la mujer
- el esposo = el marido
- la mamá = la madre
- el papá = el padre

La familia de Jaime no es muy grande. Su papá se llama Francisco Arnal y su mamá, Rosa Sabater. Francisco y Rosa son esposo y esposa. Tienen tres hijos: la mayor es Carmen que tiene 16 años, Jaime, su hermano, tiene 12 años, y Daniela, la hermana pequeña, tiene 8 años. El padre de Francisco se llama Juan, y su madre, Ester. Juan y Ester son los abuelos de Carmen, Jaime y Daniela. Jaime y sus hermanos son los nietos de Juan y Ester y los sobrinos de Pilar, su tía, la hermana de Francisco. Pilar está casada con Pablo y tienen dos hijos: María y Luis. María y Luis son los primos de Jaime y de sus hermanas.

2 **Complete the sentences using the information from the reading.**

a. Francisco es el .... de Rosa.

b. El .... de Jaime se llama Francisco.

c. Daniela es la .... de Jaime.

d. Francisco y Rosa tienen tres ....

e. Los .... de Jaime se llaman Juan y Ester.

f. Rosa es la .... de Francisco.

g. Pilar es la .... de Carmen.

h. María y Luis son .... de Daniela.

i. Juan y Ester tienen cinco ....

j. Pilar tiene tres ....

3 🎧 39 **Listen to Paula talk about her family and identify Paula's relationship to the following people.**

a. Julia ➡ .... **c.** Pepe ➡ ....

b. Sara ➡ .... **d.** Antonio ➡ ....

4 **Choose the correct option to complete the sentences so that they apply to you.**

1. Yo soy .... de mis abuelos.

   a. el nieto   **b.** la nieta.

2. Yo soy .... de mi hermana.

   a. la hermana   **b.** el hermano

3. Yo soy .... de mis tíos.

   a. el sobrino   **b.** la sobrina

4. Yo soy .... de mis padres.

   a. el hijo   **b.** la hija

5. Yo soy .... de mis primos.

   a. la prima   **b.** el primo

5 **Take turns asking your partner about the following members of his/her family.**

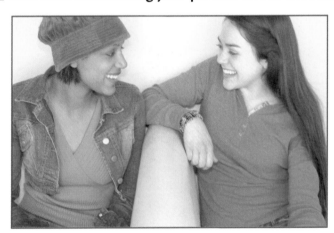

> tíos o hermanos menores
> o abuelos o un primo favorito

Modelo: E1: ¿Tienes hermanos?
E2: Sí, tengo un hermano.
E1: ¿Cómo se llama?
E2: Mi hermano se llama Jeff.

6 **Let's play. Give a definition in Spanish describing family relationships. Your partners will identify the relative you are referring to.**

La madre de mi madre...

Es la abuela.

7 🎧 **40** **Follow along as you listen to the words for different articles of clothing.**

gorra

suéter

jeans

chaqueta

pantalones

zapato de tacón

bufanda

abrigo

camisa

falda

cinturón

bota

corbata

traje

tenis

vestido

sandalias

calcetín

camiseta

- el calcetín = la media (muchos países)
- la chaqueta = la cazadora (España), la chamarra (México, Centroamérica)
- la falda = la saya, la pollera (Sudamérica)
- los jeans = los vaqueros (España), los mahones (Puerto Rico), la pitusa (Cuba)
- el suéter = el jersey (España)
- el tenis = la zapatilla de deporte

8 Complete the sentences to describe what Santiago and Noelia are wearing according to the drawings.

Santiago lleva una .... amarilla, una .... negra, una .... de rayas y un .... verde. Su .... es marrón y sus .... son anaranjados.

Noelia lleva unas .... y un .... de color marrón. Lleva también una .... de flores y una .... de color rosa.

9 Describe to your partner what he/she is wearing today.

10 Tell your partners what you usually wear in the following situations.

a. Cuando tengo frío…

b. Cuando tengo una fiesta elegante…

c. Cuando estoy con mis amigos…

d. En julio y agosto…

11 Answer the following questions and then share your responses with a partner.

a. ¿Qué tres prendas de vestir usas a diario?

....

....

b. ¿Cuáles son las tres prendas de vestir que te gusta comprar? ....

....

c. Describe alguna ropa nueva que tienes.

....

....

GRAMÁTICA

■ You have already learned the forms of verbs in Spanish end in **–ar**. There are two other groups of regular verbs, whose infinitives end in **–er** and **–ir**. To create the present tense forms of **–er** and **–ir** verbs, drop the endings from the infinitives, then add the verb endings as shown in the chart. Do **–er** and **–ir** verbs share the same endings?

	COMER (to eat)	**VIVIR** (to live)
yo	como	vivo
tú	comes	vives
usted/él/ella	come	vive
nosotros/as	comemos	vivimos
vosotros/as	coméis	vivís
ustedes/ellos/ellas	comen	viven

*Yo **como** con mi familia.* I eat with my family.

*Mi familia **vive** en Buenos Aires.* My family lives in Buenos Aires.

■ Here are some useful **–er** and **–ir** verbs:

–ER
aprender to learn
beber to drink
leer to read
ver to see

–IR
abrir to open
asistir to attend
discutir to argue
escribir to write

Ver is irregular in the **yo** form only:

VER
veo
ves
ve
vemos
veis
ven

1 **Read the following text and fill in the blanks with the correct form of the verbs.**

Enrique y Marta son hermanos, (vivir) .... juntos, pero son muy diferentes. Él siempre (comer) .... pasta y ella ensaladas. Él (beber) .... café y ella té. Los dos (leer) .... novelas, pero él (leer) .... novelas de aventuras y ella novelas de amor. Marta (aprender) .... italiano y Enrique, inglés. Los amigos de Enrique y Marta siempre (escribir) .... correos electrónicos para comunicarse con ellos. Marta (abrir) .... los correos todos los días, pero Enrique no. Son diferentes, pero nunca (discutir) ....

2 **Complete the following sentences with the correct form of the verbs and add a logical ending.**

a. Mi familia y yo (vivir) ....

b. Normalmente yo (comer) ....

c. Mi prima Julia (vivir) ....

d. En un restaurante, nosotros (comer) ....

3 Take turns asking each other when you do the following activities.

Modelo: cuándo / comer / en restaurante

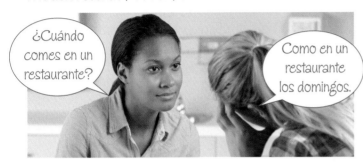

¿Cuándo comes en un restaurante?

Como en un restaurante los domingos.

a. cuándo / **comer** / con tus padres
b. a qué hora / **asistir** / a clase
c. cuándo / **ver** / la televisión
d. cuándo / **leer** / libros
e. a qué hora / **abrir** / los correos electrónicos

2. POSSESSIVE ADJECTIVES

- Possessive adjectives tell you *whose* object or person is being referred to (*my car, his book, her mother,* etc.). In Spanish, possessive adjectives agree in number with the nouns that follow them. Here are the possessive adjectives in Spanish:

	Singular		Plural	
	Masculine	Feminine	Masculine	Feminine
my	**mi** carro	**mi** casa	**mis** carros	**mis** casas
your	**tu** carro	**tu** casa	**tus** carros	**tus** casas
his/her/your (for.)	**su** carro	**su** casa	**sus** carros	**sus** casas
our	**nuestro** carro	**nuestra** casa	**nuestros** carros	**nuestras** casas
your (pl., Spain)	**vuestro** carro	**vuestra** casa	**vuestros** carros	**vuestras** casas
their/your (pl.)	**su** carro	**su** casa	**sus** carros	**sus** casas

Mi carro es grande. My car is big.

Marisa tiene dos gatos. Sus gatos son negros. Marisa has two cats. Her cats are black.

- Possesive adjectives must agree in number (singular/plural) with the noun they modify. In addition to agreeing in number, **nuestro** and **vuestro** must also agree in gender.

Nuestro tío es divertido. Our uncle is fun.　　　*Nuestra tía es rubia. Our aunt is blond.*

4 Choose the correct option in each sentence. Then, with a partner, say who the people or objects belong to.

a. **Mi / Nuestros / Mis** hermanas son altas.
b. **Su / Sus / Nuestro** padres están alegres.
c. **Mi / Tu / Tus** abuelos son muy mayores.
d. **Tus / Sus / Su** habitación es pequeña.
e. **Mis / Nuestros / Tu** amigas son muy simpáticas.
f. **Mi / Nuestro / Sus** hijas estudian en Francia.

5 Complete each sentence with an appropriate possessive adjective.

a. (yo) .... amigo aprende portugués.
b. (ellos) .... perro se llama Lupo.
c. (nosotros) .... padres son médicos.
d. (tú) .... camisa es muy bonita.
e. (ustedes) .... casa es muy grande.
f. (ella) .... primos viven cerca.

GRAMÁTICA

6 **Underline the possessive adjectives in the following text.**

> Tengo dos hermanos: Dani y Ana. Nuestros padres se llaman Javier y Marisa. Vivimos en Sevilla. Nuestro padre es alto y delgado y nuestra madre es rubia. Mi hermano Dani tiene 11 años y mi hermana Ana tiene casi seis. Ana es muy inteligente y alegre. Dani es muy divertido y un poco vago en el colegio. La hermana de mi padre tiene dos hijos gemelos. Está muy cansada porque sus hijos son un poco traviesos. ¿Cómo es tu familia?

3. DEMONSTRATIVE ADJECTIVES

- Demonstrative adjectives point out people and objects and indicate how far away these people or objects are from the speaker. For example, for people or objects that are:

  1. close to the speaker, use: **este**;

  2. at an intermediate distance or between the speaker and the listener, use: **ese**;

  3. far away from both, use: **aquel**.

Location of speaker	Singular		Plural		
	Masculine	Feminine	Masculine	Feminine	
aquí *here*	**este**	**esta**	**estos**	**estas**	*this, these*
ahí *there*	**ese**	**esa**	**esos**	**esas**	*that, those*
allí *over there*	**aquel**	**aquella**	**aquellos**	**aquellas**	*that (over there), those (over there)*

- As with other adjectives, demonstratives agree in gender and number with the nouns that follow.
  este zapato *this shoe* / **estos** zapatos *these shoes*

- These forms can also be used as pronouns, but must still agree in number and gender with the noun(s) they are replacing. Read the examples below.

Este es mi amigo Manuel. Es muy simpático.

This is my friend Manuel.
He is very nice.

Ese es mi abuelo. ¡Es muy divertido!

That's my grandfather.
He's a lot of fun!

Aquellos son mis amigos.
Son un poco tímidos.

Those *are my friends.*
They are a little shy.

7 **Change the sentences from singular to plural or vice versa.**

a. Esa mujer está muy nerviosa. ....

b. Estos muchachos son un poco habladores. ....

c. Aquel hombre tiene los ojos azules. ....

d. Aquellas señoras son muy mayores. ....

8 **Complete the following sentences using a demonstrative adjective.**

a. .... camisetas de aquí son muy baratas, pero .... camisas de allí son más bonitas.

b. .... zapatos que tienes en la mano son muy bonitos, ¿verdad?

c. ¡Qué horror! .... música que ponen aquí es muy mala.

d. Y .... muchachas de allí, ¿de qué clase son?

e. .... muchacho de ahí, el que está sentado en la mesa, es mi compañero.

9 **With a partner, take turns creating sentences for what the people in the images might say. Use demonstrative adjectives.**

Modelo: *Pienso que este suéter es muy bonito para ti.*

COMPRENSIÓN DE LECTURA

1 **David has written an e-mail to his friend Marie. Before reading the e-mail, review the strategy in Destrezas and complete the list.**

● ○ ○   Mensaje nuevo

De: David Martínez   Para: Marie123@hotmail.com

Hola, Marie:

Ya sabes que tengo una nueva amiga. Se llama Claudia.

Como no tengo foto, te describo cómo es. Claudia es alta y delgada, tiene los ojos azules y el pelo largo y rizado. Es morena. Normalmente lleva jeans y camisetas de diferentes colores. Le gusta llevar zapatos de tacón. Mi hermana dice que es muy simpática. La verdad es que es alegre y muy habladora. Sus hermanos también estudian en el colegio.

¿Y tú? ¿Qué tal las clases?

Un beso, David.

Destrezas

List and identify descriptive words

While reading, list the words used to describe David's friend. Then identify those that refer to personality traits and those that refer to a physical aspect.

..................................(personality/physical)

..................................(personality/physical)

..................................(personality/physical)

..................................(personality/physical)

..................................(personality/physical)

..................................(personality/physical)

2 **Read the e-mail again and select the correct completion for the sentences below.**

1. David escribe un correo sobre...

    a. su nueva amiga.

    b. la amiga nueva de su hermana.

    c. su nuevo amigo de colegio.

    d. su nuevo amigo.

2. Claudia es...

    a. alta y guapa.

    b. baja y delgada.

    c. alta y delgada.

    d. baja y guapa.

3. Claudia tiene el pelo...

    a. rubio y largo.

    b. moreno y rizado.

    c. moreno y corto.

    d. rubio y corto.

4. Claudia lleva...

    a. vestido y zapatos de tacón.

    b. falda y zapatillas deportivas.

    c. pantalón y camisa.

    d. pantalón y camiseta.

5. Claudia es...

    a. triste, habladora y simpática.

    b. simpática, alegre y habladora.

    c. simpática, inteligente y alegre.

    d. habladora, amable y simpática.

6. Claudia tiene...

    a. una hermana.

    b. dos hermanos.

    c. hermanos.

    d. un hermano.

EXPRESIÓN E INTERACCIÓN ESCRITAS

3 Look at the following images. Select one and imagine that the person is a member of your family. Before you begin to write about this person, read the strategy in Destrezas and complete the chart.

Destrezas

Make a chart showing information about the family member. This will help you write your description.

a.

b.

c.

d.

Categoría	Detalles
relación	
descripción física	
personalidad	
ropa que lleva	
estado físico	

4 Write a description of this person using the notes you prepared.

Modelo: Este/Esta es mi...

....

....

PRONUNCIACIÓN   The sounds of *k* and *s*

1 🎧 41 Listen to the pronunciation of the following words.

El sonido /k/	El sonido /s/
c + a → **ca**lvo	c + e → **ce**ro
c + o → **co**rto	c + i → **cin**co
c + u → **cu**rso	z + a → **ri**za**do**
qu + e → pe**que**ño	z + o → **zo**rro
qu + i → tran**qui**lo	z + u → **zur**do

2 👥 Read the following syllables aloud to your partner.

za-
ce-   co-   que-
qui-   cu-   zo-
zu-   ci-   ca-

3 🎧 42 Write the words you hear under the corresponding image.

a.

b.

c.

d.

e.

f.

LA FAMILIA MEXICANA

¡Bienvenidos a **México**!

México
Guadalajara • Ciudad de México •
Oaxaca •

La familia es importante en la cultura mexicana

Palenque, antigua ciudad maya en Chiapas

Danza tradicional mexicana

Totopos con salsa, un plato típico

✓ En una comida familiar es norma ver a mucha gente: los abuelos, l tíos, los papás, los primos, los hij los nietos...

✓ En México, muchos hogares (homes) son familiares (90,5%) y e 97,3% vive en familia.

✓ El 70,9% del núcleo de una famili mexicana moderna está formad por los papás y los hijos.

¿Sabes que...?

✓ México D. F., la capital del país, es la ciudad más poblada de América del Norte: tiene casi 9 millones de personas... ¡Aquí hay más personas que en Nueva York!

✓ La palabra México es azteca. Significa «el ombligo (bellybutton) de la luna».

✓ México es el país con más taxis del mundo: solo en la capital hay más de... ¡250.000!

✓ México es el país que consume más productos de cola del mundo.

✓ También es el país con más museos: tiene 1.168... ¡Ándale!

Fuentes: INEGI, México, CIA World Embajada de México en los EE. UU.

Un domingo en el bosque Chapultepec

43

El bosque Chapultepec es un parque muy grande. Está en México D. F. En él hay muchas fuentes, árboles y lagos. Muchas familias visitan el parque los domingos. Allí comen, pasean, practican deporte o hablan. «¡Me fascina el parque. Mi actividad favorita es ir allí con mi familia», dice Camila, una muchacha de 15 años que vive en la capital.

Bosque Chapultepec

Marina, en su Quinceañera

La Quinceañera

❖ La Quinceañera es un evento importante en México.

En el resto de América Latina también se celebra: en algunos países, como Argentina, se llama la Fiesta de Quince.

❖ Se celebra cuando una joven cumple quince años.

❖ Es una fiesta enorme: las familias ahorran (save) dinero durante muchos años.

❖ Las cosas más importantes en una fiesta de Quinceañera son: la familia, el vestido, la misa y el pastel.

❖ Según la tradición, solo las muchachas celebran la Quinceañera. Pero hoy en día, muchos muchachos tienen una fiesta especial cuando cumplen quince años... ¡con muchos regalos especiales!

El Día de los Muertos

«¡Hola! ¿Qué onda? Me llamo René y soy del D. F. Mi fiesta favorita es el Día de los Muertos. El Día de los Muertos es un día muy importante en mi país. Se celebra el 2 de noviembre. Es una celebración de origen prehispano. La fiesta recuerda a los muertos. La familia se reúne y se disfraza, prepara un altar con fotografías de antepasados, visita los cementerios y toma comida especial... ¡como las calaveritas (skulls) de azúcar!

Este día también se celebra en otras partes de América Latina como Guatemala, Venezuela, Perú y Nicaragua. Y tú, ¿cuál es tu celebración favorita?».

Las calaveritas de azúcar

Select the correct answer to complete each sentence.

1 **México es una palabra de origen...**
- ◯ a. español.
- ◯ b. hispano.
- ◯ c. azteca.

2 **La Quinceañera se celebra...**
- ◯ a. en México.
- ◯ b. en varios países latinoamericanos.
- ◯ c. en España y México.

3 **El Día de los Muertos...**
- ◯ a. recuerda a los muertos.
- ◯ b. felicita a los muertos y a los abuelos.
- ◯ c. celebra el «cumpleaños» de los muertos.

VOCES LATINAS

MI FIESTA FAVORITA

Complete the sentences with a word from the list below.

calaveritas de azúcar ✳ familias ✳ Argentina ✳ cumpleaños ✳ altar

1 En el Día de los Muertos los mexicanos preparan un _____ .

2 Durante esta celebración, las familias comen _____ .

3 La Quinceañera es un fiesta de _____ .

4 La Fiesta de Quince se celebra en _____ .

5 Los domingos, las _____ se reúnen en el bosque Chapultepec.

1 Complete the following family tree with the correct vocabulary words to show family relationships.

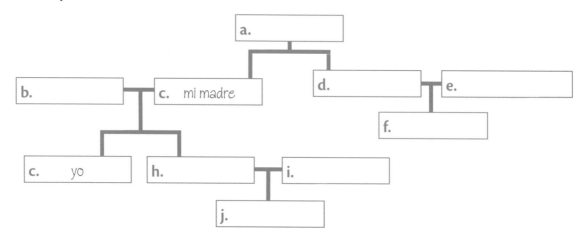

a.	

| **b.** | **c.** mi madre | **d.** | **e.** |

| **f.** |

| **c.** yo | **h.** | **i.** |

| **j.** |

2 🎧 44 Read the following text about a Spanish family getting together to celebrate a traditional Christmas Eve.

La cena de Nochebuena

Todos los años el mismo problema. Mi madre no sabe cómo organizar a la familia en la mesa. En total, somos nueve. Siempre es un desastre porque todos somos muy diferentes.

La abuela Julia, muy nerviosa y habladora, lleva siempre una falda y una camisa amarillas. Odia los teléfonos móviles, los vaqueros y el pelo largo en los hombres.

El tío Pepe, con corbata y traje negros, es muy pesimista y habla muy poco. Su mujer, Carmen, siempre habla por el móvil.

La prima Maribel es muy alegre pero bastante supersticiosa. Es actriz y no soporta el color amarillo. Lleva pantalones y vestidos de colores excepto el amarillo, claro…

Mi hermana Sara es muy tranquila e inteligente pero un poco tímida, siempre con sus vaqueros viejos y una camiseta donde está escrito: "Prohibido hablar por el móvil, gracias". Óscar, el novio de Sara, lleva el pelo largo y rizado. No habla mucho.

Mi padre es muy hablador, optimista y sociable, pero sus ojos no soportan los colores claros ni los muy oscuros.

Mi pobre mamá, que es muy buena, no sabe qué hacer ni dónde sentarnos para evitar conflictos.

■ En España, el color amarillo da mala suerte entre la gente del teatro. ¿Y en tu país?

3 👥 With a partner, complete the descriptions with the information presented about the people in the reading.

a. La abuela Julia ➡ ....

b. El tío Pepe ➡ ....

c. La tía Carmen ➡ ....

d. La prima Maribel ➡ ....

e. Sara ➡ ....

f. Óscar ➡ ....

g. Papá ➡ ....

h. Mamá ➡ ....

4 Underline the words in the text that describe people. List them according to the categories below.

Descripción física	Descripción de carácter

5 The verbs *ser*, *tener*, and *llevar* are generally used to describe. Indicate the descriptive words in the list below that go with the verbs in the chart. ¡*Atención!* Some words can be used with both *tener* and *llevar*.

> tíos ○ pelo largo ○ camisa ○ ojos marrones ○ delgado ○ nervioso ○ vaqueros ○ pesimista ○ jersey ○ alegre ○ piernas largas ○ tímida ○ camiseta ○ sociable ○ pelo rizado

ser	tener	llevar

6 👥 With a partner, arrange the seating chart below for this family's dinner.

a. b. c.

i. d.

h. g. f. e.

7 👥 Tell the class about your own family celebration or tradition.

Modelo: *En mi familia, nosotros...*

EVALUACIÓN

1 David has written an e-mail to his friend Marie to tell her about his new friend. Read the e-mail and fill in the blanks with the correct word from the list below.

> habladora ○ alegre ○ liso ○ guapa ○ pequeña ○ divertida ○ azules ○ rubio
> grande ○ simpáticos ○ grandes ○ castaño ○ largo ○ maleducado

Mi amiga María es muy .... Lleva el pelo .... y .... de color ....
Lleva gafas. Tiene la nariz .... y los ojos .... y .... Su hermano no se
parece a ella porque es ...., tiene la nariz ...., los ojos oscuros y no lleva gafas. Los
dos son muy .... María es muy .... y .... pero también es tímida.
Su hermano es abierto y muy .... A veces es un poco irresponsable y ....

LA FAMILIA

2 Look at Guillermo's family and complete the sentences below to identify the family relationships.

a. Jacobo tiene 3 años. Es su ....
b. Carlos y Ana son sus ....
c. José y Carolina son sus ....
d. Adriana tiene 9 años. Es su ....

e. Carlitos tiene 13 años. Es su .... mayor.
f. La madre de Jacobo, es su ....
g. El padre de Jacobo se llama Juan. Es su ....

LA ROPA

3 Complete the sentences with the correct word according to the images on the right.

a. ¿Esta .... es de lana?
b. La .... de tu amiga es un poco corta.
c. Esas .... son muy cómodas.
d. No tenemos .... para hacer deporte.

PRESENT TENSE OF -*ER* AND -*IR* VERBS

4 **Match the verbs to their subjects.**

1. escribes   a. nosotros

2. viven   b. ustedes

3. comemos   c. yo

4. tengo   d. tú

5. aprende   e. ella

DEMONSTRATIVE ADJECTIVES

5 **Complete the sentences with the correct demonstrative adjective.**

a. .... camisa de ahí es como la camisa de mi padre.

b. .... profesor de allí que lleva barba es americano.

c. .... chicos de la última fila son de mi clase.

d. Tiene una falda azul como .... chaqueta que tú llevas.

POSSESSIVE ADJECTIVES

6 **Select the correct option in each sentence.**

a. **Mi / Nuestros / Mis** amigas son muy divertidas.

b. **Tu / Tus / Sus** casa está cerca del instituto.

c. **Mi / Nuestros / Tu** profesores son muy amables.

d. **Su / Sus / Nuestro** padres son altos.

e. **Su / Mis / Nuestras** amigas son muy simpáticas.

f. **Tu / Mis / Nuestras** compañeros están de excursión.

CULTURA

7 **Answer the following questions about Mexico and compare similaties with your own country or region.**

a. ¿Cómo es el bosque Chapultepec? ¿Qué tiene? ¿Cómo se llama un lugar similar en tu país o región?

b. ¿Qué hace la gente en México el Día de los Muertos? ¿Celebras algo similar por esas fechas?

c. Nombra cinco cosas importantes de la fiesta de la Quinceañera. ¿Hay una fiesta similar en tu cultura?

d. ¿En qué otros lugares se celebra la fiesta de la Quinceañera?

e. ¿Cuántos miembros tiene una familia mexicana hoy en día? ¿Cuántas personas hay en tu familia?

 MORE IN ELETECA: EXTRA ONLINE PRACTICE

La familia *Family*

la abuela *grandmother*
el abuelo *grandfather*
los abuelos *grandparents*

el esposo *husband*
la esposa *wife*
la hermana *sister*
el hermano *brother*
los hermanos *siblings*
la hija *daughter*
el hijo *son*
los hijos *children*
la madre *mother*
la nieta *granddaughter*
el nieto *grandson*
los nietos *grandchildren*
el padre *father*
los padres *parents*
el primo/a *cousin*
la sobrina *niece*
el sobrino *nephew*
la tía *aunt*
el tío *uncle*

La ropa *Clothes*

el abrigo *coat*
la bota *boot*
la bufanda *scarf*
el calcetín *sock*
la camisa *shirt*
la camiseta *t-shirt*
la chaqueta *jacket*
el cinturón *belt*
la corbata *tie*
la falda *skirt*

la gorra *baseball cap*

los jeans *jeans*
los pantalones *pants*
las sandalias *sandals*
el suéter *sweater*
los tenis *sneakers*
el traje *suit*
el vestido *dress*
los zapatos de tacón *high-heeled shoes*

Las descripciones *Descriptions*

abierto/a *outgoing*
aburrido/a *boring*
amable *polite*
antipático/a *disagreeable*
alto/a *tall*
azules *blue*
bajo/a *short*
barba *beard*
bigote *mustache*
calvo *bald*
castaño/a *light brown*
claros *light*
corto *short*
delgado/a *thin*
divertido/a *fun*
feo/a *unattractive*
fuerte *strong*
gafas *glasses*
gordo/a *overweight*
grandes *big*
guapo/a *attractive*
hablador/a *talkative*
inteligente *intelligent*
joven *young*
largo *long*
liso *straight*
maleducado/a *rude*
mayor *old*
marrones *brown*
moreno/a *dark brown*
negros *black*
oscuros *dark*

pelirrojo/a *red hair*
pequeña *small*
pequeños *little*
rizado *curly*
rubio/a *blonde*

tímido/a *shy*
trabajador/a *hard-working*
una camisa blanca *a white shirt*
vago/a *lazy*
verdes *green*

Verbos *Verbs*

abrir *to open*
aprender *to learn*
asistir *to attend*
beber *to drink*
comer *to eat*
discutir *to argue*
escribir *to write*
leer *to read*
llevar *to wear*
tener... años *to be... years old*
tener calor *to be warm*
tener frío *to be cold*
tener hambre *to be hungry*
tener sed *to be thirsty*
tener sueño *to be sleepy*
tener *to have*
ver *to see*
vivir *to live*

Palabras y expresiones útiles *Useful words and expressions*

ahí *there*
allí *over there*
aquí *here*
la boca *mouth*
la nariz *nose*
los ojos *eyes*
un poco *a little*

PRESENT TENSE OF -ER AND -IR VERBS

(See page 100)

	COMER (to eat)	VIVIR (to live)
yo	como	vivo
tú	comes	vives
usted/él/ella	come	vive
nosotros/as	comemos	vivimos
vosotros/as	coméis	vivís
ustedes/ellos/ellas	comen	viven

POSSESSIVE ADJECTIVES

(See page 101)

Singular		Plural	
Masculine	Feminine	Masculine	Feminine
mi carro	mi casa	mis carros	mis casas
tu carro	tu casa	tus carros	tus casas
su carro	su casa	sus carros	sus casas
nuestro carro	nuestra casa	nuestros carros	nuestras casas
vuestro carro	vuestra casa	vuestros carros	vuestras casas
su carro	su casa	sus carros	sus casas

DEMONSTRATIVE ADJECTIVES

(See page 102)

Location of speaker	Singular		Plural	
	Masculine	Feminine	Masculine	Feminine
aquí	este	esta	estos	estas
ahí	ese	esa	esos	esas
allí	aquel	aquella	aquellos	aquellas

aquí   **ahí**   **allí**

TODOS LOS DÍAS LO MISMO

Este muchacho tiene hambre por la mañana.

>> ¿Cómo es el muchacho? ¿Dónde está? ¿Qué hace?

>> Y tú, ¿tienes hambre por la mañana?

In this unit,
you will learn to:

- Ask and give the day and time
- Describe daily routines and everyday activities
- Talk about professions
- Make plans

Using

- Stem-changing verbs *e>ie*, *o>ue*, and *e>i*
- Present tense of *hacer* and *salir*
- Reflexive verbs

Cultural Connections

- Share information about daily life in Hispanic countries, and compare cultural similarities

SABOR HISPANO

El puente entre las Américas

- El Salvador, Guatemala, Honduras, Nicaragua y Costa Rica

¡ACCIÓN!

1 Look at the image below of getting together to make plans. Then choose the text that best describes the image.

Texto 1

En la fotografía puedes ver a dos muchachos y a una muchacha que lleva gafas. La muchacha de gafas lleva una camiseta verde. En la imagen aparece una muchacha rubia, una morena y dos muchachos morenos.

Texto 2

En la fotografía aparecen dos muchachas, una rubia y una morena. Los dos muchachos son castaños. Las dos muchachas y los dos muchachos llevan chaquetas y el muchacho de gafas lleva una camiseta verde.

Texto 3

La fotografía representa a unos amigos. Las dos muchachas llevan bufanda. Aparecen dos muchachas morenas y dos muchachos rubios. El muchacho de gafas lleva barba.

2 🎧 45 Listen to the conversation. Then write the name of the person described in each of the statements below.

Daniel: ¿Qué les parece si hacemos un poco de deporte?

Lucía: Yo tengo mucho sueño. Me levanto todos los días a las 7 de la mañana.

Andrés: Yo no puedo ir. Los miércoles salgo a cenar con mis padres y me acuesto muy tarde.

Candela: ¿Y a qué hora estudias?

Andrés: Por las mañanas, me visto muy rápido y estudio un poco.

Daniel: Yo, en cambio, me despierto a las 9 y llego siempre tarde a la escuela.

Lucía: Chicos… Parecemos cuatro abuelos. Mi padre, que es médico, trabaja todo el día y siempre hace alguna actividad con nosotros.

Candela: Es verdad. Mi madre es profesora y siempre hace mucho deporte.

Daniel: Entonces, ¿por qué no quedamos mañana?

Lucía: Perfecto. ¿Quedamos a las 4?

Daniel: Vale. ¿Dónde quedamos?

Candela: Podemos quedar en la puerta de la escuela.

Andrés: Estupendo. Entonces… quedamos a las 4 en la puerta.

a. Es médico. ....El padre de Lucía...

b. Se despierta siempre muy temprano. ....

c. Sale a cenar con sus padres todos los miércoles. ....

d. Estudia por la mañana. ....

e. Es profesora. ....

f. Llega tarde a la escuela. ....

3 **45** **Listen again to the conversation and repeat after the speaker.**

> ■ The verb **quedar** is used to arrange a time or place to meet with friends.
>
> ¿A qué hora **quedamos**? *At what time should we meet?*
>
> **Quedamos** a las cuatro. *Let's meet at four.*
>
> ¿Dónde **quedamos**? *Where should we meet?*
>
> Podemos **quedar** en el parque. *We can meet at the park.*

4 **Match the image to the correct description.**

a.

b.

c.

d.

e.

f.

1. ◯ Se levanta a las siete y veinticinco.

2. ◯ Estudia en la escuela hasta las dos.

3. ◯ Come a las dos y media de la tarde.

4. ◯ Hace deporte a las cinco.

5. ◯ Ve la televisión a las ocho.

6. ◯ Se acuesta a las diez y media.

5 **Look at the times below and write what the person in Activity 4 does at that time.**

a. 8:00 de la noche.....................

b. 7:25 de la mañana..................

c. 5:00 de la tarde.......................

d. Hasta las 2:00 de la tarde ....

e. 2:30 de la tarde.......................

f. 10:30 de la noche...................

6 **With a partner, take turns asking each other what you do at the following times.**

Modelo:

¿Qué haces a las 10 de la mañana?

Estudio en la biblioteca.

1. 9:00 de la mañana

2. 12:00 de la tarde

3. 4:00 de la tarde

4. 9:00 de la noche

Unas actividades:

- caminar a
- comer
- descansar
- escuchar
- estudiar
- hablar con
- pasear por
- ver

COMUNICA

TALKING ABOUT EVERYDAY ACTIVITIES

- **Todos los días...**
  Everyday...
  - ...**me levanto** a las ocho. ...*I get up at eight o'clock.*
  - ...**desayuno**. ...*I have breakfast.*
  - ...**como** en casa. ...*I eat (lunch) at home.*
  - ...**ceno** con mis padres. ...*I have dinner with my parents.*

- **Por la mañana...**
  In the morning...
  - ...**me ducho** antes de desayunar. ...*I shower before having breakfast.*
  - ...**desayuno** en casa. ...*I have breakfast at home.*
  - ...**hago** la cama. ...*I make my bed.*
  - ...**estudio** en la escuela. ...*I study at school.*

- **Por la tarde...**
  In the afternoon...
  - ...**hago** deporte. ...*I play sports.*
  - ...**hago** la tarea. ...*I do my homework.*

- **Por la noche...**
  At night...
  - ...**ceno**. ...*I have dinner.*
  - ...**me acuesto** tarde. ...*I go to bed late.*

> ❗ ■ Use **por** to give an approximate time.
> ***Por** la mañana. (Sometime) In the morning.*

> 🌎 ■ Hago la tarea = hago los deberes (España).

---

1 Look at what Carmen does every day. Then, match the actions listed below to the correct images.

1. ⬜ Cena con sus padres.
2. ⬜ Se levanta pronto.
3. ⬜ Hace la tarea.
4. ⬜ Se acuesta a las 10:00 de la noche.
5. ⬜ Se viste.
6. ⬜ Estudia en la escuela.

---

2 👥 Answer the following questions. Then, with a partner, take turns asking each other.

a. ¿Haces la tarea todos los días? ....

b. ¿Dónde estudias: en casa, en la biblioteca...? ....

c. ¿Dónde comes: en casa, en la escuela...? ....

d. ¿Con quién cenas: con tus padres, con tus amigos...? ....

ASKING AND GIVING THE TIME

Es	Son
	After the hour — *Before the next hour*

la una.

las tres **(en punto)**.

las dos **y** cinco.

las tres **menos** veinticinco.

la una **y** cinco.

las dos **y** cuarto.

las tres **menos** cuarto.

la una **menos** veinte.

las dos **y** media.

las tres **menos** cinco.

> ! ■ To ask the time, use:
> ≫ **¿Qué hora es?**
> ≫ **Es la** una y cuarto. / **Son las** cinco.
>
> ■ To ask at what time an activity takes place, use:
> ≫ **¿A qué hora** cenas?
> ≫ **A las** siete.

3 Write the times shown on the digital clocks below.

6:00   7:10   3:40   5:30

4 🎧 46 Listen to the conversations and fill in the missing words.

a. **Sara:** ¿A qué .... te levantas?
Javier: Me levanto a las siete ....
Sara: Es muy pronto, ¿no?

b. **Jesús:** ¿Quieres ir al cine Patio esta ....?
Marta: Sí, genial. ¿A qué hora quedamos?
Jorge: Quedamos a las ocho y .... en la puerta del cine.

c. **Cristina:** ¿A qué hora quedamos?
Begoña: A .... una .... veinte.
Cristina: Vale.

5 👥 With a partner, make plans to go to a concert. Prepare a conversation similar to the ones above and present it to the class. ¡**Atención!** You must agree on a place and time to meet.

Modelo: E1: ¿Quieres ir al concierto de José Sol?
E2: Vale. ¿A qué hora quedamos?

 MORE IN ELETECA: EXTRA ONLINE PRACTICE

1.

2.

3.

4.

5.

6.

ANTES DEL VIDEO

1 Look at Juanjo and Alfonso in Images 1, 2, and 3. Based on their expressions and gestures, how do you think they are feeling? What are they talking about? Select from the options below.

a. No están contentos.

b. Hablan de una fiesta.

c. Tienen hambre.

d. Llaman por teléfono a sus amigos.

e. Hablan de los horarios de clase.

f. Hablan de los videojuegos.

g. Están enfermos.

2 With a partner, look again at the images and discuss why you think they are feeling this way.

3 Look at Image 2. Based on what you know from previous episodes, why do you think there are boxes in the room, empty shelves, and everything is generally a mess? Discuss your thoughts with a partner.

4 Look at Images 5 and 6. What does Juanjo give to Alfonso? What do you think he wants Alfonso to do? Select from the options below.

Juanjo le da a Alfonso...

a. un papel.

b. un lápiz.

c. su teléfono celular.

d. una goma de borrar.

Alfonso tiene que...

a. borrar su horario.

b. llamar a los amigos.

c. escribir algo importante.

d. hacer la tarea.

DURANTE EL VIDEO

5 | **Match the days and times to the correct activities for each of the boys.**

Actividades de Juanjo

1. Lunes, martes y jueves a las 10:00h
2. Miércoles y viernes a las 7:00h de la mañana
3. Los martes por la tarde
4. Todos los lunes por la tarde

a. queda con unos amigos.
b. va al gimnasio.
c. se levanta.
d. empieza las clases.

Actividades de Alfonso

1. De lunes a viernes a las 8:30h
2. Todos los días a las 7:00h de la mañana
3. Todas las tardes

a. se levanta.
b. empiezan sus clases.
c. estudia y hace las tareas.

6 | **Select the correct profession from the list below for Juanjo's mother and Alfonso's father. Then write the times they usually get up for work.**

> bombero o enfermera o mecánico o profesor o cocinera o veterinario

Madre de Juanjo:...   Padre de Alfonso:..

7 | **Select the statements that apply to the episode.**

a. ☐ Tienen muchas cajas en la habitación porque acaban de mudarse.
b. ☐ Comparten habitación.
c. ☐ Tienen muchas cosas del supermercado.
d. ☐ Los muchachos no están contentos con sus horarios.
e. ☐ Están tristes porque tienen poco tiempo libre.
f. ☐ Juanjo decide que no puede hacer las tareas de la casa por las tardes.

g. ☐ Alfonso tiene un padre mecánico.
h. ☐ La madre de Juanjo trabaja en un restaurante.
i. ☐ El plan de Juanjo es no hacer ninguna tarea de la casa.
j. ☐ Alfonso sale todas las noches.
k. ☐ Le da un lápiz a Alfonso para escribir las tareas de la casa que tiene que hacer.
l. ☐ Alfonso cree que algunas actividades de Juanjo son cómicas.

DESPUÉS DEL VIDEO

8 | **Create a schedule of activities you have from Monday to Friday. Then in groups of three, find a time when you are all free to play basketball.**

9 | **In the episode, Juanjo tries to avoid doing his share of the chores. What chores do you do at home? Write a few sentences about what you do and when. Use verbs like *limpiar* (to clean), *lavar* (to wash), and *ordenar* (to straighten up).**

 MORE IN ELETECA: EXTRA ONLINE PRACTICE

1 🎧 47 **Listen to the days of the week and repeat after the speaker.**

marzo

lunes	martes	miércoles	jueves	viernes	sábado	domingo
1	2	3	4	5	6	7
8	9	10	11	12	13	14
15	16	17	18	19	20	21
22	23	24	25	26	27	28
29	30	31				

- Most calendars in Spanish begin with Monday, not Sunday.

- The days of the week, like the months, are written in lower-case.

- Use the definite article, **el**, before the days of the week to say *on Monday, on Tuesday...*
  Mi cumpleaños es **el lunes**. *My birthday is on Monday.*

- In the plural, the days of the week express the idea of doing something regularly.
  Tengo clase de música **los sábados**. *I have music lessons on Saturdays.*

- The definite article, **el**, is not used when stating what day of the week it is.
  Hoy es **domingo**. *Today is Sunday.*

- Use **el fin de semana** to express weekend in Spanish.
  Los fines de semana *estudio en casa. On weekends, I study at home.*

2 👥 **Using the calendar above, practice saying a date to your partner. He/She will respond with the day of the week.**

Modelo: E1: ¿Qué día de la semana es el 4 de marzo?
E2: Es jueves.

3 **Write the plural forms of the days of the week.**

a. el lunes ...los lunes... **c.** el miércoles .... **e.** el viernes .... **g.** el domingo ....
b. el martes .... **d.** el jueves .... **f.** el sábado los sábados **h.** el fin de semana..........

4 👥 **With a partner, ask each other where you are at the following days and time during the week.**

Modelo:

E1: ¿Dónde estás los lunes a las 8 de la mañana?
E2: Estoy en casa.

a. los viernes a las 4 de la tarde
b. los sábados a las 10 de la mañana
c. los domingos por la mañana

d. los sábados por la noche
e. los martes a las 12 de la tarde
f. los jueves a las 11 de la mañana

5 Read the conversation between Anabel and her friend, Olga. Then complete the chart below with Olga's activities.

Anabel

Olga, ¿cuándo estudias español?

¿Cuándo ves televisión?

¿Cuándo navegas por Internet?

¿Cuándo tienes clase de baile?

Olga

Los martes y los jueves por la mañana.

Normalmente los sábados por la tarde.

Por la tarde, todos los días.

Por la tarde, los lunes y miércoles.

navegar por Internet ○ estudiar español ○ tener clase de baile ○ ver televisión

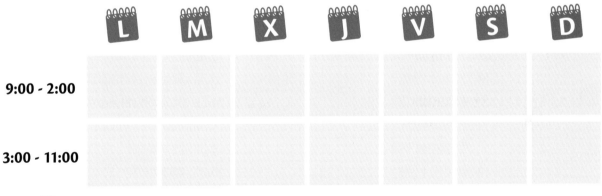

	L	M	X	J	V	S	D
9:00 - 2:00							
3:00 - 11:00							

■ In some Spanish calendars, **X** replaces **M** as the abbreviation for **miércoles**. Why do you think this is?

6 Answer the following questions. Then tell your partner when you do these things.

Modelo: Estudio español los martes antes de clase, ¿y tú?

a. ¿Cuándo estudias español?
b. ¿Cuándo navegas por Internet?
c. ¿Cuándo ves televisión?
d. ¿Cuándo tienes clase de baile (música, karate, religión...)?

7 🎧 **48** **Fill in the blanks under each image with the appropriate profession from the list. *¡Atención!* Remember to use the correct form of the noun to show agreement with the person in the image. Then listen to the audio to check your answers.**

> bombero/a ○ enfermero/a ○ profesor/profesora ○ cocinero/a ○ mecánico/a ○ veterinario/a

a. P☐☐☐☐☐☐☐☐

b. M☐☐☐☐☐☐☐

c. E☐☐☐☐☐☐☐☐

d. B☐☐☐☐☐☐

e. V☐☐☐☐☐☐☐☐☐☐

f. C☐☐☐☐☐☐☐

8 👥 **Match the following professions to the location where the job mostly takes place. Then with a partner, read your answers aloud.**

¿Dónde trabaja el/la...?

1. bombero/a	**a.** el hotel
2. médico/a	**b.** la cocina
3. mesero/a	**c.** el hospital
4. cocinero/a	**d.** la clínica veterinaria
5. veterinario/a	**e.** la estación de bomberos
6. actor/actriz	**f.** el teatro, en el cine...
7. recepcionista	**g.** la oficina
8. informático/a	**h.** el restaurante

trabaja (works) en

9 👥 **Look at the following list of activities that people have to do as part of their jobs. Then take turns with a partner asking each other who has to do each activity.**

- apagar fuegos *to put out fires*
- contestar el teléfono *to answer the phone*
- cuidar a los enfermos, a los animales *to take care of patients, animals*
- crear programas en la computadora *to create programs on the computer*

- hacer películas *to make movies*
- servir cafés, refrescos… *to serve coffee, soft drinks*
- preparar comidas *to prepare food*
- reparar carros *to repair cars*
- dar clases *to teach class*

Modelo: E1: ¿Quién tiene que apagar fuegos?
E2: El bombero o la bombera.

- la computadora = el ordenador (España) el computador
- el carro = el coche (España)
- el/la mesero/a = el/la camarero/a (España)

■ Use the expression **tener + que** to talk about the things you and others have to do.

Tengo que hacer deporte. *I have to play sports.*

Tienes que trabajar. *You have to work.*

Tenemos que estudiar. *We have to study.*

¡*Atención!* Note that only the verb **tener** is conjugated.

10 **Choose two of the following professions and role play with a partner. Take turns asking each other about your jobs. Use the following questions.**

Modelo: E1: ¿A qué te dedicas?

E2: Soy médico.

E1: ¿Dónde trabajas?

E2: Trabajo en el hospital.

E1: ¿Qué tienes que hacer?

E2: Tengo que cuidar a los pacientes.

■ ¿*A qué te dedicas?* → ¿*En qué trabajas?* → ¿*Qué haces?* *(job-related)*

a.

b.

c.

d.

e.

11 **In groups of three or four, take turns acting out a profession for your classmates to guess.**

 MORE IN ELETECA: EXTRA ONLINE PRACTICE

GRAMÁTICA

- In Spanish, some verbs have an irregular stem in the present tense. The vowel in the last syllable of the stem changes from **e → ie, o → ue**, and **e → i** in all forms except **nosotros/as** and **vosotros/as**. Look at the verb charts below to see examples of these types of verbs.

- **E → IE**. The **e** in emp**e**zar changes to **ie** in all forms but **nosotros/as** and **vosotros/as**.

EMPEZAR *(to start, begin)*			
yo	emp**ie**zo	nosotros/as	empezamos
tú	emp**ie**zas	vosotros/as	empezáis
usted/él/ella	emp**ie**za	ustedes/ellos/ellas	emp**ie**zan

Mis clases **empiezan** a las 8. *My classes start at 8.*
¿A qué hora **empiezas** la tarea? *What time do you begin your homework?*

- Other verbs that stem change from **e → ie**:

cerrar *to close*	La tienda **cierra** a las 10. *The store closes at 10.*
entender *to understand*	Ustedes **entienden** español. *You (all) understand Spanish.*
pensar *to think*	Yo **pienso** que es verdad. *I think it's true.*
preferir *to prefer*	Tú **prefieres** el color azul. *You prefer the color blue.*
querer *to want (to do something)*	Los estudiantes **quieren** descansar. *The students want to rest.*

- **O → UE**. The **o** in v**o**lver changes to **ue** in all forms but **nosotros/as** and **vosotros/as**.

VOLVER *(to return)*			
yo	v**ue**lvo	nosotros/as	volvemos
tú	v**ue**lves	vosotros/as	volvéis
usted/él/ella	v**ue**lve	ustedes/ellos/ellas	v**ue**lven

Yo **vuelvo** a casa a las 4. *I return home at 4.*   Mi padre **vuelve** a casa a las 6. *My father returns home at 6.*

- Other verbs that stem change from **o → ue**:

almorzar *to have lunch*	Yo **almuerzo** a las 12. *I have lunch at 12.*
dormir *to sleep*	Los estudiantes **duermen** mucho. *The students sleep a lot.*
poder *to be able to, can*	Nosotros **podemos** quedar a las 5. *We can meet up at 5.*

- **E → I**. The **e** in s**e**rvir changes to **i** in all forms but **nosotros/as** and **vosotros/as**.

SERVIR *(to serve)*			
yo	s**i**rvo	nosotros/as	servimos
tú	s**i**rves	vosotros/as	servís
usted/él/ella	s**i**rve	ustedes/ellos/ellas	s**i**rven

≫ ¿Qué **sirven** en la cafetería? *What do they serve in the cafeteria?*
≫ **Sirven** pizza. *They serve pizza.*

- Other verbs that stem change from **e → i**:

pedir *to ask for, to order*	**Pido** pizza por teléfono. *I order pizza on the phone.*
repetir *to repeat*	La profesora **repite** la tarea. *The teacher repeats the homework.*

1 Ask your partner about his/her preferences.

Modelo: E1: ¿Qué prefieres, un café o un refresco?
E2: Prefiero un refresco.

a. Matemáticas o Historia
b. el fútbol o el fútbol americano
c. un sofá o una silla
d. una casa o un apartamento
e. estudiar en casa o estudiar en la biblioteca
f. comer en McDonald's o comer en Taco Bell

2 Describe what the following people do using each of the verbs in parenthesis. Then take turns reading your sentences aloud to your partner.

Modelo: Mi padre (volver a casa a las 3, almorzar en casa) ➡ Mi padre vuelve a casa a las 3. Almuerza en casa.

a. tú (empezar temprano, dormir poco por la mañana, pedir agua para beber)
b. nosotros (entender la tarea, almorzar en la cafetería, volver a casa a las 3)
c. Maribel (querer vivir en la ciudad, poder tener un perro en casa, preferir viajar en coche)
d. los estudiantes (poder bailar en su clase, repetir después de la profesora, cerrar los libros)

3 Using the sentences in Activity 2, tell your partner whether you do the same things. If you don't do the activity, add *no* before the verb.

Modelo: Yo vuelvo a casa a las 3. No almuerzo en casa.

2. VERBS *HACER* AND *SALIR*

■ Some verbs in Spanish are irregular only in the **yo** form.

	HACER (to do, to make)	**SALIR** (to go out, to leave)
yo	**hago**	**salgo**
tú	haces	sales
usted/él/ella	hace	sale
nosotros/as	hacemos	salimos
vosotros/as	hacéis	salís
ustedes/ellos/ellas	hacen	salen

*Yo **salgo** con mis amigos los sábados. I go out with my friends on Saturdays.*

*¿Cuándo **sales** con tus amigos? When do you go out with your friends?*

*Yo **hago** la cama todos los días. I make my bed every day.*

4 Fill in the blanks with the correct form of *hacer* or *salir* to describe what the following people do.

Patricia .... con sus amigos.

Nosotros .... la cena todas las noches.

Los niños .... corriendo de la escuela.

Yo .... con mi perro a pasear.

Roberto .... la tarea en su computadora.

El padre y el hijo .... la cama.

5 👥 Take turns asking your partner if he/she does the activities shown in the images above. Use the correct form of *hacer* or *salir* in the questions below.

a. ¿..................... con tus amigos?

b. ¿..................... la cama?

c. ¿..................... con tu perro a pasear?

d. ¿..................... la tarea en tu computadora?

e. ¿..................... corriendo de la escuela?

f. ¿..................... la cena todas las noches?

3. REFLEXIVE VERBS

- A reflexive verb requires a reflexive pronoun (**me**, **te**, **se**, **nos**, **os**, **se**) that refers the action of the verb back to the person doing the action, the subject. In Spanish, reflexive verbs are often verbs used to describe actions related to personal care and daily routines. That is, actions that you do for yourself.

  *Yo **me ducho**. I shower (myself).*

  *Yo **me levanto**. I get up (physically, by myself).*

■ Reflexive verbs in Spanish have regular **–ar**, **–er** or **–ir** endings. Some verbs will have a stem change. Look at the forms of the following reflexive verbs.

| | (e ➡ ie) | (o ➡ ue) | (e ➡ i) |
	LEVANTARSE *to get up*	**DESPERTARSE** *to wake up*	**ACOSTARSE** *to go to bed*	**VESTIRSE** *to get dressed*
yo	me levanto	me desp**ie**rto	me ac**ue**sto	me v**i**sto
tú	te levantas	te desp**ie**rtas	te ac**ue**stas	te v**i**stes
usted/él/ella	se levanta	se desp**ie**rta	se ac**ue**sta	se v**i**ste
nosotros/as	nos levantamos	nos despertamos	nos acostamos	nos vestimos
vosotros/as	os levantáis	os despertáis	os acostáis	os vestís
ustedes/ellos/ellas	se levantan	se desp**ie**rtan	se ac**ue**stan	se v**i**sten

Mi madre **se acuesta** *a las 12. My mother goes to bed at 12.*
Me visto *antes de desayunar. I get dressed before having breakfast.*
Nos despertamos *tarde. We wake up late.*

■ Otros verbos reflexivos:
• ducharse *to shower*
• bañarse *to take a bath*

6 **Fill in the blank with the correct reflexive pronoun. ¡*Atención!* Remember that the reflexive pronoun and the form of the verb refer to the same subject (or person).**

a. ¿A qué hora .... despiertan?

b. ¿A qué hora .... levantas?

c. ¿A qué hora .... acostamos?

d. ¿A qué hora .... ducha tu hermana?

7 **Write out the answers to the questions above. ¡*Atención!* Remember to conjugate the infinitives and use the correct reflexive pronouns.**

a. Yo / levantarse / a las 8:00 ....

b. Mi hermana / ducharse / a las 7:30 ....

c. María y tú / despertarse / a las 8:30 ....

d. Nosotros / acostarse / a las 10:30 ....

8 **Fill in the blanks with the verb that applies to the action shown in the corresponding image. ¡*Atención!* Not all the actions shown are reflexive.**

Todos los días, yo (a) .... pronto, a las 8:30. Desayuno y (b) .... Después, (c) .... Por la tarde, hago deporte con mis amigos. A las 10:30 (d) ...., pero siempre (e) .... un poco antes de dormirme.

9 **Prepare a similar description about your day. Then take turns with a partner asking each other about what you do and when.**

Modelo: E1: *¿A qué hora te levantas?* E2: *Me levanto a las siete.* E1: *¿Qué haces después?*

DESTREZAS

COMPRENSIÓN AUDITIVA

1 You will listen to four separate audio recordings. Before playing the audio, review the listening strategy in Destrezas and follow the suggestion.

> ### Destrezas
>
> **Listen for specific information**
> To listen efficiently, focus on the information you need in order to obtain the correct answer. Before listening to each segment, read the options. Then jot down or circle the specific information you need to listen for to help you select the correct answer. What information should you focus on in item...?
>
> 1. ....   3. ....
>
> 2. ....   4. ....

2 🎧 **49** Listen to each short segment and then choose the best option based on the information you heard.

1. a. Juan se levanta todos los días a las 7.
   b. Juan se levanta todos los días a las 8.
   c. Juan se levanta todos los días a las 9.

2. a. Mi madre lleva unos zapatos rojos.
   b. Mi hermana lleva unos zapatos rosas.
   c. Mi hermana lleva unos zapatos rojos.

3. a. Estudian español por la mañana.
   b. Estudian inglés por la mañana en el colegio.
   c. Estudian inglés por la mañana en el instituto.

4. a. El profesor quiere quedar con sus amigos el lunes.
   b. El profesor quiere quedar con sus estudiantes el martes.
   c. El profesor quiere quedar el domingo por la tarde con sus estudiantes.

EXPRESIÓN E INTERACCIÓN ESCRITAS

1 In this section, you will be writing an e-mail to a friend describing what you do on a typical day. Before you begin to write, review the writing strategy in Destrezas and follow the suggestion.

> ### Destrezas
>
> **Create an activity chart**
> Make a chart listing information about your day. This will help you organize your description.
>
> | Topic | Questions | Personal information |
> |---|---|---|
> | Schedule | What time do you get up? | |
> | | What is your morning routine? | |
> | | What time do classes start? | |
> | Activities | What do you normally do? | |
> | | When and where do you do these activities? | |
> | Free time activities | What do you do with your friends? | |

2 Write an e-mail to your friend using the notes you prepared. Include all the necessary information for your e-mail.

● ● ●	Mensaje nuevo	
De:	Para:	
Asunto:		

■ Use the following information to write an e-mail:
- De *From*
- Para *To*
- Asunto *Subject*
- Querido/a *Dear*
- Chao/Adiós/Hasta luego *[closing]*

PRONUNCIACIÓN The sounds of *b* and *v*

1 🎧 **50** Listen to the following words and repeat after the speaker.

1. **Ba**rcelona, sa**be**r, **bi**blioteca, **bo**lígrafo, **bu**eno.
2. **Va**lencia, **ve**inte, **vi**vir, **vo**sotros, **vu**estro.

■ In Spanish, the letters **b** and **v** have the same sound, as the *b* in *boy*.

2 👥 Fill in the blanks with *b* or *v* to complete the spelling of these words you already know. Then practice saying them aloud with a partner.

a. be....er   c. e....aluación   e. vol....emos   g. ha....lar   i. ....ien
b. vi....ir   d. escri....es   f. ....iblioteca   h. ....einte   j. ....erde

3 Look at Daniel's after-school activities. Fill in the blanks with *b* or *v* to complete his schedule.

L	**M**	**X**	**J**	**V**
• Ir a clases de ....aile. • ....er mi serie de tele....isión fa....orita.	• Lle....ar al perro al ....eterinario. • Estudiar ....iología por la noche.	• Partido de ....aloncesto. • Escri....ir un correo a Tomás.	• Tra....ajar unas horas en la ....i....lioteca. • Ir al cine con Ja....ier.	• Jugar al fút....ol. • Na....egar por Internet.

EL PUENTE ENTRE LAS AMÉRICAS

> ¡Adoro la naturaleza!

Guatemala
Guatemala
Honduras
Tegucigalpa
El Salvador
San Salvador
Nicaragua
Managua
Costa Rica
San José

Esta región de América Central tiene muchas sorpresas

Rana de ojos rojos

La catedral de San Salvador, en El Salvador

El volcán San Cristóbal, en Nicaragua

La fiesta de Santo Tomás, en Guatemala

✓ América Central tiene una histori muy rica, con herencia de las cul maya y olmeca, española y afric

✓ En América Central vive el 7% de las plantas y animales del plane Allí puedes ver jaguares, tortugas gigantes y monos araña (spider monkeys).

✓ Además de español, en estos pa se hablan varias lenguas indíger

¿Sabes que...?

✓ La ruta (highway) Panamericana cruza América Central y llega hasta Sudamérica. Tiene 48.000 kilómetros... ¡es una de las rutas más largas del mundo!

✓ En la región hay más de 70 volcanes y 30 de ellos están activos. En Nicaragua hay 19 volcanes activos.

✓ En la fiesta de Santo Tomás, en Guatemala, hay una increíble competición de acrobacia.

✓ El concurso de surf, Reef Pro El Salvador, se celebra todos los años en Punta Roca. Es uno de los mejores lugares para hacer surf en la costa del Pacífico.

✓ El Juego de Pelota es un deporte de la civilización maya. En Guatemala hay más de 300 campos de juego que datan de 1400 a.C. (B.C.)

🔊 51 Un día «pura vida»

Mi nombre es Ana y soy de Costa Rica. Es el país más feliz del mundo, según el *Happy Planet Index*, porque la gente está contenta, vive una larga vida y respeta la naturaleza.

Aquí tenemos una frase típica: «pura vida». Significa que es importante disfrutar (*enjoy*) cada día.

Normalmente, me levanto temprano y desayuno un café. Después, voy a la escuela. Las clases son interesantes y me gusta charlar con mis amigos.

Por la tarde, voy a la playa y hago surf. Dos veces por semana, voy a un santuario (*sanctuary*) de animales, donde soy voluntaria. Vivir en Costa Rica es increíble. ¡Pura vida!

La vida es relajada en el país más feliz del mundo

Las maras y la educación

Las maras son pandillas (*gangs*) de jóvenes violentos. Son un problema en varios países de América Central.

La violencia de las maras afecta a la educación, porque los profesores y los estudiantes tienen miedo (*are afraid*) de ir a clase.

En El Salvador, el gobierno tiene desde 2012 un pacto con las maras para terminar con la violencia. Honduras, donde 5.000 jóvenes son parte de alguna mara, quiere un pacto similar.

Un integrante de la mara Salvatrucha, de Honduras

Fuentes: BBC Mundo, Happy Planet Index, Instituto Cervantes.

El mundo maya y la tecnología

❖ En América Central se hablan varias lenguas indígenas. Guatemala es el país con más diversidad: ¡hay 21 idiomas, además del español!

❖ Más de 3 millones de personas hablan maya.

❖ Hay muchos proyectos que combinan la lengua maya y la tecnología. Por ejemplo, un traductor de Microsoft y una versión del navegador (*browser*) Firefox están en este idioma.

❖ El maya también se habla en México. Una nueva telenovela, *Baktún*, se emite en Internet en 2013. Es en maya, con subtítulos en español.

La pirámide de Tikal es parte de la historia maya de Guatemala.

Select the correct answer to complete each sentence.

1 En la fiesta de Santo Tomás
- ◯ a. hay violencia.
- ◯ b. hay un juego de pelota.
- ◯ c. hay una competición de acrobacia.

2 La pirámide de Tikal
- ◯ a. está en Guatemala.
- ◯ b. está en Nicaragua.
- ◯ c. está en Costa Rica.

3 Baktún es
- ◯ a. una tradición maya.
- ◯ b. una fiesta popular.
- ◯ c. una nueva telenovela.

VOCES LATINAS

VIVIR EN BUENOS AIRES

Link the two parts of the sentence.

1 En América Central vive... — **a** un deporte de los antiguos mayas.

2 En la región hay... — **b** la educación.

3 La pelota es... — **c** disfrutar de cada día.

4 La frase «pura vida» significa... — **d** 30 volcanes activos.

5 La violencia de las maras afecta... — **e** el 7% de las plantas y animales del planeta.

1 Match the images to the activity described.

a. ◯ visitar a la familia

b. ◯ ir al cine

c. ◯ limpiar la casa

d. ◯ hacer la compra

e. ◯ arroz con pollo

f. ◯ tostada con mantequilla y mermelada

2 🎧 52 Read the following description of the typical day-to-day of many Hispanics in the Spanish-speaking world. Then select *sí* or *no* based on what you learned from the reading section.

El día a día de muchos hispanos

La gente que visita nuestros países siempre dice que los horarios son diferentes al resto del mundo y que todo se hace más tarde.

Durante la semana no desayunamos mucho, solo café con leche o jugo de naranja, y salimos corriendo, mis padres al trabajo y mi hermana y yo a la escuela. Comemos normalmente de dos a tres de la tarde: papá en un restaurante cerca de la oficina, mamá en la cafetería de la empresa y yo en

la escuela. No dormimos la siesta, porque también hacemos cosas por la tarde: ellos trabajan y yo voy a clases de guitarra. La cena en mi familia es a las ocho de la noche. Nos acostamos tarde, a las doce.

Los fines de semana son más relajados. El sábado por la mañana hacemos la compra y limpiamos la casa; por la tarde, quedamos con amigos, cenamos fuera o tomamos algo en una terraza. Los domingos nos levantamos mucho más tarde, desayunamos chocolate con pan dulce o tostadas con mantequilla y mermelada. Visitamos a la familia y comemos juntos. Ese día mis padres preparan una buena comida, como arroz con pollo o carne asada (*grilled meat*). Por la tarde, paseamos por el parque o vemos una película en el cine. Y descansamos para empezar la semana con energía. Este es el día a día de mi familia, ¿y el de la tuya?

	Sí	No
a. Normalmente desayunan muy fuerte.	☐	☐
b. Durante la semana comemos en casa.	☐	☐
c. El fin de semana limpiamos la casa y hacemos la compra.	☐	☐
d. Los domingos vemos a la familia.	☐	☐
e. Nos acostamos muy temprano todos los días.	☐	☐

3 **With a partner, list the activities that are typically done during the week and on weekends according to the reading.**

De lunes a viernes	Los fines de semana

4 **Write about what people typically do in your country or region during the day. Share your answers with the class.**

El sábado por la mañana ....

Por la tarde ....

El domingo por la mañana ....

Por la noche ....

5 **With a partner, take turns asking each other about your routines. Then record your partner's answers in the chart below.**

a. ¿Qué haces el sábado por la mañana?

b. ¿Qué haces el sábado por la tarde?

c. ¿Qué haces el domingo por la mañana?

d. ¿Qué haces el domingo por la tarde?

e. ¿Qué haces durante la semana por las tardes?

lunes	martes	miércoles	jueves	viernes	sábado	domingo

EVALUACIÓN

1 **Look at the clocks and write out the time in Spanish.**

a. ....

b. ....

c. ....

d. ....

e. ....

f. ....

EVERYDAY ACTIVITIES

2 **Write the activity below its corresponding image.**

> levantarse ○ comer ○ acostarse ○ quedar con amigos ○ escuchar música
> navegar por Internet ○ hacer la compra ○ ver una película ○ limpiar la casa

....

....

....

....

....

....

....

....

....

3 Complete the description with an expression from the list below.

> quedo ○ una tostada con mermelada y mantequilla a las 8:00h ○ me ducho ○ me acuesto

Me levanto a las 8:00 de la mañana todos los días, y (a) .... antes de ir a la escuela. Desayuno (b) .... Por la tarde estudio un poco y toco la guitarra. Cenamos toda la familia (c) .... y después veo un poco la tele en el salón. (d) .... a las 11:30 de la noche, porque ya tengo mucho sueño. El sábado por la tarde (e) .... con mis amigos y vemos una película en el cine.

STEM-CHANGING VERBS AND THE VERBS *HACER* AND *SALIR*

4 Complete the sentences with the correct form of the verb in parenthesis.

a. Las clases (empezar) .... a las 9:00 de la mañana.

b. Muchos españoles (querer) .... ver una película el fin de semana.

c. María (dormir) .... ocho horas diarias.

d. Raquel (pedir) .... un café al camarero.

e. Tú y yo (querer) .... aprender español.

f. ¿Tú (poder) .... hacer una paella?

g. ¿Qué (hacer) .... con tus amigos?

h. Nosotros (salir) .... los fines de semana.

REFLEXIVE VERBS

5 Complete the sentences with the correct form of the verbs in parenthesis.

a. (Levantarse, yo) .... a las 8:00 de la mañana.

b. (Vestirse, tú) .... antes de desayunar.

c. (Ducharse, ella) .... por las mañanas.

d. (Acostarse, ellos) .... muy tarde el sábado.

CULTURA

6 Answer the following questions about Centroamérica and compare similarities with your own country or region.

a. ¿En qué país usan la expresión "pura vida"? ¿Qué expresión es popular en tu ciudad o región?

b. ¿En qué lengua ofrece Firefox una versión de su navegador?

c. ¿Qué lugares históricos y culturales puedes visitar en esta región? ¿Hay lugares similares en tu ciudad o región? Explícalo.

d. ¿Qué deporte es muy popular?

e. ¿Qué intentan controlar los gobiernos de El Salvador y Honduras? ¿Existe este problema en tu ciudad o región?

MORE IN ELETECA: EXTRA ONLINE PRACTICE

Las profesiones *Professions*

bombero/a *firefighter*
cocinero/a *cook*
informático/a *computer technician*
mecánico/a *mechanic*

médico/a *doctor*
mesero/a *waiter/waitress*
recepcionista *receptionist*

veterinario/a *veterinarian*

Decir la hora *Telling time*

¿A qué hora...? *At what time...?*
de la mañana *a.m.*
de la noche *p.m.*
de la tarde *p.m.*
en punto *sharp*
Es la una. *It's one o'clock.*
menos cuarto *quarter to*
¿Qué hora es? *What time is it?*

Son las dos. *It's two o'clock.*
y cuarto *quarter past/after (the hour)*
y media *half past (the hour)*

Expresiones de tiempo *Time expressions*

fin de semana *weekend*
por la mañana *in the morning*
por la noche *at night*

por la tarde *in the afternoon*
todos los días *every day*

Los días de la semana *Days of the week*

lunes *Monday*
martes *Tuesday*
miércoles *Wednesday*
jueves *Thursday*
viernes *Friday*
sábado *Saturday*
domingo *Sunday*

Verbos *Verbs*

acostarse (o>ue) *to go to bed*
almorzar (o>ue) *to have lunch*

cenar *to have dinner*
cerrar (e>ie) *to close*
desayunar *to have breakfast*

despertarse (e>ie) *to wake up*
dormir (o>ue) *to sleep*
ducharse *to shower*
empezar (e>ie) *to start, begin*
entender (e>ie) *to understand*

hacer deporte *to play sports*

hacer la tarea *to do homework*

hacer *to do, to make*
levantarse *to get up*
navegar por Internet *to go on the Internet*
pedir (e>i) *to ask for, to order*
pensar (e>ie) *to think*

poder (o>ue) *to be able, can*
preferir (e>ie) *to prefer*
quedar *to meet up with someone*
querer (e>ie) *to want (to do something)*
repetir (e>i) *to repeat*
salir *to go out, to leave*
servir (e>i) *to serve*
tener que *to have to (do something)*
vestirse (e>i) *to get dressed*

volver (o>ue) *to return*

STEM-CHANGING VERBS

(See page 126)

	ENTENDER	VOLVER	PEDIR
	e ➡ ie	o ➡ ue	e ➡ i
yo	ent**ie**ndo	v**ue**lvo	p**i**do
tú	ent**ie**ndes	v**ue**lves	p**i**des
usted/él/ella	ent**ie**nde	v**ue**lve	p**i**de
nosotros/as	entendemos	volvemos	pedimos
vosotros/as	entendéis	volvéis	pedís
ustedes/ellos/ellas	ent**ie**nden	v**ue**lven	p**i**den

THE VERBS *HACER* AND *SALIR*

(See page 127)

	HACER	SALIR
yo	**hago**	**salgo**
tú	haces	sales
usted/él/ella	hace	sale
nosotros/as	hacemos	salimos
vosotros/as	hacéis	salís
ustedes/ellos/ellas	hacen	salen

REFLEXIVE VERBS

(See page 128)

	LEVANTARSE
yo	**me** levanto
tú	**te** levantas
usted/él/ella	**se** levanta
nosotros/as	**nos** levantamos
vosotros/as	**os** levantáis
ustedes/ellos/ellas	**se** levantan

1 Describe the people in the photo. Include a physical description of each person and what he/she is wearing.

1. ....
....

2. ....
....

3. ....
....

4. ....
....

5. ....
....

6. ....
....

2 🎧 **53** Listen to Elena describe her friends. Then match the name to the correct image of the person based on the description you hear.

a. Beatriz: ➡ ....
b. Elena: ➡ ....
c. Javier: ➡ ....
d. Julián: ➡ ....
e. Marta: ➡ ....
f. Santiago: ➡ ....

3 Read about Beatriz as she describes a typical day for her. Fill in the blanks with the correct form of the verb in parenthesis.

De lunes a viernes (levantarse) ....1.......... a las 8 porque mi clase (empezar) ....2............
a las nueve. (Ducharse) ....3.......... rápido, (desayunar) ....4.......... leche con cereales
y (correr) ....5.......... a la escuela para no llegar tarde. (Comer) ....6.......... a las dos con
mi familia, mi madre es profesora de Matemáticas y llega a casa para comer con mi hermano y
conmigo. Mi padre llega más tarde porque es médico y su día es más largo. Por la tarde
(quedar) ....7.......... con Marta y (estudiar) ....8.......... juntas. (Hacer) ....9..........
deporte los martes y jueves, los lunes y miércoles toco el piano. (Acostarse) ....10.......... a las
once y (leer) ......11...... un poco hasta las 12. ¡El fin de semana es mucho mejor! (Quedar) ......12.......
con mis amigos y jugamos videojuegos o (salir) .....13.......... y (ver) .....14...... una película en el cine.

4 Read the text again and answer the following questions about Beatriz's day.

a. ¿A qué hora se levanta Beatriz? ➡ ....
b. ¿Dónde come y con quién? ➡ ....
c. ¿Qué hace por las tardes de lunes a viernes? ➡ ....
d. ¿Cuándo queda con sus amigos? ➡ ....
e. ¿Qué hace antes de dormir? ➡ ....
f. ¿Cuáles son las profesiones de sus padres? ➡ ....

5 Complete the schedule below with the activities you typically do during the week.

	L	M	X	J	V	S	D
Mañana							
Tarde							

6 Look at the list of people in Beatriz's family and complete her family tree.

Carmen Solís Sevilla
Manuel Sánchez Román
Beatriz Sánchez Coronado
Carlos Sánchez Coronado
Ángeles Román López
Lucía Coronado Solís
Francisco Sánchez Márquez
Alberto Coronado Martín

¿TE GUSTA?

>> ¿Comes en restaurantes con tu familia?

>> ¿Prefieres la comida de restaurantes o la comida de casa?

>> ¿Qué pides en tu restaurante favorito?

Esta familia almuerza en su restaurante favorito.

In this unit, you will learn to:

- Talk about what you do in your free time
- Describe likes and dislikes
- Express agreement and disagreement
- Order in a restaurant
- Explain what part of the body hurts
- Describe how you are feeling

Using

- *Gustar* and similar verbs
- *Ser* and *estar*
- *También* and *tampoco*
- *Doler* and the parts of the body

Cultural Connections

- Share information about traditional foods in Hispanic countries, and compare cultural similarities

SABOR HISPANO

¡A comer, bailar y gozar!

- Panamá, Colombia y Venezuela

¡ACCIÓN!

1 Look at the image below of students studying before going to class. Then complete the sentences according to the image.

a. La imagen representa a unos ....

b. En el reloj de la fotografía son ....

c. Los amigos estudian antes de ....

d. Los cuatro muchachos .... años.

2 🎧 54 Listen to the conversation. Then decide whether the following statements are true (T) or false (F).

Quique: ¿Qué tal, muchachos? ¿Qué tal llevan el examen?

Germán: Yo no muy bien, estoy un poco preocupado.

Carmen: Pero si tú estudias mucho, ¡seguro que te sale bien! ¿A que sí, Noelia?

Noelia: Pues claro. Yo creo que va a ser bastante fácil. Además, esta tarde ya no tenemos que estudiar.

Quique: Es verdad. ¿Qué quieren hacer? ¡Ah!, podemos jugar a videojuegos. Me encantan los videojuegos.

Germán: Es que estoy cansado de jugar siempre con los videojuegos.

Carmen: Vale, ¿y qué tal si hacemos deporte?

Germán: No sé, es que me duele *(hurts)* la pierna por el partido de fútbol del domingo.

Noelia: Podemos ir a comer algo. Germán, tú siempre tienes hambre, ¿no?

Germán: Vale, pero no quiero ir a un restaurante con mucha gente, que seguro que tenemos que esperar *(wait)* mucho para sentarnos *(to sit)* y estoy de mal humor.

Quique: ¿Qué? ¡Pero si siempre estás contento!

Carmen: Chévere, pues más tarde decidimos. Después del examen seguro que estás más contento.

Germán: Es verdad, chicos. ¿Vemos una película? Me gusta la nueva de ciencia ficción.

Quique: A mí también.

Carmen: Sí, de acuerdo.

	T	F
a. De lunes a viernes los chicos quedan en la puerta de la escuela a las nueve de la mañana.	○	○
b. Mañana no hay escuela.	○	○
c. Quique está de mal humor.	○	○
d. Noelia piensa que el examen va a ser bastante fácil.	○	○
e. Carmen y Quique están de acuerdo con Germán.	○	○

3 **Answer the following questions about the conversation.**

a. ¿Cuántos planes proponen (*suggest*) los amigos para hacer esta tarde? ....

b. ¿Qué plan deciden hacer finalmente? ....

c. ¿A quién le duele la pierna? ....

d. ¿Por qué Germán no quiere ir a comer? ....

e. ¿Por qué no quiere jugar a videojuegos? ....

4 **Match the caption to the image.**

1. ○ A María y a Graciela les gusta el campo y montar en bici. Ahora están cansadas.

2. ○ A Miguel le encanta chatear con sus amigos de Argentina. Es muy abierto.

3. ○ A Andrés le gusta hacer fotos, también le gustan los perros. Es muy simpático.

4. ○ A Paloma le encanta ir de compras y comprar zapatos. Está muy contenta.

5 **With a partner, take turns saying which of the following activities you like to do in your free time.**

- chatear con amigos
- ir de compras y comprar...
- escuchar música en mi mp4
- jugar a videojuegos
- hacer deporte
- montar en bici
- hacer fotos
- ver una película

Modelo:

 Me gusta ir de compras y comprar botas.

COMUNICA

ESTAR

- Use **estar** to describe a person's mood or feelings at a particular moment.
  Germán **está** *preocupado por el examen. Germán is (feeling) worried about the test.*

- Adjectives commonly used with **estar**:

tranquilo/a *(feeling) relaxed*	**de buen/mal humor** *in a good/bad mood*
preocupado/a *(feeling) worried*	**bien, perfecto** *(feeling) fine*
alegre, contento/a *(feeling) happy*	**cansado/a** *(feeling) tired*
triste *(feeling) sad*	**enfadado/a** *(feeling) angry*

Use **ser** to describe personality traits and characteristics with:
- tranquilo/a *quiet*
- inteligente *intelligent*
- simpático/a *likeable*
- antipático/a *disagreeable*
- alegre, divertido/a *fun, lively*
- aburrido/a *boring*

---

1 Using *estar* and the expressions above, describe the mood indicated by the following emoticons. Check your answers with a partner.

a.

...Está triste....

b.

....

c.

....

d.

....

e.

....

2 🎧 55 Listen to the conversation and fill in the blanks with the missing words.

Carlos: ¿Qué te pasa, Rafael? Hoy no .... muy ....

Rafael: Bueno, es que .... un poco ....

Carlos: ¡Pero qué dices! Si tú .... muy .... Venga, vamos a dar un paseo.

Rafael: Bueno, vale.

3 Fill in the blanks with *es* or *está* to describe Bea. Check your answers with a partner.

Bea .... muy simpática. Cuando estamos juntos, ella .... muy divertida y siempre .... de buen humor. Esta semana .... preocupada porque tiene un examen importante. Cuando la llamo por teléfono, ... nerviosa. Me dice que .... de mal humor. ¡Pobre Bea!

4 With a partner, prepare a conversation with Bea comparing how she normally is to the way she is feeling today and give a reason why. Then, switch roles.

Modelo: *El: ¿Qué te pasa, Bea? Hoy...*
Bea: Es verdad, hoy... porque...

Normalmente...
tranquila y simpática.

Hoy...
nerviosa.

Hoy...
de mal humor.

ORDERING IN A RESTAURANT

5 Read the following conversation in a restaurant between the waiter and his customers. Then match the items ordered to the correct images below.

Mesero: Hola, buenas tardes. ¿Qué les sirvo?

Cliente 1: Para mí, una hamburguesa (1) y un refresco de cola (2).

Cliente 2: Y para mí, un refresco de naranja (3).

Mesero: ¿Quiere algo de comer?

Cliente 2: Sí, yo un sándwich de jamón y queso (4), por favor.

Mesero: ¿Algo más?

Cliente 2: No, nada más, gracias.

***

Cliente 1: ¿Nos trae agua, por favor?

Mesero: Tomen, aquí tienen.

***

Cliente 1: La cuenta, por favor.

Mesero: Sí, son 17 dólares.

6 Look at the different questions and answers commonly used when ordering in a restaurant. Fill in the blanks with the missing words used in the conversation above.

Mesero	Cliente
¿Qué le/les ....? *What can I get for you?*	........, una hamburguesa. *I (will have) a hamburger.*
¿Qué quiere/n beber? *What would you like to drink?*	.... un refresco de naranja. *For me, an orange soda.*
¿Quiere/n algo de ....? *Would you like anything to eat?*	........, ... un sándwich de jamón y queso. *Yes, (I will have) a ham and cheese sandwich.*
¿Quieren tomar algo más? *Would you like to have anything else?*	No, ... gracias. *No, nothing, thank you.*
¿..? *Anything else?*	¿........ agua? *Would you bring us more water?*
	........, por favor. *The check, please.*
	¿Cuánto es? *How much do I owe you?*

7 With a partner, take turns playing the roles of waiter/waitress and customer. Use the expressions in Activity 6 and the menu as a guide. Then present your conversation to the class.

!
- Primeros *First course* ➡ ¿Qué quiere **de primero**?
- Segundos *Second course* ➡ ¿Qué quiere **de segundo**?
- Postres *Desserts* ➡ ¿Qué quiere **de postre**?

Primeros   **Menú del día**
Ensalada mixta
Paella
Sopa del día   12€
Segundos
Pollo asado
Filete de ternera con patatas
Merluza a la romana
Postres
Fruta del tiempo
Helado
Pan y bebida

  MORE IN ELETECA: EXTRA ONLINE PRACTICE

1.

2.

3.

4.

5.

6.

ANTES DEL VIDEO

1 Match the statements to the correct image.

a. Es el dueño *(owner)* del restaurante.

b. Las muchachas no están contentas en el restaurante.

c. Juanjo habla muy alto y a Eli le molesta.

d. Las muchachas llegan al restaurante.

e. Juanjo sirve el primer plato.

f. Lorena tiene un problema con su cuchillo.

2 Look at the scenes from the episode and make your best guesses about what you think is happening.

a. ¿A qué tipo de restaurante van Eli y Lorena?

b. ¿Qué piden para cenar?

c. ¿Qué problemas crees que tienen en el restaurante?

d. ¿Crees que Juanjo es un buen mesero? Explica por qué.

DURANTE EL VIDEO

3 Watch the complete episode and check your answers to Activity 2. Did you guess correctly?

4 Select the correct option to complete each statement.

a. Lorena y Eli van a **comer/cenar** en un restaurante.

b. Es la **primera/segunda** vez que las muchachas cenan en ese restaurante.

c. El dueño del restaurante es **tío/padre** de Juanjo.

d. La tortilla española lleva huevos, cebolla y **tomates/patatas**.

e. El cuchillo de Lorena está **roto/sucio**.

f. En la ensalada de Eli hay **un pelo/una mosca**.

5 List the menu items each one orders. Use the images as a guide.

	Lorena	Eli
De primero		
De segundo		
Para beber		

6 Match the statement to the person that says it in the episode.

a. Luego pedimos el postre.

b. A mí me encanta la comida española.

c. ¿Por qué grita tan alto?

d. Uno de los camareros está enfermo hoy.

e. Sopa de jamón de primero y arroz con verdura de segundo.

f. Lo siento. Ahora te traigo uno limpio.

g. Las cosas se retiran por la izquierda.

h. Dicen que se come muy bien.

Lorena	Eli	Juanjo

DESPUÉS DEL VIDEO

7 Think about the reactions of the characters in the episode. How would you describe their mood or feelings at the particular moment described below? Vary your expressions using affirmative and negative statements and compare answers with your partner. Do you agree?

a. Juanjo: cuando sirve el primer plato.

b. El tío: cuando ve que Juanjo limpia el cuchillo en la camisa.

c. Eli: cuando encuentra el pelo en la ensalada.

d. Lorena y Eli: al final del episodio.

8 Research the following Spanish dishes and list their ingredients. Which one would you prefer?

El gazpacho	Lleva tomates...
La paella	Lleva...

9 Answer the following questions and compare answers with your classmates. Do you have similar preferences?

a. ¿Conoces algún restaurante español? ¿Cómo se llama? ¿Te gusta?

b. ¿Cuál es tu restaurante favorito? ¿Por qué? Descríbelo.

c. ¿Qué haces si vas a un restaurante y encuentras un pelo en tu plato?

d. Describe una comida cara y otra barata.

1. los bolos / el boliche

2. los videojuegos

3. el fútbol

4. una película

5. natación

6. esquí

7. judo

8. ciclismo

9. un refresco

10. deporte

11. la televisión

12. un concierto

13. una exposición

14. unas tapas

15. Internet

16. el mar

17. yoga

18. el sol

1 🎧 56 **Write the number of the activity next to the verb it uses. Then listen to the verbs and activities used together to check your answers. ¡Atención! The first three have been done for you.**

a. Ver ...6,.. **d.** Jugar (a) ....

b. Hacer ...5,... **e.** Navegar (por) ....

c. Tomar ...10,...

2 👥 **Make one or two recommendations for each of the following people based on their moods, personalities, and circumstances as described below. Then take turns with a partner exchanging your suggestions. Record all the suggestions provided.**

¿Qué puede(n) hacer?	Puede(n)...
1. Isabel es muy tranquila. A ella no le gusta salir. Prefiere estar en casa.	
2. Violeta vive cerca de la playa (beach). La temperatura hoy es de 95 grados y ella tiene calor.	
3. Paco y sus amigos tienen mucha energía y son muy activos. A ellos les gusta competir.	
4. Iván está aburrido. Le gusta mucho el arte y la música. A sus amigos también.	

Modelo: E1: ¿Qué puede hacer Isabel?
E2: Isabel puede ver la televisión.

3 Select from the options you and your partner prepared in Activity 2 for each of the situations and say which one you would prefer to do in each case.

Yo prefiero...

1. ....

2. ....

3. ....

4. ....

4 🎧 57 Look at the image of Miguel and try to guess what four activities he likes to do in his free time. Then listen to the audio to check your answers.

◻ viajar con amigos

◻ escuchar música

◻ tomar tapas con los amigos

◻ ver conciertos en directo

◻ ver la televisión

◻ hacer deporte

◻ navegar por Internet

◻ viajar solo

5 What can you guess about Inés and the things she likes to do in her free time based on the image of her below? Write a short description about Inés. Include the following:

• two personality traits

• how she is feeling today

• three activities she likes to do in her free time

• one activity she doesn't like to do

Inés es...

Hoy está...

A ella le gusta...

A ella no le gusta...

6 Prepare a similar description about yourself. Then share the information you wrote about yourself and Inés with the class. ¡Atención! To say what you like (and don't like) use *A mí me gusta.../A mí no me gusta...*

7 🎧 58 Using the list of foods below, complete the words under each image to identify the food in Spanish. Then listen to the audio recording to check your answers.

carne ∘ huevos ∘ naranjas ∘ queso ∘ cebollas
leche ∘ pimientos ∘ tomates ∘ frijoles
mariscos ∘ pollo ∘ zanahorias

la papa = la patata (España)
el pimiento = el chile (México)
el tomate = el jitomate (México)

a. ☐ I O ☐ ☐ S

b. ☐ U ☐ ☐ O

c. ☐ A ☐ H ☐ ☐ A ☐

d. L ☐ ☐ ☐ E

e. C ☐ B ☐ ☐ ☐ ☐ ☐

f. ☐ ☐ M ☐ T E ☐

g. H ☐ ☐ V ☐ ☐

h. ☐ A ☐ N ☐

i. M ☐ R ☐ ☐ ☐ ☐ S

j. ☐ A ☐ ☐ ☐ J ☐ ☐

k. ☐ I ☐ ☐ ☐ N T ☐ ☐

l. ☐ ☐ L ☐ O

8 Read the following description of Fernando, a chef with some crazy menu ideas. Then write the letter of the image above to complete the menu he is planning to serve his dinner guests.

A Fernando le gusta cocinar, pero muchas veces hace unas mezclas un poco extrañas. Hoy vienen invitados a su casa y quiere preparar lo siguiente:

- **Primer plato:** tomates (f) con naranjas ◯ pollo ◯ y frijoles ◯.

- **Segundo plato:** carne ◯ con mariscos ◯, pimientos ◯ y queso ◯.

- **Postre:** zanahorias ◯ con leche ◯, cebollas ◯ y huevos ◯.

9 Another of Fernando's problems is his bad eating habits. Select the item that answers each of the questions and which is the likely choice for Fernando.

a. ¿Qué comida no le gusta?

○ la hamburguesa con papas fritas

○ el helado

○ la verdura

b. Cuando tiene dolor de estómago, ¿qué prefiere comer?

○ pescado con arroz

○ un yogur

○ tarta de chocolate

c. ¿Qué no le gusta comer por la tarde?

○ palomitas

○ papitas fritas

○ manzanas

10 With a partner, plan out a better menu for Fernando's dinner guests using the foods in Activities 1 and 3. Present your menu to the class. **¡Atención!** Use *con* (with) to combine foods that go together.

Primer plato:...

Segundo plato:...

Postre: ....

11 Take turns asking your partner what foods he/she prefers.

a. ¿Qué comida no te gusta?

b. Cuando tienes mucha hambre, ¿qué prefieres comer?

c. ¿Qué te gusta comer por la tarde después de la escuela?

d. ¿Cuál es tu postre favorito?

MORE IN ELETECA: EXTRA ONLINE PRACTICE

GRAMÁTICA

1. *GUSTAR* AND SIMILAR VERBS

■ To express likes and dislikes, the verb **gustar** is used in Spanish. The verb endings for **gustar** always agree with what is liked. The indirect object pronouns always precede the verb forms.

Optional (Used to show emphasis)	Indirect object pronoun	Verb forms	What is liked
A mí	me	gusta	la leche, cantar (singular)
A ti	te		
A usted/él/ella	le		
A nosotros/as	nos	gustan	los videojuegos (plural)
A vosotros/as	os		
A ustedes/ellos/ellas	les		

Nos gusta salir a cenar. We like to go out for dinner.
No me gusta la carne. I don't like meat.

¿Te gustan las palomitas? Do you like popcorn?

■ The verb **encantar** is used to talk about things you really like or love.
Me encantan los conciertos en directo. I love live concerts.

■ The expressions **a mí**, **a ti**, **a él**... are optional. They are used to show emphasis.
¿Te gusta el helado? A mí me encanta. Do you like ice cream? I love it (I really do).

1 Complete the sentences with the correct form of the verbs in parenthesis. ¡*Atención!* Remember the verb form agrees with what is liked.

a. A mí me (gusta/gustan) .... la música.
b. A ti te (encanta/encantan) .... tocar la guitarra.
c. A nosotros no nos (gusta/gustan) .... los deportes.
d. A ellos les (encanta/encantan) .... montar en bici.
e. A ella le (gusta/gustan) .... los animales.

2 Describe one thing in each of the categories below that you and your friends like and one thing you don't like. Share your preferences with a partner.

Modelo: clases ➡ *A nosotros nos gusta la clase de Español. / No nos gusta la clase de Educación Física.*

a. deportes   b. música   c. programas de televisión   d. clases

3 In the first column, list the activities you like to do and, in the second column, the foods you love. Then ask your partner if he likes the things you listed. Take turns asking and answering to see how many things you have in common.

Actividades	Alimentos
a. Me gusta(n)...	a. Me encanta(n)...
b.	b.
c.	c.

Modelo: E1: *¿Te gusta la natación?*   E2: *Sí, me gusta mucho. / No, no me gusta.*

2. USING *TAMBIÉN* AND *TAMPOCO* TO AGREE AND DISAGREE

Agreement		Disagreement	
Me gustan los perros. A mí, también.	No me gusta la tarea. A mí, tampoco.	Me gusta el fútbol. A mí, no.	No me gustan las verduras. A mí, sí.
Me too.	*Me neither.*	*I don't.*	*I do.*

- Use **también** when agreeing with an affirmative statement.

- Use **tampoco** when agreeing with a negative statement.

- To show that you don't agree with a statement, use **a mí, no**.

- To show that you don't agree with a negative statement, use **a mí, sí**.

4 Complete the conversations with *también* or *tampoco*. Use the icons to help you choose. Then practice the conversations aloud with a partner.

a. ≫ ¿Te gusta hacer deporte?
≫ Me encanta. ¿Y a ti?
≫ A mí, ...

b. ≫ ¿Te gustan los videojuegos?
≫ No. ¿Y a ti?
≫ A mí, ...

c. ≫ ¿Te gusta la música?
≫ Sí. ¿Y a ti?
≫ A mí, ...

5 In groups of three or four, take turns saying whether you like or don't like the following items. Then each person in the group will say if he/she agrees with the statement or not. Keep track of responses by writing the person's name in the appropriate column.

Modelo:

Me gustan los jeans.

a. las gorras de béisbol
b. los ojos azules
c. el pelo muy corto
d. hacer yoga
e. dormir
f. bailar

Agrees ☑	Disagrees ☒
A mí, también.	A mí, no.

6 Write three statements about your group based on the information you collected in Activity 5. Then report your findings to the class.

Modelo: A Dan y a Kyle les gustan los jeans.

GRAMÁTICA

- The verb **doler** is an **o>ue** stem-changing verb that is used to describe aches and pains. It follows the same patterns as **gustar**.

  Me duele el estómago. My stomach hurts.   A María **le duelen** los pies. *Maria's feet hurt.*

DOLER (o>ue) *to hurt, ache*		
A mí	me	
A ti	te	**duele** el estómago
A usted/él/ella	le	
A nosotros/as	nos	
A vosotros/as	os	**duelen** los pies
A ustedes/ellos/ellas	les	

- Another way to describe what hurts you is with the expression **tener dolor de** + body part.

  Tengo dolor de cabeza. I have a headache.

7 Look at the image to learn the words in Spanish for parts of the body that can hurt. Then complete the sentences with *doler* and the corresponding body part.

Las partes del cuerpo

a. la cabeza
la espalda
la mano
b. el brazo
la pierna
c. los pies
el cuello
el dedo
el pecho
d. el estómago
e. la rodilla

a. (A mí) .Me duele la cabeza. ....

b. (A ustedes) ....

c. (A ti) ....

d. (A él) ....

e. (A ellos) ....

8 Match the following articles of clothing to the body part most closely associated with it.

1. bufanda   a. la cabeza

2. camiseta   b. los pies

3. calcetines   c. las piernas

4. gorra   d. el cuello

5. pantalón   e. el pecho y la espalda

9 👥 With a partner, practice more with the parts of the body by saying what parts you would use to do the following activities. Each of you should mention a different body part.

Modelo: E1: Para esquiar, uso las piernas.
        E2: Y los brazos.
        E1: Y...

a. para bailar   c. para tocar el piano

b. para montar en bici d. para jugar al vóleibol

10 Look at the patients in a doctor's waiting room. Match their symptoms to what ails them.

1. Tiene fiebre.
2. Está estresado.
3. Está cansado.
4. Tiene tos.
5. Tiene gripe.

SALAS 1 Y 2 ➡

☐ **a.** Le duele la cabeza y tiene 102 °F.

☐ **b.** Le duele el pecho cuando tose mucho.

☐ **c.** Tiene dolor de cabeza y está muy nervioso.

☐ **d.** Le duelen las piernas y no puede caminar.

☐ **e.** Le duele todo el cuerpo y necesita una medicina.

11 With a partner, describe how the following people are feeling. Use the verbs *estar* and *doler*, parts of the body, and expressions with *tener* to complete your description. Then present your versions to the class.

Expressions with **tener**
- tener hambre
- tener sed
- tener calor
- tener sueño
- tener frío
- tener que + *infinitive*

Modelo: A Estela le duele todo el cuerpo. Está cansada y tiene sueño. No puede trabajar. Tiene que tomar té.

Estela

Anita

Esteban

Rosa

12 Complete the conversations with a partner and take turns role playing. ¡*Atención*! Remember how to agree and disagree.

a. ≫ ¿A tu padre le duele la espalda?
   ≫ Sí. ¿Y a tu padre?
   ≫ A mi padre, ...

b. ≫ ¿Te duelen los ojos?
   ≫ No. ¿Y a ti?
   ≫ A mí, ...

DESTREZAS

1 Before reading the notes, review the reading strategy in Destrezas and follow the suggestion.

Destrezas

Asking yourself questions

It is helpful to ask yourself questions as you read. Skim through the notes and ask yourself if the note describes something to do or someplace to go. Mark each note accordingly to help you organize the information.

a. Montar en bici, domingo.

b. Cine. Viernes a las 20:30h.

c. Concierto de Shakira el sábado a las 22h.

d. Médico a las 12, el miércoles.

e. Comprar arroz, pan y carne.

f. Quedar con Elena para ir al cine.

g. Reservar mesa en restaurante Pepito, jueves.

h. Hacer el trabajo de Matemáticas. Miércoles por la tarde.

i. Hablar por teléfono con la tía Eva.

j. Chatear con mi amigo Michelle, lunes.

2 Read the notes again and match the activities below to the note that is most likely associated with it. ¡*Atención*! Not all the notes will be used.

a. Estudio. .... ◯

b. Navego por Internet. .... ◯

c. Hablo por teléfono con la familia. .... ◯

d. Voy al hospital. .... ◯

e. Hago la compra. .... ◯

f. Hago deporte. .... ◯

g. Voy a cenar fuera. .... ◯

3 Before reading the selection, review the reading strategy in Destrezas and follow the suggestions.

Destrezas

Skipping words

If you are having problems understanding unfamiliar words, you may want to skip them and focus on the following:

1. Underline the subject and main verb of each sentence.

2. Find some description of the subject.

3. Identify words and phrases that refer to time and place.

Me encantan los fines de semana. Los sábados por la mañana me levanto a las 9:30 y nado en la piscina hasta las 11:00. Siempre hago algún deporte: fútbol, tenis o baloncesto. Como a las 13:00 y después duermo un poco la siesta. A las 16:30 viene mi tía Eva a visitarnos y trae siempre una tarta de chocolate. Después navego por Internet porque tengo muchos amigos para chatear. A las 20:00 salgo con mis amigos a pasear. Hay una chica que me gusta mucho. Se llama Sara, pero tiene novio. A veces me mira y me pongo rojo. Los domingos comemos todos juntos. Mamá prepara arroz con pollo. Después salimos todos a pasear y por la noche hago los deberes para el lunes.

4 **Read the selection again and choose the best answer to complete each sentence.**

1. La persona que escribe es...
   a. un chico.
   b. una chica.
   c. un profesor.

2. Esta persona...
   a. cena en un restaurante.
   b. va al cine.
   c. hace deporte.

3. Esta persona...
   a. duerme muchas horas por la noche.
   b. duerme la siesta.
   c. duerme en casa de sus amigos.

4. Su tía Eva viene...
   a. por la mañana.
   b. por la tarde.
   c. por la noche.

5. A esta persona...
   a. le gusta mucho Sara.
   b. no le gusta nada Sara.
   c. le gusta un poco Sara.

6. Los domingos cocina...
   a. el padre.
   b. la tía Eva.
   c. la madre.

PRONUNCIACIÓN The sounds of *r* and *rr*

■ In Spanish, the letter **r** has two sounds.

Sound /r/

Sound is equivalent to the English pronunciation of *tt* in *butter* or *dd* in *ladder*.
   naranja, mariscos, ahora

Sound /rr/

Sound is equivalent to someone imitating a motor sound (*brrrrrrr*). This is known as a trill and occurs in words:
   • beginning with the letter *r*
   • with an *r* after the letters *n, s, l*
   • written with *rr*
      repetir, Enri**r**que, a**rr**oz, abu**rr**ido

1 🎧 59 **You will hear ten words in Spanish with either the /r/ or /rr/ sounds. Listen carefully and write the number of the word in the appropriate column based on the sound of /r/ you hear in each.**

Sound /r/	Sound /rr/

2 👥 **Fill in the blanks with *r* o *rr* to spell out these words. Then practice saying them aloud to a partner focusing on the correct pronunciation of /r/ and /rr/.**

a. favo.....ito
b. a.....oz
c. mo.....eno
d. go.....a
e. bo.....ador
f. ma.....ón
g. abu.....ido
h. enfe.....mera
i. papele.....a
j. prefe.....imos

MORE IN ELETECA: EXTRA ONLINE PRACTICE

¡A COMER, BAILAR Y GOZAR!

> ¡Buen provecho!

Una región cálida, verde, y llena de misterios

El puerto de la ciudad de Panamá

Ciudad de Panamá · Caracas
Panamá **Venezuela**
· Bogotá
Colombia

Monumento a Simón Bolívar, en Caracas

El Salto Ángel, en Venezuela

Festival de Cartagena de Indias, en Colombia

- ✓ El nombre oficial de Venezuela es la República Bolivariana de Venezuela. Su capital es Caracas
- ✓ Colombia tiene uno de los ecosistemas más diversos del mundo. Su capital es Bogotá.
- ✓ Panamá conecta América Centra con América del Sur. Su capital es la ciudad de Panamá.
- ✓ El mar Caribe es un mar tropical muy famoso por las leyendas de piratas y tesoros escondidos (hidden).

¿Sabes que...?

- ✓ La moneda venezolana es el bolívar, en honor a Simón Bolívar, héroe político y militar.
- ✓ Panamá es el único lugar del mundo donde puedes ver la salida del sol (sunrise) en el océano Pacífico y la puesta de sol (sunset) en el océano Atlántico.
- ✓ El chocolate venezolano se hace con cacao criollo y es famoso internacionalmente.
- ✓ En Cali, Colombia, se celebra el festival de salsa más importante, con 3.000 bailarines.

Fuentes: *The Economist, Café de Colombia, El País.*

60 Café de Colombia

❖ Colombia es el tercer productor de café mundial.

❖ Más de 500.000 familias colombianas trabajan en la industria del café.

❖ El café llega a Colombia con los españoles en el siglo XVIII.

❖ Los programas de cultivo (farming) respetan la biodiversidad del país.

El café colombiano es suave y delicioso

Arepas

Las arepas son un plato típico de Colombia y Venezuela. Son de origen indígena y muy ricas. La gente las come para el desayuno, el almuerzo iy hasta la cena!

Esta es una receta simple para preparar las arepas típicas de Venezuela. ¡Buen provecho! (Enjoy your meal!)

Ingredientes para 4 a 6 arepas

- 2 tazas de masarepa (refined, precooked corn flour)
- 1 cucharadita de sal (salt)
- Agua y aceite (oil)

Preparación

Pon (Put) una taza y media de agua en un bol, añade la sal y un poco de aceite. Después, mezcla la harina hasta obtener una masa (dough) suave, sin grumos. Luego, haz bolas medianas y aplástalas en forma de discos.

Cocina los discos por los dos lados en una plancha (griddle) con aceite. Después, pon las arepas en el horno a 180°C (350°F) para dorarlas. Rellena (Fill) con queso, carne o huevos. Y... ¡buen provecho!

Arepas de carne

Las compras en Panamá

¿Qué tal? Soy Cintia y vivo en la ciudad de Panamá. Me gusta mucho vivir aquí porque siempre hace calor. La temperatura media es de 29 grados centígrados (84.2°F). Por eso, se vive mucho al aire libre... ihasta las compras son al aire libre! Me gusta comprar en los mercados porque las verduras son frescas y la fruta es dulce (sweet) y deliciosa. Las frutas tropicales son mis favoritas, como la guayaba, el mangostín, la papaya y la piña.

Además, los precios son bajos: la ciudad de Panamá es una de las ocho ciudades más baratas del mundo, según la revista The Economist.

A los panameños nos gustan mucho los turistas. ¡Visítanos!

Answer the following questions to talk about your likes and dislikes.

1 ¿Prefieres el café o el té? ¿Por qué?
_____

2 ¿Qué tipo de chocolate prefieres? ¿Amargo (dark), con leche, con nueces (nuts), blanco...?
_____

3 ¿Te gusta la fruta? ¿Cuál es tu fruta favorita?
_____

4 ¿Qué plato típico es tu favorito y por qué?
_____

5 ¿Qué tipo de comida no te gusta?
_____

VOCES LATINAS

MI COMIDA PREFERIDA

Fill in the blank with the correct information from the readings.

Then complete the sentences to describe how it is where you live.

1 En la ciudad de Panamá, hace _____ grados todo el año. En mi ciudad
_____

2 El plato típico de Venezuela son las _____ . El plato típico de mi país es
_____

3 Colombia es un famoso productor de _____ . Mi país es un famoso productor de _____

1 Match the images to the activity described.

1.

2.

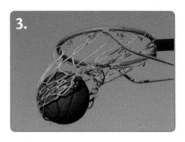

3.

a. .... deporte.

b. .... películas.

c. .... por el mar.

d. .... a los bolos.

e. .... judo.

f. .... al baloncesto.

2 🎧 61 Read about the situation between Mónica and her friend Marta. Then read the suggestions for the weekend Mónica provides for her friend.

Las recomendaciones de Mónica

Todos los fines de semana Marta llama a su amiga Mónica por teléfono para hablar sobre el fin de semana. Marta nunca sabe *(never knows)* qué quiere hacer, y Mónica siempre tiene buenas ideas. Este es un resumen de las últimas recomendaciones de Mónica a su amiga.

Hola, Marta, pienso que estás contenta porque es viernes y este fin de semana hay muchísimas cosas que puedes hacer. Por ejemplo, si quieres ver una película en el cine, hay tres opciones interesantes: una comedia española con Penélope Cruz, un drama argentino y una película de animación *(animated film)*. Por cierto, tengo una novela de un escritor venezolano. Si tienes tiempo, puedes leer la novela este fin de semana, está muy bien.

Otra opción es comer en un restaurante. Yo te recomiendo un restaurante mexicano que tiene una comida muy buena y es bastante barato *(inexpensive)*. Lo mejor son los nachos y los tacos, ¡me encantan los tacos! Además, puedes escuchar rancheras, que son las canciones típicas de México.

Si quieres hacer deporte, podemos montar juntas *(together)* en bici el domingo. Yo tengo una bici nueva. Es el regalo *(gift)* de mis abuelos por mi cumpleaños.

Por último, ¿te gusta cantar? Es que tengo un karaoke en casa y el domingo puedes venir a cantar con mi hermana y conmigo *(with me)*. ¿Te imaginas? Puede ser muy divertido. Además, mi padre todos los domingos hace asado, entonces puedes almorzar con nosotros también.

Tacos

Rancheras

Un asado

3 Answer each question with *sí* or *no* according to the reading.

	Sí	No
a. ¿El padre de Mónica hace asado los sábados?	☐	☐
b. ¿A Mónica le gustan los tacos?	☐	☐
c. ¿La bici de Mónica es nueva?	☐	☐
d. ¿Mónica tiene una hermana?	☐	☐
e. La novela que tiene Mónica, ¿es de un escritor mexicano?	☐	☐
f. ¿Las rancheras son mexicanas?	☐	☐

4 Read Marta's response to Mónica's suggestions and check the ones Marta likes.

Muchas gracias por tus recomendaciones, Mónica. Me encanta el cine argentino, entonces la película argentina que me recomiendas es una buena opción. Para la novela, no tengo tiempo este fin de semana, pero gracias. Y otra cosa, no me gusta nada la comida mexicana. No puedo montar en bici porque me duele mucho la pierna; pero lo del karaoke sí, me gusta muchísimo cantar. Además, el asado es mi comida favorita.

☐ ver la película argentina   ☐ leer la novela   ☐ comer comida mexicana

☐ montar en bici   ☐ cantar con el karaoke   ☐ comer asado

5 Make some recommendations to your classmates about what to do this weekend. Then exchange papers with another classmate.

> Hola, compañeros. Estas son mis recomendaciones para el fin de semana...

6 Which of the suggestions you received do you like best? Why?

> Me gusta la recomendación de Katie. Comer una hamburguesa y después ver una película en el cine, porque...

EVALUACIÓN

DESCRIBING MOODS AND FEELINGS

1 **Categorize the following words based on whether they are used with *ser* o *estar*.**

divertido ○ cansada ○ nervioso ○ inteligente ○ de mal humor
simpática ○ triste ○ tímido ○ contento ○ preocupada

SER	ESTAR

ORDERING IN A RESTAURANT

2 **Put the following conversation in the correct order. The first one has been done for you.**

☐ **Mesero:** ¿Quiere algo de comer?
☐ **Cliente:** Buenas noches.
① **Mesero:** Hola, buenas noches.
☐ **Cliente:** No, nada más, gracias. ¿Cuánto es?
☐ **Mesero:** ¿Qué quiere tomar?

☐ **Cliente:** Un refresco de limón, por favor.
☐ **Mesero:** ¿Algo más?
☐ **Cliente:** Sí, un sándwich de jamón y queso, por favor.
☐ **Mesero:** Son 12 dólares.

COMIDAS Y ALIMENTOS

3 **Label as many food items as you can in the following images. Were you able to label all 15 words?**

a.

b.

c.

d.

VERB *GUSTAR*

4 **Fill in the blanks with the appropriate word from the list to complete the conversation logically.**

gusta ○ gustan ○ también ○ tampoco ○ gusta

a. **Pepe:** ¿Te .... los platos típicos españoles?

b. **Alice:** Sí, muchísimo. Me .... mucho comer.

c. **Pepe:** A mí, ..., me encanta comer. Pero no me .... cocinar.

d. **Alice:** A mí, ... Es muy complicado.

VERB *DOLER* AND THE PARTS OF BODY

5 **Identify the parts of the body according to the image.**

a. ....

b. ....

c. ....

d. ....

e. ....

f. ....

g. ....

h. ....

6 **Answer the question: ¿Qué le duele?**

A la muchacha le duele / tiene dolor de...

CULTURE

7 **Answer the following questions about Panama, Colombia, and Venezuela and compare similarities with your own country or region.**

a. ¿Qué frutas son típicas de Panamá? ¿Y de tu país o región?

b. ¿Qué festivales se celebran en Colombia?

c. ¿Quién es Simón Bolivar? ¿Quién es una figura histórica de tu país o región?

d. ¿Qué ponen dentro de las arepas? ¿Qué comida es similar a las arepas en tu país o región?

e. ¿Qué país produce y exporta mucho café? ¿Qué producto produce y exporta tu país o región?

Actividades de ocio y tiempo libre *Free time activities*

chatear con amigos *to chat (online) with friends*
hacer ciclismo *to bike*
hacer esquí *to ski*
hacer fotos *to take pictures*

hacer judo *to practice judo*
hacer natación *to practice swimming*
hacer yoga *to practice yoga*
ir de compras *to go shopping*
jugar a los bolos / al boliche *to bowl, go bowling*
jugar a videojuegos *to play videogames*
montar en bici *to ride a bike*
navegar por el mar *to sail*

navegar por Internet *to go on the Internet*
tomar el sol *to sunbathe*
tomar tapas *to eat tapas (small dishes of food)*
ver un concierto *to see a concert*
ver una exposición *to go to an exhibit*
ver una película *to see a movie*

Estados de ánimo *Moods and feelings*

alegre *happy*
contento/a *cheerful*

de buen humor *in a good mood*
de mal humor *in a bad mood*
nervioso/a *nervous*
preocupado/a *worried*
tranquilo/a *quiet, calm*
triste *sad*

Alimentos *Foods*

el arroz *rice*
la carne *meat*
las cebollas *onions*
los frijoles *beans*
la hamburguesa *hamburger*
el helado *ice cream*
los huevos *eggs*
la leche *milk*
las manzanas *apples*
los mariscos *shellfish, seafood*
las naranjas *oranges*
las palomitas *popcorn*
las papas fritas *french fries*
las papitas fritas *potato chips*
el pescado *fish*
los pimientos *peppers*
el pollo *chicken*
el postre *dessert*

el queso *cheese*
la tarta de chocolate *chocolate cake*
los tomates *tomatoes*
las verduras *vegetables*
el yogur *yogurt*
las zanahorias *carrots*

Verbos *Verbs*

doler (o>ue) *to hurt*

encantar *to love*
gustar *to like*

Partes del cuerpo *Parts of the body*

el brazo *arm*
la cabeza *head*
el cuello *neck*
el dedo *finger*
la espalda *back*
el estómago *stomach*
la mano *hand*
el pecho *chest*
el pie *foot*
la pierna *leg*
la rodilla *knee*

Palabras y expresiones útiles *Useful words and expressions*

A mí, también. *Me too.*
A mí, tampoco. *Me neither.*

USES OF *SER* AND *ESTAR*

(See page 146)

SER	ESTAR
■ Use **ser** to describe a characteristic of a person, place, or thing.	■ Use **estar** to describe a person's mood or feelings.
*María **es** una chica muy divertida.*	*Hoy **estoy** muy cansado.*
*Los leones **son** animales salvajes.*	***Estamos** nerviosos por el examen.*

INDIRECT OBJECT PRONOUNS

(See page 154)

yo	(a mí)	**me**
tú	(a ti)	**te**
usted/él/ella	(a usted/él/ella)	**le**
nosotros/as	(a nosotros/as)	**nos**
vosotros/as	(a vosotros/as)	**os**
ustedes/ellos/ellas	(a ustedes/ellos/ellas)	**les**

VERBS *GUSTAR, ENCANTAR* AND *DOLER*

(See pages 154 and 156)

A mí		me	**encanta(n)**	Ø
A ti		te		muchísimo
A usted/él/ella	(no)	le		mucho
A nosotros/as		nos	**gusta(n)**	bastante
A vosotros/as		os		un poco
A ustedes/ellos/ellas		les		nada

■ The verb **doler** (o>ue) follows the same pattern.

SHOWING AGREEMENT AND DISAGREEMENT

(See page 155)

■ Use **A mí, también** and **A mí, tampoco** to agree with what a person says.

■ Use **Yo, sí** and **Yo, no** to disagree with what a person says.

> Yo tengo coche.

> **Yo, también.**

> Este año no voy a ir de vacaciones.

> **Nosotros, tampoco.**

> Yo tengo un carro.

> **Yo, no.**

> Este año no voy de vacaciones.

> **Nosotros, sí.**

> A mí me encanta ir a la playa por la tarde.

> **A mí, también.**

> No me gustan los gatos.

> **A mí, tampoco.**

> A mí me encanta ir a la playa por la tarde.

> **A mí, no.**

> No me gustan los gatos.

> **A mí, sí.**

VAMOS DE VIAJE

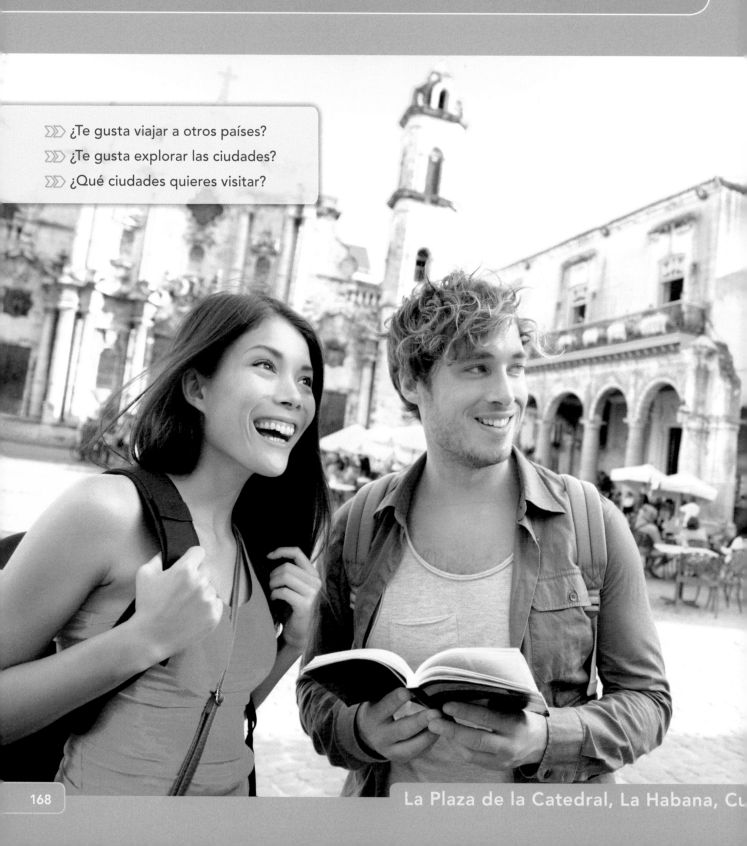

≫ ¿Te gusta viajar a otros países?

≫ ¿Te gusta explorar las ciudades?

≫ ¿Qué ciudades quieres visitar?

La Plaza de la Catedral, La Habana, Cu

- Get around in a city
- Ask and give directions
- Describe where things are located
- Talk about means of transportation

Using

- Irregular verbs *ir, seguir, jugar* and *conocer*
- Prepositions of place
- *Hay* and *estar*
- Adverbs of quantity

Cultural Connections

- Share information about cities and transportation in Hispanic countries, and compare cultural similarities

SABOR HISPANO

Un viaje de aventuras

- Cuba, Puerto Rico y República Dominicana

¡ACCIÓN!

1 Look at the image below of two hikers finding their way around the nature reserve. Then choose the correct answer to complete the sentences.

1. La imagen representa...

    a. ☐ una foto de dos estudiantes.

    b. ☐ una foto de un grupo de amigos.

    c. ☐ una foto de dos excursionistas.

2. El muchacho tiene en la mano...

    a. ☐ una guía.

    b. ☐ un papel.

    c. ☐ un mapa.

3. Los muchachos están...

    a. ☐ en la ciudad.

    b. ☐ en el campo.

    c. ☐ dentro de una oficina.

4. La chica de la foto...

    a. ☐ está de buen humor.

    b. ☐ está triste.

    c. ☐ está preocupada.

2 🎧 **62** Listen to the conversation and then decide whether the statements that follow are true (T) or false (F).

Belén: ¿Conoces este parque natural?

Jesús: No, es la primera vez que estoy aquí. ¡Es increíble!

Belén: Es verdad. A mí me gusta porque no está muy **lejos de** nuestra casa y podemos venir en carro. A mis hermanos les encanta jugar aquí. Hay árboles muy altos y muchos tipos de flores. ¡Ah! y es fácil ver animales; hay osos, jirafas y muchas especies de pájaros. También hay restaurantes para comer.

Jesús: Genial. ¿Dónde están los restaurantes? Ya tengo un poco de hambre.

Belén: Pues hay muchos, pero el más barato está **cerca de** la entrada. Nos gusta porque tiene unas mesas de madera bastante grandes.

Jesús: ¿Seguro? Creo que en la entrada no hay restaurantes, según este mapa.

Belén: Claro que sí, hay en la entrada y también **detrás del** lago. Tu mapa está mal.

Jesús: ¿Y sabes si hay una tienda donde comprar otro mapa?

Belén: Pues creo que hay una tienda **delante de** la entrada. Venga, vamos al restaurante y después de comer vamos a la tienda y seguimos con la ruta.

	árbol	entrada
	oso	restaurante con mesas de madera
	jirafas	lago
	pájaro	tienda

	T	F
a. Jesús conoce muy bien el parque.	☐	☐
b. Belén piensa que el parque está un poco lejos de su casa.	☐	☐
c. En el parque no hay animales.	☐	☐
d. El restaurante más barato está cerca de la entrada.	☐	☐
e. Jesús quiere comprar otro mapa.	☐	☐
f. Primero van a la tienda y después al restaurante.	☐	☐

3 🎧 **62** **Listen again to the conversation and repeat after the speaker.**

4 **Use the expressions below and the map of the nature reserve to locate the places Belén and Jesús mention in their conversation above. Complete the sentences with the correct expression.**

delante de la mesa

detrás de la mesa

lejos de la mesa

cerca de la mesa

1. La tienda está .... la entrada.

2. Las jirafas están .... los osos.

3. .... del lago hay un restaurante y muchos árboles.

4. Hay muchos árboles .... los osos.

5. .... del lago hay un restaurante grande y una tienda.

6. Hay una tienda grande .... la entrada.

5 👥 **With a partner, take turns asking and answering the following questions about the map. Use the corresponding letters on the map as a guide.**

a. ¿Qué hay delante de las jirafas?

b. ¿Dónde está la tienda grande?

c. ¿Qué hay enfrente de la entrada?

d. ¿Dónde hay muchos pájaros?

e. ¿Dónde hay árboles pequeños?

f. ¿Qué hay detrás del restaurante?

COMUNICA

DESCRIBING WHERE THINGS ARE LOCATED

¿Dónde está el libro?

El libro está

delante de *in front of*	**cerca de** *close to, near*
detrás de *behind*	**al lado de** *next to*
encima de *on top of*	**a la izquierda de** *to the left of*
debajo de *under, below*	**a la derecha de** *to the right of*
lejos de *far from*	**dentro de** *inside*
entre... **y**... *between... and...*	

la mesa.

> ■ In Spanish the article **el** contracts with **de** to form **del** and with **a** to form **al**.
> *El libro está **al** lado **del** lápiz.* *The book is next to the pen.*

1 Look at María's desk and select the correct expression in parenthesis that describes where the objects are located.

a. La papelera está (**encima de / detrás de / debajo de**) la mesa.

b. La cámara está (**a la derecha de / delante de / encima de**) la pantalla de la computadora.

c. La ventana está (**debajo del / detrás del / al lado del**) gato.

d. El cuaderno está (**encima del / a la izquierda del / delante del**) celular.

e. La lámpara está (**al lado de / entre / dentro de**) la computadora.

2 **63** Listen for the one mistake María makes when describing where everything is located in the room. What did she get wrong?

3 Let's play. Pick out a classmate in the class and describe where he/she is without saying who it is. Your partner will try to guess the person based on the clues you provide. Keep providing clues until your partner guesses correctly. Then switch roles.

ASKING ABOUT WHAT THERE IS AND WHERE IT IS

HAY	ESTÁ / ESTÁN
■ Use the verb **hay** to talk and ask about the existence of people or things.	■ Use **está** / **están** to talk or ask about where someone or something is located.

- *En mi clase **hay** un pizarrón.*
  In my class, there is a blackboard.
- *También **hay** muchos libros.*
  There are many books too.

- *El pizarrón **está** detrás de la mesa.*
  The blackboard is behind the desk.
- *Los libros **están** en la estantería.*
  The books are in the bookshelf.

Stopping someone to ask for information			
Para preguntar			**Para responder**
Informal	*Perdona (tú),* *Oye (tú),*	*¿dónde hay un parque?* *¿dónde está la biblioteca?*	*Sí, claro, mira...* *Pues mira...*
Formal	*Perdone (usted),* *Oiga (usted),*		*Sí, claro, mire...* *Pues mire...*
Informal	*¿Sabes (tú)*	*dónde hay un parque?*	*No lo sé, lo siento.*
Formal	*¿Sabe (usted)*	*dónde está la biblioteca?*	

4 Fill in the blanks with *hay* or the correct form of *estar* as needed.

- a. **José:** ¿Dónde .... el restaurante de Pedro?
  Lola: El restaurante .... cerca de mi casa, en la calle Felicidad.
- b. **Jesús:** Oye, ¿dónde .... una estación de policía?
  Laura: No lo sé.
- c. **Juan:** Perdona, Raquel, ¿ .... playa *(beach)* en tu ciudad?
  Raquel: No, no hay playa, pero .... unos lagos muy bonitos cerca de mi casa.

5 👥🎧 64 **Listen to the conversations above to check your answers. Then practice the conversations with a partner.**

6 👥 **With a partner, take turns asking each other about the following places. Use the Modelo or any of the examples in Activity 5.**

Modelo:
E1: ¿Hay carril bici en tu ciudad?
E2: Sí, claro.
E1: ¿Dónde está?
E2: Está en la calle Miraflores.

Carril bici

Parque de atracciones

Restaurante japonés

Parque acuático

 MORE IN ELETECA: EXTRA ONLINE PRACTICE

¡ACCIÓN! Un barrio interesante

1.

2.

3.

4.

5.

6.

ANTES DEL VIDEO

1 Think about your own neighborhood and check the places and things you can find there.

	Mi barrio	Video		Mi barrio	Video
restaurante	⬡	⬡	parque	⬡	⬡
estación de policía	⬡	⬡	fuente	⬡	⬡
farmacia	⬡	⬡	estación de metro	⬡	⬡
centro comercial	⬡	⬡	supermercado	⬡	⬡
iglesia	⬡	⬡	cine	⬡	⬡
paradas de bus	⬡	⬡	librería	⬡	⬡
museo	⬡	⬡	zapatería	⬡	⬡
banco	⬡	⬡	estación de tren	⬡	⬡
gimnasio	⬡	⬡	estatua	⬡	⬡
papelería	⬡	⬡	tienda de ropa	⬡	⬡

DURANTE EL VIDEO

2 Watch the complete episode and check the items in Activity 1 that Lorena and Eli discuss.

3 Look at Image 1 and list at least seven items you see.

4 Complete the expressions describing different ways to get around in the city with the correct preposition. Then identify the ones that appear in the episode.

a. Montar .... bicicleta.
b. Ir .... pie.
c. Viajar .... autobús.
d. Montar .... metro.
e. Viajar .... tren.
f. Montar .... caballo.
g. Ir .... avión.
h. Viajar .... barco.
i. Ir .... tranvía.

5 **Choose the correct option.**

a. Para ir al gimnasio Lorena puede ir **a pie** / **en metro** / **en bici**.

b. Para ir a la biblioteca es mejor ir **a pie** / **en metro** / **en bici.**

c. Para llegar al centro comercial es más rápido ir **a pie** / **en metro** / **en bici**.

6 **Indicate whether the following statements are true (T) or false (F).**

	T	F
a. Eli lleva poco tiempo en la ciudad.	☐	☐
b. Lorena quiere encontrar un gimnasio bueno, pero no muy caro.	☐	☐
c. La biblioteca está un poco lejos de la casa de Lorena.	☐	☐
d. No es posible ir en bici en la ciudad donde viven Lorena y Eli.	☐	☐
e. El centro comercial está al sur de la ciudad.	☐	☐
f. Es posible ir a pie al centro comercial desde la casa de Lorena.	☐	☐

7 **Look at Image 6 and write five sentences describing the location of the items and people from the list.**

Elementos: la estatua, Lorena, Eli, la muchacha desconocida, el restaurante, ~~la farmacia~~, el bazar, la farmacia…

Utiliza: delante de, a la derecha de, a la izquierda de, ~~al lado de~~, en frente de, encima de…

Modelo: El bazar chino está al lado de la farmacia.

a. ....

b. ....

c. ....

d. ....

e. ....

DESPUÉS DEL VIDEO

8 **Based on what you saw and heard in the video, write a brief description of the city where Eli and Lorena live. Use the images as a guide. ¡Atención! Use *hay* to describe what there is in the city.**

....

....

....

....

1 🎧 65 **Match the means of transportation to the correct word in Spanish. Then listen to the audio to check your answers.**

a. ◯ el tren **c.** ◯ el barco **e.** ◯ la moto **g.** ◯ el avión

b. ◯ el taxi **d.** ◯ el autobús **f.** ◯ ir a pie **h.** ◯ el metro

2 **Read the following blog from a travel website for Puerto Rico and fill in the blanks with an appropriate means of transportation.**

○○○ www.puertoricoisladelencanto.com

✈ *Puerto Rico*

¡Hola y bienvenidos a mi blog de Puerto Rico, la isla del encanto! Está más cerca de lo que piensas. Mira, sales de tu ciudad en (1) .... y llegas al aeropuerto de San Juan en poco tiempo. Después tomas (2) .... para ir al Hotel Paraíso. El hotel está cerca de la playa, puedes ir (3) .... todos los días, no necesitas carro. Para conocer el Viejo San Juan, tomas (4) .... que sale del hotel. En el Viejo San Juan no hay (5) ...., pero no es necesario porque el centro no es muy grande. Recomiendo visitar las cavernas de Camuy. Es

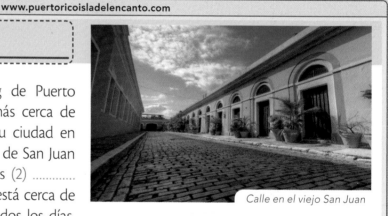

Calle en el viejo San Juan

muy popular alquilar (*rent*) (6) .... para ir hasta allí. Si quieres conocer la isla de Culebra, toma (7) .... pequeño desde Fajardo. El viaje es de solo 45 minutos y el mar es muy bonito. ¡Que pasen buenas vacaciones!

---

3 👥 **Indicate what type of transportation you prefer to take in the following situations. Then share your answers with a partner.**

■ Use **ir en** with transportation to express *to go by*.

Modelo: *para ir de tu casa a casa de un amigo* ➔ *Prefiero ir a pie.*

a. para ir a la escuela

b. para ir de vacaciones

c. para viajar por la ciudad

d. para viajar por el Caribe

e. para visitar a tus abuelos (tíos...)

f. para ir de Madrid a Barcelona

4 👥 Here are some adjectives you can use to describe transportation. Practice saying them aloud with a partner. Then match each adjective to its definition.

rápido/a ≠ lento/a

peligroso/a ≠ seguro/a

caro/a ≠ barato/a

incómodo/a ≠ cómodo/a

1. rápido/a	**a.** Que cuesta mucho dinero.
2. caro/a	**b.** Que tarda (*takes*) poco tiempo.
3. lento/a	**c.** Que cuesta poco dinero.
4. barato/a	**d.** Que tarda mucho tiempo.
5. seguro/a	**e.** Que tiene riesgo (*risk*).
6. práctico/a	**f.** Que es confortable.
7. peligroso/a	**g.** Que no tiene riesgo.
8. cómodo/a	**h.** Que es útil.

5 Classify each of the adjectives in Activity 4 as either positive or negative as they relate to transportation.

Positivos	Negativos

6 👥 Give your opinion about the following types of transportation using the list of adjectives you created in Activity 5. Then ask a partner for his/her opinion.

a. Para mí, el carro es… ....

b. Para mí, el avión es… ....

c. Para mí, el tren es… ....

d. Para mí, el metro es… ....

e. Para mí, el barco es… ....

f. Para mí, la moto es… ....

Asking and expressing your **opinion**
- ¿Y para ti?
- Para mí, también.
- Para mí, no.

7 🎧 **66** **Listen to the names of places you typically find in the city. Then repeat after the speaker.**

parque

cine

zapatería

estación de tren

farmacia

tienda de ropa

supermercado

gimnasio

librería

parada de autobús

estación de metro

museo

8 **List each of the places in the appropriate column in the chart below.**

Ir de compras	Ocio y tiempo libre	Transporte público

9 **Indicate where you would buy the following items.**

a. unas botas

b. unos tomates, pimientos y cebollas para hacer gazpacho

c. un diccionario de español

d. unas aspirinas para el dolor de cabeza

e. un jersey y una camisa

f. huevos, papas y cebolla para hacer una tortilla española

gazpacho

10 Where would you go to do the following things?

Modelo: ir al centro comercial ➡ Voy en autobús.

a. ver una exposición
b. hacer judo
c. montar en bici
d. ver una película
e. jugar al básquetbol
f. mirar un mapa del metro de la ciudad
g. hacer natación en el invierno
h. quedar con un amigo para ir al centro
   comercial (está lejos y no tienen carro)

El centro comercial de Miraflores en Lima, Perú

11 Look at the map of the city and fill in the blanks with the correct information. Then compare your answers with a partner.

¡Tengo un barrio (*neighborhood*) genial! En mi barrio hay un centro comercial entre la .... de tren y el ....
Enfrente hay un .... muy grande, al lado del ....
Detrás del gimnasio hay un .... donde quedo con mis amigos para montar en bici. En el centro comercial hay una zapatería que me gusta mucho. El centro comercial está un poco lejos del .... , sigues todo recto por la calle La Paz y giras (*turn*) a la izquierda. El hospital está al final de la Avenida de la Constitución. ¡Ah! Yo vivo al lado del metro, en la Calle Nerja.

12 Write a similar description of your neighborhood. Include what stores there are and where they are located. Say which ones you like and what you buy there.

Modelo: En mi barrio hay...

GRAMÁTICA

1. IRREGULAR VERBS *IR*, *SEGUIR*, *JUGAR*, AND *CONOCER*

■ You have already learned some irregular verbs in Spanish. Verbs such as **hacer** and **salir** that have irregular **yo** forms, verbs that stem change such as **pedir** and **poder**, and verbs that are completely irregular like **ser**. In this next group, we have examples of each of these types. Look at the forms carefully and see if you recognize the pattern.

	IR *to go*	**SEGUIR** *to follow, continue*	**JUGAR** *to play*	**CONOCER** *to know, be familiar with*
yo	**voy**	sigo	juego	conozco
tú	**vas**	sigues	juegas	conoces
usted/él/ella	**va**	sigue	juega	conoce
nosotros/as	**vamos**	seguimos	jugamos	conocemos
vosotros/as	**vais**	seguís	jugáis	conocéis
ustedes/ellos/ellas	**van**	siguen	juegan	conocen

■ The verb **ir** is irregular because it does not follow any pattern. It is usually followed by **a**.
Voy a la escuela en autobús. *I go to school by bus.*
Nosotros **vamos al** parque para jugar al básquetbol. *We go to the park to play basketball.*

■ The verb **seguir** has both an irregular **yo** form and a stem change, e ➡ i.
Sigo las direcciones del mapa. *I follow the directions on the map.*
Si **sigues** todo recto, llegas a la estación. *If you continue straight, you'll get to the station.*

■ The verb **jugar** is the only verb in Spanish that stem changes u ➡ ue. It is usually followed by **a**.
Jugamos a los videojuegos en casa de Rafa. *We play videogames at Rafa's house.*
Alejandro **juega** al tenis. *Alejandro plays tennis.*

■ The verb **conocer** is irregular only in the **yo** form. Use **a** after **conocer** when saying you know or are acquainted with a person.
¿**Conoces** bien la ciudad? *Do you know the city well?*
Conozco a muchas personas de Cuba. *I know (am acquainted with) many people from Cuba.*

1 **Complete the chart below with the correct form of the verbs.**

a. jugar (yo) *juego*
b. conocer (nosotros) *conocemos*
c. ir (ellos)
d. seguir (tú)
e. ir (yo)
f. jugar (ustedes)

g. conocer (yo)
h. seguir (ella)
i. ir (tú)
j. conocer (ellos)
k. seguir (nosotros)
l. jugar (usted)

2 **Decide what places the following people are going to according to their preferences.**

a. A tus amigos les gusta hacer deporte.

b. A Angelita le gusta leer.

c. A nosotros nos gusta conocer a gente nueva.

d. A ti te gusta ver exposiciones de fotografía.

e. A Ricardo le gusta preparar comida para sus amigos.

3 **Complete the conversation between Graciela and Ana with the correct forms of *seguir*.**

Graciela: No conozco muy bien este centro comercial. ¿Dónde está la zapatería que nos gusta?

Ana: Mira, está ahí. (Nosotras) (1) .... recto y está a la derecha.

Graciela: ¿Hay una tienda de ropa cerca también?

Ana: Creo que sí. Pero yo tengo que ir a la librería. Entonces tú (2) .... por aquí para ir a la tienda y yo (3) .... por la izquierda para ir a la librería.

Graciela: Está bien. Cada una (4) .... su camino y después quedamos en la parada de autobús delante del centro.

4 **Ask your partner if he/she knows (is familiar with) any of the following sports figures and the sport they play. Use the images as clues to the sports played.**

Modelo:
E1: ¿Conoces a Pau Gasol o a Marc Gasol?
E2: Sí, conozco a Pau Gasol y a Marc Gasol.
E1: ¿Qué deporte hacen?
E2: Juegan al básquetbol.

a. Rafael Nadal o David Ferrer

b. Víctor Cruz o Mark Sánchez

c. Lionel Messi o David Beckham

d. Maria Sharapova o Serena Williams

e. José Reyes o David Ortiz

f. Sergio García o Tiger Woods

GRAMÁTICA

■ As you have seen, certain verbs of motion are often followed by prepositions **a**, **en**, or **de**.
Use **en** with modes of transportation.
*Viajamos **en** coche. We travel by car.*

■ Use **a** to express destination.
*Mis padres van **al** supermercado. My parents are going to the supermarket.*

■ When **a** is followed by **el** it contracts to form **al**.

a + el = al

■ Remember to use **a** with people after the verb **conocer**.

■ Use **a** with sports after the verb **jugar**.

■ Use **de** to express origin or point of departure.
*Salgo **de** mi casa a las 9. I leave my house at 9.*

■ To go on vacation ➡ ir **de** vacaciones

■ To take a trip ➡ ir **de** viaje

5 Complete the sentences with *a, al, en, de* or *del*. ¡Atención! Not all sentences will need a preposition. Then, with a partner, take turns asking and answering the questions.

a. ¿Conoces .... muchos estudiantes en tu clase de español?

b. ¿Quieres jugar .... videojuegos después de la escuela o prefieres montar .... bici?

c. ¿A qué hora sale el autobús .... centro comercial?

d. ¿Te gusta jugar .... fútbol americano?

e. ¿Vas .... gimnasio?

f. ¿Conoces .... la ciudad de Nueva York?

6 Complete the following conversations with the correct verbs and prepositions from the list. Then practice the conversations taking parts with a partner.

> jugamos ○ en ○ ir ○ a ○ conoces ○ de ○ voy ○ sigues ○ en ○ vas ○ vamos

a. » ¿Cómo puedo (1) .... a la casa de tu hermano?
» Para ir (2) .... su casa (3) .... todo recto por la calle Real, giras *(turn)* a la derecha y caminas diez minutos aproximadamente. La casa está (4) .... la calle Paz. Si *(if)* vas (5) .... autobús, es mejor.

b. » ¿(6) .... dónde es Juan?
» ¿(7) .... a Juan?
» Claro, todos los domingos (8) .... con él al tenis y en verano (9) .... de vacaciones juntos.

c. » ¿Dónde (10) .... ?
» Al campo de fútbol. Mis amigos y yo (11) .... al fútbol por la tarde.

3. ADVERBS OF QUANTITY

■ Adverbs of quantity tell how much something is done.

demasiado *too much*	Luis trabaja **demasiado**.
mucho *very much, a lot*	Ana viaja **mucho**.
bastante *enough*	Pedro estudia **bastante**.
poco *very little, not much*	Rosa estudia **poco**.

■ **Muy** can be used to intensify how an action is done (adverb) and a description (adjective).
*Olivia habla **muy** bien. Olivia speaks very well.*
*Es **muy** inteligente. She is very intelligent.*

■ **Mucho**, when used after a verb, means very much or a lot. Before a noun, **mucho** expresses quantity and functions as an adjective. Note that, as an adjective, **mucho** must agree with the noun in number and gender.

• **Adverb:**
*Juan come **mucho**. Juan eats a lot.*

• **Adjective:**
*Juan come **muchas palomitas**. Juan eats a lot of popcorn.*
*Creo que compras **muchos zapatos**. I think you buy a lot of (many) shoes.*

7 **Choose the correct option in parenthesis.**

a. Mi hermano nunca *(never)* va al gimnasio. No le gusta **poco** / **mucho** hacer deporte.

b. Jaime come **demasiado** / **poco**. Solo una ensalada para comer y fruta para cenar.

c. Todos los días leo el periódico y una revista. Leo **poco** / **bastante**.

d. Mi padre trabaja doce horas al día. Trabaja **demasiado** / **bastante**.

8 👥 **List the words on the left in the correct column based on whether they are used with** *muy* **or** *mucho/a*. **¡Atención! Separate by adjectives and nouns. Then check your answers with a partner.**

	Muy	Mucho/a
a. guapa **e.** sueño	....	....
b. dolor **f.** trabajador	....	....
c. divertido **g.** paciencia	....	....
d. simpática **h.** alegría	....	....

9 **Fill in the blanks with** *muy* **or** *mucho/a/os/as*.

a. Esta chica estudia todos los días. Es .... inteligente.

b. Mi primo siempre tiene .... calor.

c. Duermo cinco horas al día. Tengo .... sueño.

d. Mi amigo hace .... preguntas; es .... curioso.

COMPRENSIÓN DE LECTURA

1 Before reading, review the reading strategy in Destrezas and follow the suggestion.

Destrezas

Read for locations

This reading mentions specific places in the city. What places are mentioned? Skim the reading to find those places and mark them on the map. Also, find out the name of the city and where it is located.

A) Biblioteca Nacional
B) Galería de Arte Moderno
C) Museo de Historia Natural
D) Museo de Historia y Geografía
E) Museo del Hombre Dominicano
F) Teatro Nacional

2 Read the selection about a famous city and answer the questions that follow.

Este es el plano del centro de Santo Domingo, la capital de República Dominicana. Muchos jóvenes estudian aquí porque su universidad, la Universidad Autónoma de Santo Domingo, es muy importante. Es la segunda universidad más antigua de las Américas y está al lado del Conservatorio Nacional de Música. Conozco Santo Domingo y me gusta pasear por la Plaza de la Cultura, que está a la derecha del conservatorio. Esta plaza es muy famosa y conocida. Aquí hay muchos turistas que visitan los museos y la Biblioteca Nacional. Por las noches, la plaza es un punto de encuentro para muchos jóvenes que van a ver conciertos y otras actuaciones en el Teatro Nacional. No es una ciudad muy grande, tiene una línea de metro, pero yo voy andando a todos los lugares. Muchos dominicanos utilizan también el autobús o la guagua, como lo llaman ellos.

1. ¿Dónde está la Plaza de la Cultura?

    a. A la derecha del Conservatorio Nacional de Música.

    b. A la izquierda del conservatorio.

    c. Encima del conservatorio.

2. ¿Hay una estación de metro cerca de la universidad?

    a. Sí.

    b. No, no hay.

    c. No, no hay metro.

3. El Palacio Nacional está...

    a. al lado del conservatorio.

    b. a la izquierda de la universidad.

    c. cerca de la Plaza de la Cultura.

4. Es una ciudad que se puede recorrer...

    a. a pie.

    b. en tranvía.

    c. en tren.

5. En Santo Domingo hay...

    a. mucho turismo.

    b. muchos estudiantes.

    c. mucho turismo y muchos estudiantes.

6. Santo Domingo tiene...

    a. la universidad más antigua de España.

    b. el segundo conservatorio más antiguo de las Américas.

    c. una plaza muy famosa en República Dominicana.

PRONUNCIACIÓN The sounds of *g*, *gu* and *j*

1 🎧 **67** Listen to the sounds that the following letter combinations make in the words below.

ge ➡ **ge**nte	ja ➡ **ja**món	ga ➡ **ga**to	gui ➡ **gui**tarra
gi ➡ **gi**rar	jo ➡ **jo**ven	go ➡ **go**rdo	gue ➡ Mi**guel**
	ju ➡ **ju**eves	gu ➡ **gu**apo	

2 👥🎧 **68** Practice saying the following words aloud with a partner. Then listen to the audio recording to check your pronunciation.

- gamba
- jubilarse
- ajo
- girar
- jabalí
- agua

- agosto
- guisante
- guerra
- general
- girasol
- página

3 Fill in the blanks with *g* or *j*. Practice saying the words aloud as you complete their spelling.

    a. ca....ón   **b.** o....o   **c.** má....ico   **d.** ....untos   **e.** traba....o   **f.** ima....en

4 Fill in the blanks with *g* or *gu*. Practice saying the words aloud as you complete their spelling.

    a. ....ato   **b.** ....orra   **c.** hambur....esa   **e.** ....afas   **f.** ....azpacho

MORE IN ELETECA: EXTRA ONLINE PRACTICE

UN VIAJE DE AVENTURAS

¡Nos gusta el Caribe!

Habana
Cuba
República Dominicana
San Juan
Santo Domingo **Puerto Rico**

De los carros clásicos al béisbol ¡aquí hay de todo!

Estatua de Cristóbal Colón en Puerto R

El Palacio Nacional en Santo Domingo

La comunidad puertorriqueña celebra en Nueva York.

Fuerte San Felipe del Morro, en San Juan, la capital de Puerto Rico

✓ Cristóbal Colón llegó (arrived) a región y llamó a las islas: Isla Ju (Cuba), la Española (República Dominicana, Haití) y San Juan (Puerto Rico).

✓ Puerto Rico es un territorio estadounidense. La capital es Sa Juan.

✓ En Cuba viven más de 11 millone personas. La capital es La Haban

✓ República Dominicana está en la misma isla que Haití. La capital es Santo Domingo.

¿Sabes que...?

✓ República Dominicana, Cuba y Puerto Rico fueron parte de España durante casi cuatro siglos (centuries).

✓ La gente de Puerto Rico se llama «boricua», que es el nombre de los taínos, los habitantes (inhabitants) originales de la isla. La palabra significa «gente valiente».

✓ Los ritmos caribeños como la salsa, el reguetón y la bachata se escuchan por todo el mundo. ¿Conoces esta música?

✓ Cuba es conocida (known) como «el caimán», por la forma de la isla vista (seen) desde el aire.

Fuentes: El *Tiempo* de Colombia, Banco Mundial.

69 El deporte nacional

El béisbol es el deporte nacional de República Dominicana, y se practica desde 1866. El equipo más conocido se llama Tigres del Licey. En este país hay muchos jugadores famosos, como Alfonso Soriano, Alberto Pujols y David Ortiz, que juegan en Estados Unidos.

Alfonso Soriano, un famoso jugador dominicano

Los jugadores dominicanos son campeones: en 2013 ganaron *(they won)* el Clásico Mundial de Béisbol, una competición internacional muy importante.

Puerto Rico, isla del encanto

Puerto Rico recibe más de tres millones de turistas cada año. La isla ofrece vacaciones para todos los gustos. Si prefieres la naturaleza, visita el bosque tropical El Yunque, donde puedes admirar más de 240 tipos de árboles y hermosas cascadas *(waterfalls)*. Si te gustan las aventuras, puedes explorar las cuevas *(caves)* naturales en el Parque de las Cavernas del río Camuy, al noroeste de la isla. Si tu pasión es la ciencia, visita Arecibo, en el norte de Puerto Rico, para observar las estrellas a través de un enorme radiotelescopio. ¡Y hay muchas opciones más!

El Yunque, un bosque tropical en Puerto Rico

Carros clásicos en La Habana

❖ En Cuba hay muchos carros antiguos de los años 50. Mucha gente dice que son bonitos, otra gente dice que son demasiado viejos.

❖ Hay pocos carros nuevos porque la ley no permite la importación.

❖ En general, los carros están bastante cuidados *(cared for)*.

❖ Hay muchos taxis que son carros clásicos de colores alegres.

❖ Hay una competición anual de estos carros en las calles de La Habana. Se llama «Rally de Automóviles Clásicos Cubanos».

Un taxi Chevrolet en la capital cubana

Indicate whether these statements are true or false.

Correct the statements that are false.

1 La gente de Puerto Rico se llama «boricua».   T ◯ F ◯

_____

2 República Dominicana está en la misma isla que Haití.   T ◯ F ◯

_____

3 En Cuba es fácil comprar un carro nuevo.   T ◯ F ◯

_____

4 Arecibo es una zona famosa por sus cuevas naturales.   T ◯ F ◯

_____

5 Alfonso Soriano es un jugador desconocido.   T ◯ F ◯

_____

VOCES LATINAS   TURISMO DE AVENTURA

Join the two parts of the sentence.

1 La música del Caribe   **a** es la capital de Republica Dominicana.

2 Isla Juana   **b** es un bosque tropical puertorriqueño.

3 Santo Domingo   **c** es famosa en el mundo.

4 El Yunque   **d** es el antiguo nombre de Cuba.

187

1 Match the words to complete the expressions.

MÉXICO

1. ir de
2. ir a
3. ir en

a. bote
b. vacaciones
c. México

2 🎧 70 Read about Lucía's vacation plans.

Las vacaciones de Lucía

Me gusta ir de vacaciones con mis padres. Siempre organizan viajes muy interesantes y diferentes. Este año vamos a ir a México. ¡Me encanta!

¿Y qué voy a hacer? Pues no voy a visitar monumentos ni nada por el estilo. Voy a disfrutar (enjoy) de la naturaleza. ¡Voy a ver ballenas y mariposas monarca! ¿Sabes, querido diario, que todos los años, entre octubre y marzo, 300 millones de mariposas monarca viajan desde Canadá hasta México para hibernar?

Estas mariposas viajan 4.000 kilómetros (durante más de 25 días) en busca de (to search of) una temperatura más cálida. Dicen que es fantástico poder verlas a todas juntas volando (flying). Su destino es lo que se llama el "Santuario de las mariposas monarca", un bosque (forest) donde se quedan hasta primavera. A medida que entras en este bosque hay más y más mariposas que cubren las ramas de los árboles, y con la luz (light) del sol empiezan a volar (to fly), y todo se vuelve de color naranja. ¿Cómo algo tan pequeño como una mariposa puede volar tantos kilómetros? ¡Es increíble!

También vamos a ver las ballenas grises. En la misma época, muchas de estas ballenas se juntan en las aguas de Baja California para tener sus crías (young). Además, cuando ven gente en un bote, se acercan y muestran la cola (tail). ¡Voy a hacer un montón de fotos!

mariposa

ballena

3 **Check the boxes for the sentences that are correct.**

a. ◯ Lucía está en México.

b. ◯ Todos los años viaja con sus padres a México.

c. ◯ El final de la migración de la mariposa monarca es un bosque.

d. ◯ Las ballenas grises van a las aguas de Baja California para tener sus crías.

e. ◯ Las mariposas viajan en primavera.

f. ◯ Lucía escribe a una amiga sobre sus planes.

4 **Read about the following people and then match the people to the best destination below based on their preferences.**

Elena y Diego

"Nos encanta la aventura y la naturaleza. Siempre vamos de vacaciones a lugares con muchos árboles , flores, ríos y lagos".

Macarena

"Prefiero visitar ciudades y lugares donde puedo aprender sobre la historia y la cultura de esa región".

Daniela

"A mí me encanta tomar el sol y descansar".

Enrique y Marta

"Estamos muy enamorados y queremos un lugar especial y romántico".

Para las vacaciones... ¡elige tu destino favorito!

a. **Teotihuacán** es una zona arqueológica a 40 kilómetros de la capital. Tiene muchos restos arqueológicos y puedes aprender mucho sobre la antigua historia de México. Hay edificios estupendos como las pirámides del Sol y la Luna.

b. **Guanajuato** es un lugar romántico, donde las leyendas y la tradición son los ingredientes principales. Tiene calles tranquilas para caminar durante horas y restaurantes muy íntimos.

c. En **Playa de Carmen** hay hermosas playas, con aguas de color turquesa del mar Caribe. Puedes descansar y tomar el sol mientras escuchas el relajante sonido del mar.

d. En **Chihuahua**, las Barrancas del Cobre son un gran espectáculo. Hay grandes montañas y puedes admirar paisajes fantásticos además de observar la naturaleza. Es posible viajar en tren, a caballo, en bicicleta, a pie o en kayak. En la ciudad, la catedral es una de las más importantes del norte de México.

5 👥 **Tell your partner which of the places is the best option for you and explain why.**

Modelo: Yo prefiero ir a... porque...

EVALUACIÓN

DESCRIBING WHERE THINGS ARE LOCATED

1 Complete the sentences to describe where these animals are located.

a. El pájaro está .... la rama. **b.** El gato está .... la cesta. **c.** La jirafa está .... el árbol.

d. El elefante está .... su madre. **e.** El perro está .... la mesa. **f.** El caballo está .... los árboles.

ASKING AND GIVING DIRECTIONS

2 Complete the conversations with the correct word from the list.

> hay ○ recto ○ giras ○ sigues ○ ir ○ izquierda

a. Alicia: ¿Cómo puedo .... a la plaza de España?
Enrique: Sigues todo recto, ... a la derecha y allí está la plaza de España.

b. Beatriz: ¿Me puedes indicar cómo llegar a Callao?
Samuel: En la primera calle giras a la .... y después todo ....

c. Liliana: ¿Dónde .... una farmacia por aquí cerca?
Nicolás: .... todo recto y luego giras a la derecha.

3 Check the boxes for the questions you would use to ask where something is located.

a. ○ Perdone, ¿para ir a la biblioteca?

b. ○ Oye, ¿sabes si hay un parque por aquí cerca?

c. ○ Perdona, ¿sabes dónde está el museo?

d. ○ Oiga, ¿hay un restaurante cubano en este pueblo?

4 **Use the images below to complete the sentences.**

a. Mi tío va en .... a la oficina porque es más rápido.

b. Raquel va en .... todos los días para ir a trabajar.

c. Estudio mejor en la .... que en casa.

d. Compro toda la fruta y la verdura en el ....

IRREGULAR VERBS

5 **Complete the sentences with *hay, está* or *están*.**

a. ¿Dónde .... Javier?

b. En mi calle .... una biblioteca.

c. El cuaderno .... encima de la mesa.

d. Los platos .... en mi casa.

e. No .... farmacia en esta calle.

f. En la calle Marina .... otras paradas de autobús.

g. ¿Dónde .... mis zapatillas favoritas?

h. ¿Dónde .... el supermercado?

6 **Complete the sentences with the correct forms of the verb in parenthesis.**

a. ≫ ¿Cómo (ir, yo) .... al centro comercial?

   ≫ Sí, mira, (seguir) .... por la calle Ocho y giras a la derecha en la avenida Juárez.

b. ≫ ¿(Conocer) .... ustedes la tienda Zara?

   ≫ Lo siento, no (conocer) .... esa tienda. No somos de aquí.

c. ≫ ¿En qué equipo de básquetbol (jugar) .... LeBron James?

   ≫ Creo que él y Dwayne Wade (jugar) .... juntos para los Miami Heat.

d. ≫ ¿Te gusta (seguir) .... los resultados deportivos?

   ≫ Sí, (seguir) .... los resultados de la NBA y del tenis.

CULTURA

7 **Answer the following questions about Cuba, Puerto Rico, and the Dominican Republic and compare similarities with your own country or region.**

a. ¿Cómo son los taxis en Cuba? ¿Por qué? ¿Cómo son los taxis en tu ciudad o región?

b. ¿Cuál es el deporte más popular de República Dominicana? ¿Qué otros jugadores dominicanos conoces que juegan en Estados Unidos?

c. ¿De quién reciben estas islas su nombre? ¿Siguen con el mismo *(same)* nombre o tienen uno diferente? ¿De quién recibe tu país su nombre?

d. ¿Qué tipo de música es popular en el Caribe? ¿Es popular en tu ciudad o región también?

Expresiones de lugar
Adverbs of place

a la derecha de *to the right of*
a la izquierda de *to the left of*
al lado de *next to*
cerca de *close to, near*
debajo de *under, below*
delante de *in front of*
dentro de *inside*
detrás de *behind*
encima de *on top of*

entre *between*
lejos de *far from*

Verbos *Verbs*

conocer *to know, to be familiar with*
girar *to turn*
hay *there is, there are*
ir *to go*
ir a pie *to go on foot*

ir de vacaciones *to go on vacation*
ir de viaje *to go on a trip*
jugar *to play*
seguir *to follow*

Medios de transporte
Means of transportation

el autobús *bus*
el avión *airplane*
el barco *ship*
el metro *subway*
la moto *motorcycle*

el taxi *taxi*
el tren *train*

Descripciones *Descriptions*

barato/a *inexpensive*
caro/a *expensive*
cómodo/a *comfortable*
incómodo/a *uncomfortable*
lento/a *slow*
peligroso/a *dangerous*
rápido/a *fast*
seguro/a *safe, certain*

En la ciudad *In the city*

centro comercial *shopping center, mall*
cine *movie theater*
estación de metro *subway station*
estación de tren *train station*
farmacia *pharmacy*
librería *bookstore*
museo *museum*
parada de autobús *bus stop*

supermercado *supermarket*
tienda de ropa *clothing store*
zapatería *shoe store*

Preposiciones *Prepositions*

a, al *to, to the (masculine)*
de, del *from, from the (masculine)*
en *on*

Adverbios de cantidad
Adverbs of quantity

bastante *enough*
demasiado *too much*

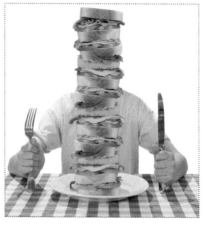

mucho *very much, a lot*
muy *very*
poco *very little, not much*

Animales y plantas
Animals and plants

árbol *tree*
flor *flower*
jirafa *giraffe*
lago *lake*
oso *bear*

pájaro *bird*

HAY / ESTÁ(N)

(See page 173)

Existence	Location
hay + un, una, unos, unas + noun	el, la, los, las + noun + **está(n)**

IRREGULAR VERBS

(See page 180)

	IR	**SEGUIR**	**JUGAR**	**CONOCER**
yo	**voy**	sigo	juego	conozco
tú	**vas**	sigues	juegas	conoces
usted/él/ella	**va**	sigue	juega	conoce
nosotros/as	**vamos**	seguimos	jugamos	conocemos
vosotros/as	**vais**	seguís	jugáis	conocéis
ustedes/ellos/ellas	**van**	siguen	juegan	conocen

PREPOSITIONS EN, A, DE

(See page 182)

Preposition	Use...	
en	with modes of **transportation**	*Viajamos **en** tren. We travel by train.*
a	to express **destination**	*Voy **a** Florida. I'm going to Florida.*
de	to express **origin** or point of **departure**	*Salgo **de** Miami. I'm leaving from Miami.*

ADVERBS OF QUANTITY

(See page 183)

To express how much	
Action Verbs	**demasiado**
	*Luis trabaja **demasiado**. Luis works too much.*
	mucho
	*Ana viaja **mucho**. Ana travels a lot.*
	bastante
	*Pedro estudia **bastante**. Pedro studies enough.*
	poco
	*Luis estudia **poco**. Luis doesn't study much.*

MUY / MUCHO

(See page 183)

- *Él/ella es **muy** inteligente.*
- *Él/ella habla **muy** despacio.*

- *Ellos/ellas son **muy** inteligentes.*
- *Ellos/ellas hablan **muy** despacio.*

- *Hace **mucho** calor.*
- *Hay **mucha** gente.*

- *Juan lee **muchos** libros.*
- *María tiene **muchos** amigos.*

1 Place the foods in the list below in the correct food group on MyPlate.

MiPlato

ALIMENTOS

leche ○ pimientos ○ arroz ○ manzana ○ queso ○ carne ○ marisco ○ pasta ○ aceite
○ pescado ○ cereales ○ yogur ○ pan ○ huevos ○ pollo ○ dulces

2 🎧 71 Listen to a conversation that takes place in the restaurant Comida Sana. Then complete the menu.

3 👥 With a partner, prepare a conversation between a waiter and a customer. Then take turns role playing the parts.

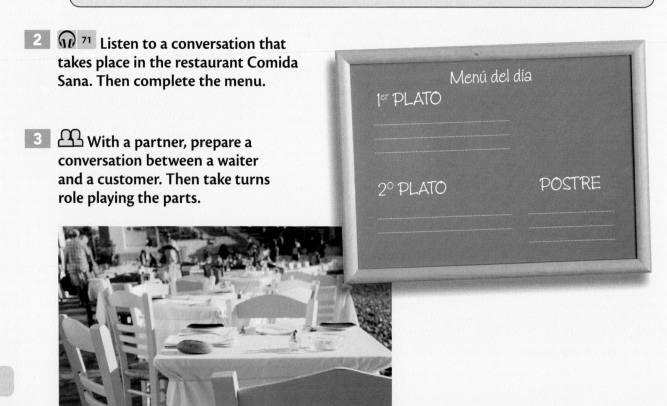

Menú del día

1er PLATO

2º PLATO   POSTRE

4 🎧 **72 Carlos and Julián are going on a trip to Patagonia. Listen to the description of this region and answer the questions. You may have to listen more than once.**

a. ¿Dónde está la Patagonia?

b. ¿Qué hay en la Patagonia?

c. ¿Qué se puede visitar?

d. ¿Cómo es el invierno (winter)?

e. ¿Qué animales se pueden ver?

f. ¿Dónde pueden dormir?

g. ¿Hay metro, autobuses o trenes?

h. ¿Necesitan tener buena condición física para este viaje?

i. ¿Qué pueden comer?

j. ¿Qué documentos necesitan para hacer el viaje?

a. ....

b. ....

c. ....

d. ....

e. ....

f. ....

g. ....

h. ....

i. ....

j. ....

5 **Read the conversation between Carlos and Julián and fill in the blanks with the words from the list.**

muchos ○ hay ○ visitamos ○ viven ○ tomamos ○ glaciar
estamos ○ muchas ○ hay ○ viaje ○ vamos

Carlos: Me encanta este viaje. ¿Cómo vamos?

Julián: .... en avión hasta Buenos Aires. Allí .... tres días, ... la ciudad y luego .... otro avión hasta la Patagonia. Seguimos el .... en barco, vemos las ballenas y visitamos el .... Perito Moreno.

Carlos: ¿............... muchas ballenas en la Patagonia?

Julián: Sí, hay .... ballenas y también .... animales que .... en el agua.

6 👥 **Check the boxes of the things Julián and Carlos will need to take on their trip. Work with a partner and decide what they will take and what five items they should leave behind.**

☐ una mochila   ☐ pantalones cortos   ☐ protector solar   ☐ cámara de fotos

☐ zapatillas   ☐ pantalones largos   ☐ impermeable   ☐ gorra

☐ camisetas   ☐ abrigo   ☐ gafas de sol   ☐ champú

>> ¿Cómo es tu habitación?

>> ¿Qué cosas tienes en tu habitación?

>> ¿Te gusta tener una habitación ordenada o no es importante para ti?

Le encantan la música y la tecnología

In this unit, you will learn to:

- Describe objects and their uses
- Make comparisons
- Point out things
- Talk about larger quantities (100–999)
- Avoid repetition

Using

- *Para qué* and *para*
- Comparatives
- Demonstrative pronouns
- Direct object pronouns

Cultural Connections

- Share information about gift-giving and holidays in Hispanic countries, and compare cultural similarities

SABOR HISPANO

¡Viva el Carnaval!

- Bolivia, Ecuador y Perú

¡ACCIÓN!

1 Look at the image below of Manuela and Sara hanging out in Manuela's new room. Then answer the following questions about the things she has in her room.

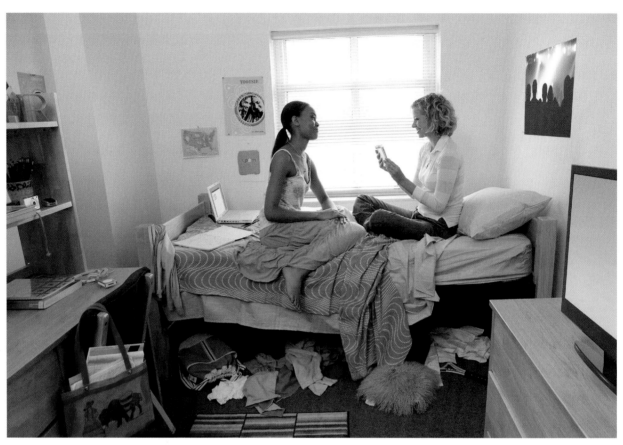

a. ¿Dónde están Manuela y Sara? ....

b. ¿Dónde está el póster del concierto? ....

c. ¿Qué hay debajo de la cama? ....

d. ¿Qué hay encima del mueble a la derecha? ....

e. ¿Dónde está la ventana *(window)*? ....

f. ¿Qué más hay en su habitación? ....

2 🎧 73 Listen to the conversation between Manuela and Sara. Then decide whether the sentences below are true (T) or false (F).

	T	F
a. Manuela no puede guardar su ropa en los cajones.	☐	☐
b. La habitación de Manuela está muy ordenada.	☐	☐
c. La computadora nueva de Manuela es portátil.	☐	☐
d. El nuevo mp4 de Manuela es más grande.	☐	☐
e. El póster es de la hermana de Manuela.	☐	☐
f. Sara tiene muchas cosas en su habitación.	☐	☐

3 **Read the conversation and check your answers for Activity 2.**

Manuela: Mira, Sara, esta es mi nueva habitación.

Sara: ¡Qué bonita!, tienes muchas cosas y todo está bastante ordenado, ¿dónde guardas la ropa?

Manuela: La guardo allí, en aquel mueble. Tiene cajones muy grandes y caben muchas cosas. Y bueno, también la pongo debajo de la cama. Shhh… Mi madre se enfada y dice que me va a quitar *(take away)* mi nuevo portátil si no soy más ordenada.

Sara: ¿Tienes portátil? ¿Dónde?

Manuela: Ahí, debajo del escritorio. Todavía está en la caja *(box)*. Es más moderno que la computadora de mesa. Ahora es de mi hermana. La tiene en su habitación.

Sara: ¿Qué es esto? ¿Un regalo para mí?

Manuela: No, es mi nuevo mp4. Este tiene más espacio para mi música.

Sara: ¿Y ese póster? ¿De qué concierto es?

Manuela: Es de uno de los conciertos de Pitbull, ¡mi cantante favorito! Pero tengo uno nuevo que me ha regalado mi padre. No es tan grande como ese, pero es mejor, porque es de este año.

Sara: ¡Cuántas cosas tienes!

4 **Write the word in Spanish for the objects in the images. Then match them to what they are used for.**

1. ....

2. ....

3. ....

4. ....

5. ....

6. ....

a. ○ para guardar cosas

b. ○ para buscar en Internet

c. ○ para mirarse en él

d. ○ para dormir

e. ○ para estudiar o escribir

f. ○ para leer

5 **With a partner, talk about your own room. Mention at least three items and where they are located. Say what you like about your room and what you don't like.**

Modelo: *En mi habitación hay/tengo...*

■ Prepositions of place
- delante de
- encima de
- dentro de
- a la izquierda de
- detrás de
- debajo de
- al lado de
- a la derecha de

■ **Hay** *There is/there are*   ■ **Me gusta** (singular)   ■ **Me gustan** (plural)

COMUNICA

DESCRIBING OBJECTS

■ To describe **shape**, **dimension**, **texture**, etc.:

¿Cómo es? *What's it like?*
Es… *It's…*

grande *big*	ligero/a *light*
pequeño/a *little*	pesado/a *heavy*
cuadrado/a *square*	útil *useful*
redondo/a *round*	sencillo/a *simple, easy*
rectangular *rectangular*	moderno/a *modern*

■ To describe its **function** or use:

¿Para qué sirve? / **¿Para qué se usa?**
What's it used for?

Sirve para… / **Se usa para…** *It's used for…*

leer *(for) reading*	**escribir** *(for) writing*
escuchar música *(for) listening to music*	
guardar ropa *(for) storing clothes*	
poner libros *(for) putting books*	

■ To describe the **material** something is made of:

¿De qué es? *What's it made of?* **Es de…** *It's…*

plástico *plastic*	metal *metal*	cristal *glass*	cuero *leather*	madera *wood*

---

1 **Fill in the blanks with an appropriate expression to describe the items below and what they are used for.**

¿Cómo es y para qué se usa?

a. El balón .... redondo, ... cuero y .... jugar al fútbol.

b. El portátil .... rectangular, ... metal y plástico y .... trabajar, leer, escribir y conectarse a Internet.

¿Cómo son y para qué sirven?

c. Los DVD .... redondos, de plástico y .... reproducir sonido e imágenes.

d. Los estuches .... cuadrados y .... guardar los DVD.

---

2 🎧 74 👥 **Adriana is showing her grandmother what she knows about using a computer. Listen to their conversation and fill in the blanks with the missing words. Then take turns role playing the parts with a partner.**

Adriana: Mira, abuelita, la nueva computadora de Javi.

Abuelita: ¡Qué moderna! ¿Me explicas para qué (1) .... esas cosas?

Adriana: Claro. Mira, esto es el monitor y (2) .... ver las imágenes. Esto se llama "teclado" y se usa (3) .... escribir.

Abuelita: ¿Y eso que mueves con la mano? ¿(4) .... se usa?

Adriana: Esto es el ratón y (5) .... para mover el cursor.

Abuelita: ¡Cuántas (6) .... aprendes de tu hermano!

---

3 👥 **Let's play. Think of an object in your room or classroom and your partner will try to guess what it is by asking yes or no questions about it.**

Modelo: *¿Es grande? ¿Es redondo?*

COMPARING PEOPLE AND THINGS

*La silla es **más** moderna **que** el sofá.* The chair is more modern than the sofa.

*El sofá es **menos** nuevo **que** la silla.* The sofa is less new than the chair.

*La silla es **tan** cómoda **como** el sofá.* The chair is as comfortable as the couch.

más + adjective / adverb + **que** *more than*
menos + adjective / adverb + **que** *less than*
tan + adjective / adverb + **como** *equal to*

■ Irregular comparatives

• *better* ➡ **mejor** *El portátil es **mejor que** la computadora de mesa.*

• *worse* ➡ **peor** *El equipo del F.C. Barcelona es **peor que** el equipo del Real Madrid.*

• *older* ➡ **mayor** *La abuela de Adriana es **mayor que** Adriana.* (with people)

4 Match the image to its corresponding word in Spanish. Then match the word to its appropriate description.

a.   b.   c.   d.   e.   f.

1. el teléfono celular.
2. el teléfono fijo.
3. el mapa.
4. el GPS.
5. el portátil.
6. la computadora de mesa.

a. Clásico, grande, pesado, sencillo. 40 dólares.
b. Pesada, grande, resistente. 900 dólares.
c. Moderno, útil, ligero, pequeño. 200 dólares.
d. Viejo, pequeño, complicado. 10 dólares.
e. Moderno, útil, frágil, cómodo. 500 dólares.
f. Ligero, cómodo, fácil de seguir. 100 dólares.

 ■ teléfono celular = teléfono móvil (España)

5 With a partner, take turns comparing the objects in Activity 4 using the information in the descriptions provided.

caro/a ≠ barato/a

Modelo: *El mapa es más barato que el GPS.*

 MORE IN ELETECA: EXTRA ONLINE PRACTICE

ANTES DEL VIDEO

1 Look at the scenes from the episode and then together with your partner, list the names for the different clothes and items you see.

....

....

2 Choose the correct option and then match each sentence with the correct image.

	Imagen
a. En esta tienda hay **muy** / **muchas** cosas para regalar.	
b. Es **muy** / **mucho** caro.	
c. Ahora la ropa es **más** / **menos** barata.	
d. Es **muy** / **más** bromista.	
e. Me gusta **este** / **ese** bolso blanco, pero prefiero **este** / **ese** azul.	
f. Lorena está **aquí** / **ahí** / **allí** y Felipe está **aquí** / **ahí** / **allí**, al lado de la puerta.	

DURANTE EL VIDEO

3 **00:00 - 01:50** Watch the following scene from the episode and decide if the statements are true (T) or false (F).

	T	F
a. Lorena no recuerda quién es Sebas.	☐	☐
b. Sebas quiere pedir una cita a Lorena.	☐	☐
c. Lorena no tiene novio.	☐	☐
d. Sebas es el novio de Lorena.	☐	☐
e. A Lorena le gusta hacer bromas *(to joke)*.	☐	☐
f. Sebas quiere comprar un regalo.	☐	☐

4 🎞 Watch the rest of the episode. List the features (material, price, etc.) for each of the handbags Lorena shows Sebas.

01:50 - 04:28

Bolso blanco	Bolso beige	Bolso azul

5 🎞 Listen again as Lorena talks about the handbags. Write some sentences comparing the beige handbag and the blue one.

01:50 - 03:30

....

....

....

....

6 Answer the questions.

a. ¿Cuánto dinero tiene Sebas para comprar el regalo?

b. ¿Puede comprar el bolso blanco? ¿Por qué?

c. ¿Puede comprar el bolso azul? ¿Por qué?

d. ¿Qué objetos dice Lorena que se pueden guardar en el bolso?

e. ¿Por qué se ríe *(laughs)* Felipe cuando entra en la tienda?

DESPUÉS DEL VIDEO

7 👥 With your partner, take an object or garment that you both have (jacket, backpack, glasses, cell phone) and write a few sentences comparing them.

8 👥 Look at the images from the video and select a handbag or another object in the shop. With your partner, prepare a conversation between the customer and the sales assistant asking and comparing the different materials, sizes, prices, etc., and present it to the class. Use the following expressions as a guide:

Dependiente/a	Cliente
• ¿En qué puedo ayudarle?	• Mire, quería un/una… Este/esta me gusta, ¿cuánto cuesta?
• Son/Cuesta… dólares.	
• ¿Cómo va a pagar? ¿Efectivo o tarjeta?	• ¿Cuánto cuesta este/esta…?
• Aquí tiene.	• En efectivo/Con tarjeta, por favor.
• Sí, con el recibo de compra.	• ¿Puedo cambiarlo?

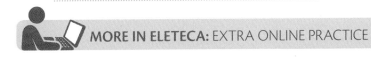

MORE IN ELETECA: EXTRA ONLINE PRACTICE

1 🎧 75 👥 **Listen to the words in Spanish for items typically found at home and at school. Then make a list of the words that are cognates. ¡Atención! One of the words is a false cognate.**

- Remember **cognates** are words that look and mean the same thing in Spanish and in English.
  estudiante = student
- **False cognates** may look similar but will have different meanings.
  dinero ≠ dinner

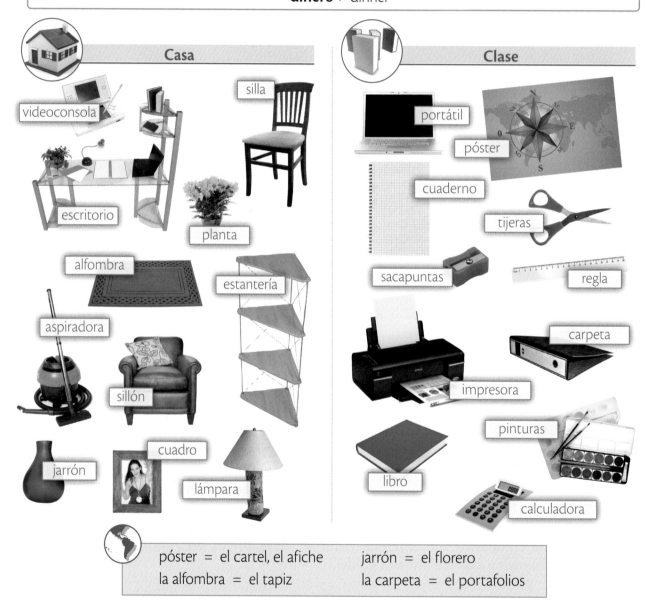

Casa

videoconsola

silla

escritorio

planta

alfombra

estantería

aspiradora

sillón

jarrón

cuadro

lámpara

Clase

portátil

póster

cuaderno

tijeras

sacapuntas

regla

carpeta

impresora

pinturas

libro

calculadora

póster = el cartel, el afiche	jarrón = el florero
la alfombra = el tapiz	la carpeta = el portafolios

2 **Complete the chart by placing each of the words above in the appropriate category.**

Material escolar	Muebles	Objetos de decoración	Aparatos

3 Fill in the blanks with the correct word.

  a. Manuela tiene un .... de un concierto en su habitación.

  b. Usa .... para escribir los ejercicios.

  c. Este .... de español es muy interesante.

  d. En la exposición hay un .... de Picasso.

  e. Estas .... no cortan bien.

Pablo Picasso

4 Select the adjective in each set below that does not relate to the item.

1. aspiradora...

  a. ruidosa
  b. pesada
  c. frágil

3. planta...

  a. natural
  b. divertida
  c. artificial

5. silla...

  a. alta
  b. abierta
  c. baja

7. mesa...

  a. cuadrada
  b. redonda
  c. blanda

2. computadora...

  a. de mesa
  b. de cristal
  c. portátil

4. estanterías...

  a. de madera
  b. de metal
  c. eléctricas

6. celular...

  a. pequeño
  b. triangular
  c. práctico

8. jarrón...

  a. antiguo
  b. clásico
  c. simpático

5 Identify the items above described below according to their uses.

  a. Sirve para limpiar la alfombra.

  b. Se usa para hacer cálculos en las clases de Álgebra y de Física.

  c. Se usan para pintar cuadros.

  d. Sirve para guardar libros.

  e. Se usa para jugar.

  f. Se usa para imprimir fotos, tareas y artículos de Internet.

6 👥 With a partner, take turns describing to each other the words your teacher gives you.

Modelo: tijeras

    E1: Sirven para cortar papel.
    E2: ¿Son las tijeras?
    E1: Sí.

7 👥 Think about your desk at home or about one you would like to have. What things are on it? What are they like? What about on your bookshelf? Be specific and use as many words from the new vocabulary as possible. Then exchange information with a partner.

Modelo: En mi escritorio tengo...
        En mi estantería tengo...

8 🎧 **76** Follow along as you listen to the numbers.

100	cien	**400**	cuatrocientos	**700**	setecientos
101	ciento uno	**415**	cuatrocientos quince	**720**	setecientos veinte
200	doscientos	**500**	quinientos	**800**	ochocientos
202	doscientos dos	**526**	quinientos veintiséis	**897**	ochocientos noventa y siete
300	trescientos	**600**	seiscientos	**899**	ochocientos noventa y nueve
303	trescientos tres	**669**	seiscientos sesenta y nueve	**900**	novecientos

9 🎧 **77** Write the number you hear in the boxes. Then write out the word(s) in Spanish next to the number.

a. [____] ....

b. [____] ....

c [____] ....

d. [____] ....

e. [____] ....

f. [____] ....

g. [____] ....

h. [____] ....

¿Cuál es el límite de velocidad
según la señal?

10 Write out the following numbers.

a. **185** ciento ochenta y cinco

b. **202** ....

c. **450** ....

d. **753** ....

e. **560** ....

f. **941** ....

> **!** ■ Remember to use **y** only
> between the tens and ones, not
> after the hundreds.
> • 180 = ciento ochenta
> • 183 = ciento ochenta y tres

11 👥 With a partner, take turns saying the numbers on your card to your partner in Spanish. He/she will write out the numbers you say. Then switch roles.

Estudiante 1

349	788	455	519

Los números de tu compañero:

a. [____] ....

b. [____] ....

c [____] ....

d. [____] ....

Estudiante 2

746	590	623	168

Los números de tu compañero:

a. [____] ....

b. [____] ....

c [____] ....

d. [____] ....

12 Look at the paper currency from different Spanish-speaking countries. With a partner, take turns counting out the bills and totaling the amount shown.

Modelo: Cien y cien son doscientos nuevos soles.

Nuevos soles de Perú

a. *Pesos de México*

b. *Euros de España*

c. *Bolivianos de Bolivia*

d. *Pesos de Argentina*

e. *Dólares de Estados Unidos*

Nuevos soles de Perú

g. *Dólares de Canadá*

h. *Bolívares de Venezuela*

13 Take turns asking and answering the following questions about how much these things cost. Use your best guess. Then tell your partner if you think it costs more or less and give the price you think it is.

Modelo: E1: ¿Cuánto cuesta un portátil sencillo?
E2: Cuesta quinientos cincuenta dólares.
E1: Creo que cuesta más, como seiscientos dólares. /
Creo que cuesta menos, como quinientos dólares.

a. una videoconsola de Nintendo
b. unas botas UGG
c. una tableta de Apple
d. un mp4
e. unas zapatillas de deporte
f. una cena en el restaurante más caro de la ciudad

MORE IN ELETECA: EXTRA ONLINE PRACTICE

GRAMÁTICA

■ You learned that demonstrative adjectives point out people and things relative to where the speaker is located. Demonstrative pronouns function in much the same way, except that they replace the noun and stand alone. In Spanish, demonstrative adjectives and pronouns share the same forms.

Location of speaker	Singular		Plural		
	Masculine	Feminine	Masculine	Feminine	
aquí *here*	este	esta	estos	estas	*this, these*
ahí *there*	ese	esa	esos	esas	*that, those*
allí *over there*	aquel	aquella	aquellos	aquellas	*that (over there), those (over there)*

Quiero esa carpeta.

¿Quieres esta o aquella?

■ Demonstrative adjective	■ Demonstrative pronouns
Quiero **esa** carpeta. *I want that binder.*	¿Quieres **esta** o **aquella**? *Do you want this one or that one over there?*
- Modifies and agrees with the noun **carpeta**.	- Replaces the noun **carpeta**. Must agree in number and gender with the noun it replaces.

≫ *¿Te gustan* **estos zapatos**? *Do you like these shoes?*

≫ *No, prefiero* **esos**. *No, I prefer those.*

■ The neuter pronouns **esto**, **eso** and **aquello** are used when referring to unknown objects (nouns). These pronouns are invariable and can never be used to replace people.

≫ *¿Qué es* **esto**? *What's this?*

≫ **Esto** *es un libro de español. This is a Spanish book.*

≫ *¿Qué es* **aquello**? *What's that over there?*

≫ **Aquello** *es mi escritorio. That's my desk.*

1 With a partner, read the conversation again between Manuela and Sara (page 199) and identify the demonstrative adjectives and pronouns. Can you find all seven demonstratives? What nouns do the pronouns replace?

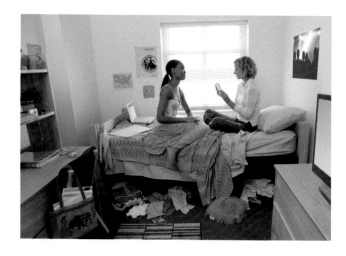

2 Fill in the blanks with the correct demonstrative or neuter pronoun. *¡Atención!* Use the clues in the sentence that point out location to help you select the correct pronoun.

a. Esta computadora es muy lenta. .... de ahí es más rápida.

b. ¿Qué es .... de allí? No lo veo bien.

c. Aquella pizarra está muy lejos. .... (de aquí) está más cerca.

d. Aquellos sillones son más modernos que .... (de ahí).

e. Mira, esos DVD de ahí son tan baratos como .... (de aquí).

f. Quiero ese bolígrafo, ... que estoy usando no escribe.

3 🗪 You are doing some shopping for yourself and also buying gifts for others. Take turns with a partner recreating the conversations in the following scenarios. Use the correct demonstrative adjectives and pronouns as needed.

Modelo:

Necesito unas pinturas para mi clase de arte.

Tenemos ..*estas*.. detrás de mí o ..*esas*.. en la estantería.

a. Es el cumpleaños de mi abuela. ¿Tienes unas plantas bonitas?

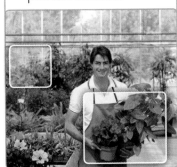

¿Te gustan .... o prefieres .... más grandes?

b. Necesito unas gafas nuevas.

¿Quieres ver .... o ....?

c. Perdone, ¿qué es .... que tiene usted en la mano?

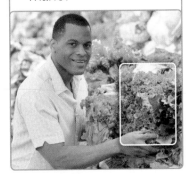

.... es lechuga, para hacer ensalada.

d. ¿Te gustan .... jeans?

Sí, pero, ¿por qué no miras ....?

e. Me encanta .... vestido blanco. ¿Cuánto cuesta?

¿........? Cuesta 120 dólares.

GRAMÁTICA

■ Just as we use subject pronouns to avoid repetition of names, we use direct object pronouns to refer to someone or something already mentioned.

> ¿Dónde guardas **los zapatos**?
>
> *Where do you keep **your shoes**?*

Direct object of the sentence.

> **Los** pongo en el armario.
>
> *I put **them** in the closet.*

Direct object pronoun replaces the noun.

> ¿Conoces **a Pedro**?
>
> *Do you know **Pedro**?*

Direct objects can be people or things. Remember to use **a** before direct objects that are people.

> Sí, **lo** conozco de la escuela.
>
> *Yes, I know **him** from school.*

Direct object pronouns must agree with the noun they replace.

■ Here are the direct object pronouns in Spanish with their English equivalents.

me	replaces *me*
te	replaces *you (informal)*
lo/la	replaces *you (formal), him, her, it*
nos	replaces *us*
os	replaces *you (plural, Spain)*
los/las	replaces *you (plural), them*

■ In Spanish, direct object pronouns are placed before the conjugated verbs.

Uso **el portátil** todos los días. ➡ **Lo** uso todos los días.

Guardo **la carpeta** en la mochila. ➡ **La** guardo en la mochila.

Llamo **a mis amigas** por teléfono. ➡ **Las** llamo por teléfono.

4 👥 **Match the description to the correct item on the right. ¡Atención! Be sure the direct object pronoun in the sentence agrees with the item it replaces. Then, with a partner, take turns asking each other about the items.**

1. La ponemos encima del escritorio.
2. Las ponemos en el garaje.
3. Los guardamos en los estuches.
4. Lo usamos para hacer la tarea.
5. Los vemos en el museo.
6. La compramos en el centro comercial.

a. el portátil
b. la ropa
c. los DVD
d. las bicicletas
e. los cuadros
f. la impresora

Modelo: E1: La tenemos encima de la mesilla para leer por la noche. ¿Qué es?
E2: La lámpara.

5 With a partner, take turns asking each other where you can buy the following items. Remember to use a direct object pronoun in your answers to avoid repeating the noun.

Modelo: un cuaderno
　　　　E1: ¿Dónde puedo comprar **un cuaderno**?
　　　　E2: **Lo** puedes comprar en una librería.

- In Spanish some stores have set names such as:
  una librería
  una zapatería
- A store can also be identified by what is sells:
  una tienda de libros
  una tienda de zapatos

a. unas naranjas y manzanas
b. un regalo para mi madre
c. unas aspirinas para el dolor de cabeza

d. un póster para mi hermano
e. una lámpara
f. un cinturón para mi padre

6 Using the vocabulary you have learned for clothes, furniture, and school supplies, take turns asking each other about the things you have in the following places. Use the chart to list the items you want to ask your partner about.

En la habitación	En el armario de la habitación	En el escritorio

Modelo: E1: ¿Tienes **un espejo** en tu habitación?
　　　　E2: Sí, **lo** tengo. / No, no **lo** tengo.

7 Write out the answers to the following questions. Then practice asking and answering the questions with your partner.

Modelo: E1: ¿Llamas **a tu abuelo** por teléfono?
　　　　E2: Sí, **lo** llamo. / No, no **lo** llamo.

a. ¿Entiendes **a la profesora** de español? ....
b. ¿**Me** entiendes cuando hablo español? ....
c. ¿Quién cuida **a los enfermos** en el hospital? ....
d. ¿**Te** cuida tu madre cuando estás enfermo/a? ....
e. ¿Visitas **a tus tíos y primos** mucho? ....
f. ¿Quién **te** visita en casa? ....

DESTREZAS

1 Before reading, review the reading strategy in Destrezas and follow the suggestion.

> ### Destrezas
>
> **Scanning for specific information**
>
> Use the comprehension questions at the end of a reading to help you decide what information to search for as you read.
>
> List some key words or phrases you should focus your attention on.
>
> ....
>
> ....

Sesenta piscinas abren sus puertas en Madrid

En Madrid, como en muchas otras ciudades grandes, las piscinas de verano están preparadas para abrir al público. El primer día, el 29 de mayo, se celebra con una jornada de puertas abiertas en la que los usuarios no pagan la entrada. El resto de la temporada los precios serán los mismos que el ayuntamiento de Madrid aprobó el año pasado. La entrada incluye el uso de las instalaciones deportivas. El precio es de 4,35 euros para adultos, 2,65 euros la entrada infantil, 3,50 euros los jóvenes y 1,35 euros los mayores de 65 años. Las personas con discapacidad tienen la entrada gratuita, si presentan el carné de deporte especial. El horario de las piscinas es de 11:00h a 21:00h durante los tres meses de verano, hasta el 5 de septiembre. Además, hay cursos de natación, y otras actividades deportivas durante los meses de julio y agosto. Por otra parte, el ayuntamiento de Madrid asegura que hay socorristas en todas las piscinas.

Fuente: adaptado de www.20minutos.es

2 Read the article again and complete the sentences with the correct information.

1. Las piscinas públicas abren...
  a. a principios de mayo.
  b. a finales de mayo.
  c. a mediados de mayo.

2. El primer día de piscina...
  a. es gratuito para todo el mundo.
  b. es la mitad del precio.
  c. cuesta 4,35€ para los adultos.

3. Las personas con discapacidad...
  a. entran gratis los días de fiesta.
  b. no pagan si presentan un carné.
  c. no entran gratis, tienen un descuento.

4. Si tienes 9 años pagas...
  a. 4,35€.
  b. 2,65€.
  c. 3,50€.

5. Todas las piscinas tienen...

a.

b.

c.

PRONUNCIACIÓN Word stress and the written accent

■ All words in Spanish have a syllable that is pronounced with more stress than the other syllables in the word. For most words, the stressed syllable is the second to the last syllable.

pe-rro   **ca**-sa   ar-**ma**-rio   as-pi-ra-**do**-ra

■ In some cases, a written accent is needed to identify the stressed syllable. You will learn more about these later. For now, you should know to pronounce the syllable marked with an accent more strongly.

árbol   ja**rrón**   bo**lí**grafo

1 👥 **Practice saying the following words aloud with a partner. Mark the syllable with the most stress in its pronunciation.**

a.

JARRÓN

b.

CUADERNO

c.

ESTANTERÍA

d.

ESPAÑOL

e.

PLANTA

f.

SILLA

g.

HERMANO

h.

MALETA

i.

RATÓN

NÚMEROS

k.

LÁMPARA

l.

PORTÁTIL

2 👥 **What other words have you learned that have written accents? List them here and then compare your list with your partner.**

¡VIVA EL CARNAVAL!

Quito
Ecuador

Perú

• Lima

Bolivia

• La Paz

¡Me encanta el carnaval! ¿Y a ti?

El carnaval de Oruro

El carnaval de Oruro, Bolivia

✓ En la ciudad de Oruro se celebra u carnaval muy famoso: el carnaval Oruro.

✓ En 2001 la UNESCO declaró esta celebración Obra Maestra del Patrimonio Oral e Intangible de la Humanidad.

✓ Se celebra durante la semana ante de la Cuaresma (*Lent*) y dura ocho días.

✓ Durante los desfiles (*parades*) del carnaval, se baila la Diablada. La gente baila con máscaras y un t de diablo.

Bailarines en el carnaval de Cartagena de Indias, Colombia

Desfile del carnaval de Gran Canaria, islas Canarias, España

Desfile de carnaval en Pisac, Perú

¿Sabes que...?

✓ A unos 24 km al norte de Quito está el monumento La Mitad del Mundo, que marca la línea imaginaria del ecuador.

✓ La papa es original de Perú. Más de 3.000 clases de papas se cultivan hoy día en Perú. De allí viene el dicho (*saying*) popular: "Soy más peruano que la papa".

✓ Machu Picchu, la ciudad perdida de los incas, y las islas de los Uros en el Lago Titicaca son dos de los lugares más populares y famosos de Perú.

✓ Entre Perú y Bolivia se encuentra el Lago Titicaca, el lago más grande de América del Sur.

¡Mi celebración favorita!

🔊 78

Julia es una chica de 17 años. Vive en San Luis de Otavalo, Ecuador. Ella habla de su celebración favorita.

Festival de Inti Raymi en Otavalo, Ecuador

¿Dónde está San Luis de Otavalo?

Julia: Está en el norte de mi país, Ecuador, en la provincia de Imbabura.

¿Cómo es tu ciudad?

Julia: Es muy bonita. Está entre montañas y al lado de un volcán. Otavalo es una zona turística. ¡Mucha gente visita mi ciudad!

¿Cuál es el evento más especial?

Julia: Inti Raymi. También se llama el Festival del Sol. Es el evento más importante en mi comunidad. Comienza con el solsticio de verano, el 22 de junio. Esta celebración es una explosión de colores, música y tradiciones indígenas. ¡Es mi fiesta favorita!

El carnaval de las islas Canarias

❖ Cada mes de febrero, Santa Cruz de Tenerife, una de las dos capitales de las islas Canarias, celebra su carnaval.

❖ Este carnaval es el segundo más grande del mundo. El primero es el de Río de Janeiro, Brasil.

❖ El carnaval tiene dos partes: el carnaval oficial y el carnaval de la calle. En el carnaval oficial participan más de 100 grupos. El carnaval de la calle está abierto a todo el mundo y participan miles de personas.

❖ Este carnaval se celebra desde el siglo XVII.

❖ Los ingredientes más importantes del carnaval son: los disfraces, el maquillaje *(make-up)*, la música y la danza.

Esta fiesta es un evento enorme y se necesita un año para organizarlo.

La reina del carnaval, protagonista de la fiesta.

El carnaval de Barranquilla

«¡Hola! Soy Manuel y vivo en Barranquilla, Colombia. Mi ciudad es caribeña y está al norte de Colombia. Es un lugar muy importante porque allí celebramos el carnaval de Barranquilla. Los personajes más famosos del carnaval son la reina *(queen)* del carnaval y el diablo *(devil)* Arlequín. La reina es el personaje más querido y el diablo es el personaje menos popular. ¡Todos temen al diablo! A mí me gusta esta celebración porque me encantan los disfraces *(costumes)*. ¡Me gusta pintarme de verde! ¿Te gusta disfrazarte? ¿Qué disfraz te gusta?».

Participante en el carnaval de Barranquilla.

True or false?

1 Oruro está en Bolivia.   T ◯ F ◯

2 Barranquilla es una ciudad colombiana.   T ◯ F ◯

3 El carnaval de Oruro es uno de los más importantes del mundo.   T ◯ F ◯

4 En las islas Canarias el carnaval se celebra desde el siglo XV.   T ◯ F ◯

5 El personaje más querido del carnaval de Barranquilla es el diablo.   T ◯ F ◯

Complete this e-mail with the following words.

¡Atención! Not all the words will be used.

Ecuador ❋ este ❋ oeste ❋ Otavalo ❋ Perú
las islas Canarias ❋ Barranquilla ❋ Estados Unidos

«¡Hola! Hoy visito el carnaval de Oruro en Bolivia. ¿Sabes que Bolivia está en el _____ , cerca del océano Pacífico? El carnaval de Oruro es importante. Otros carnavales importantes son el de _____ y el de _____ . Podemos verlos otro año. Ahora en junio, viajo hasta _____ para ver el Festival del Sol, Inti Raymi, en _____ . ¡Hasta pronto!».

VOCES LATINAS

CARNAVAL Y VIDA

1 🎧 **79** **Read the description about a special day celebrated in many parts of the world.**

Un día solo para mamá

En mayo celebramos en muchos países de Hispanoamérica el Día de la Madre. Es un día muy bonito porque toda mi familia se reúne para comer y mamá prepara su especialidad: carne asada con papas y ensalada. Después del postre es el momento de sacar los regalos.

Papá es el más conservador, siempre elige *(chooses)* una docena de rosas rojas. Mi hermana mayor adora los perfumes fuertes *(strong)*, es una romántica y cada año regala a mi madre uno nuevo. Mamá siempre sonríe *(smiles)* agradecida, pero luego no lo usa. Mis abuelos son más prácticos y prefieren los accesorios: una bufanda de lana *(wool)*, un reloj, un libro de cocina… A mi tía Rosa, la hermana de mi madre, le gusta comprar regalos a todos. Ella siempre le compra cada año una novela histórica a mi madre. La tía Rosa es muy intelectual. Yo soy el más modesto, porque tengo menos dinero, pero también soy el más original de todos. En clase de Arte siempre preparo un regalo hecho a mano. A veces es un jarrón de arcilla, otras veces un cuadro de madera, o un collar *(necklace)* con piezas de ámbar. Cuando mamá lo recibe me sonríe satisfecha. Se siente orgullosa *(proud)* y muy contenta de ser, por un día, el centro de atención de todos nosotros. Terminamos la comida todos contentos y después vemos una película: mi madre siempre la elige, claro.

2 List the presents mentioned in the reading with a brief description.

3 Match the members of the family with their personality traits.

1. El padre es...   a. intelectual.
2. La hermana es...   b. modesto y original.
3. La tía Rosa es...   c. romántica.
4. Los abuelos son...   d. conservador.
5. El autor del relato es...   e. prácticos.

4 Each of the mother's gifts serves a purpose. Use the expressions from the list to describe the purpose of each gift.

> decorar un lugar ○ preparar diferentes tipos de comida ○ entretenerse ○ leer ○
> estar más guapa ○ vestirse ○ saber la hora ○ poner flores ○ no tener frío ○ poner fotos

a. Una docena de rosas sirve para decorar un lugar.
b. ....
c. ....
d. ....
e. ....
f. ....
g. ....
h. ....
i. ....

5 With a partner, discuss the types of presents you typically receive from your family and how they relate to your particular personality.

Modelo: Mi madre me regala... porque soy... y me gusta(n)...

EVALUACIÓN

1 **Write the word from the list that matches the description given.**

> un cuaderno ○ unas gafas ○ un periódico ○ un libro ○ una televisión
> un autobús ○ una computadora ○ una planta ○ una regla

a. Es rectangular, de metal y cristal, y sirve para ir de un lugar a otro. ➡ ....

b. Es grande, cuadrada, de cristal y plástico, y sirve para ver noticias. ➡ ....

c. Es mediano, de papel y sirve para leer noticias. ➡ ....

d. Es pequeña, de plástico y sirve para dibujar líneas rectas. ➡ ....

e. Es pequeño, de papel y sirve para leer historias. ➡ ....

2 **Using the prices indicated, fill in the blanks to compare the items.**

a. La cámara es .... cara .... los libros.

b. El balón es .... caro .... la cámara.

c. El precio del rotulador es .... que el de la cámara.

d. La planta es .... barata .... el balón.

e. Comprar unos libros es .... barato .... comprar una planta y un balón.

f. El precio de la cámara es .... que el de la planta.

3 **Fill in the blanks with the correct demonstrative pronoun.**

a. Esa botella, no. Quiero .... que está allí.

b. .... de ahí es mi hermano.

c. Busco un libro. ¿Cuánto cuestan .... que están aquí en la mesa?

d. .... que tienes aquí son revistas de la semana pasada.

e. .... de ahí es la profesora de español.

DIRECT OBJECT PRONOUNS

4 **Fill in the blanks with the correct direct object pronoun.**

a. » ¿Dónde compras el periódico?

» .... compro siempre en el quiosco cerca de casa.

b. » ¿Dónde nos llevas?

» .... llevo a mi habitación.

c. » ¿Cuándo ves a Carlos?

» .... veo esta tarde, después de clase.

d. » ¿Dónde tienes las plantas?

» .... tengo en la cocina, al lado de la ventana.

e. » ¿Me ves mucho en Facebook?

» No, solo .... veo en Twitter.

f. » ¿Usas mucho la computadora?

» Bueno, ... uso dos horas al día.

5 **Answer the questions using a direct object pronoun in your response.**

a. ¿Quieres el lápiz?

No, gracias, no ....

b. ¿Tienes flores para mí?

No, no ....

c. ¿Ves a Pedro en el gimnasio?

No, no ....

d. ¿Me llamas esta noche?

No, no ....

e. ¿Invitas a tus amigos a la fiesta?

No, no ....

f. ¿Conoces a María y Ana?

No, no ....

NÚMEROS DEL 100 AL 999

6 **Write out the numbers in Spanish.**

a. 475 ....

b. 823 ....

c. 914 ....

d. 561 ....

CULTURA

7 **Answer the following questions about Bolivia, Ecuador, and Peru, and compare similarities with your own country or region.**

a. ¿En qué países de América del Sur celebran el carnaval? ¿Hay una celebración similar en tu región? ¿Cómo es? ¿Llevan disfraces?

b. ¿Cómo se llama la danza más popular durante los desfiles de carnaval? ¿Qué representa?

c. ¿Qué elementos tienen en común todas las celebraciones de carnaval en el mundo hispano?

d. ¿Dónde está el Lago Titicaca? ¿Por qué es interesante?

e. ¿Qué recursos (resources) naturales tiene Bolivia? ¿Cuál crees que es más importante?

f. ¿Qué alimento cultivan en Perú? ¿En qué parte de Estados Unidos se cultiva también?

MORE IN ELETECA: EXTRA ONLINE PRACTICE

Descripciones *Descriptions*

abierto/a *open*
cuadrado/a *square*
frágil *fragile*
ligero/a *light*
moderno/a *modern*
pesado/a *heavy*

práctico/a *practical*
rectangular *rectangular*
redondo/a *round*
ruidoso/a *noisy*

sencillo/a *simple, plain*
útil *useful*
viejo/a *old*

Materiales *Materials*

el cristal *glass*
el cuero *leather*

la madera *wood*
el metal *metal*
el plástico *plastic*

Comparativos *Comparatives*

más... que *more... than*
mayor *older*

mejor *better*
menos... que *less... than*
peor *worse*
tan... como *as... as*

Verbos *Verbs*

guardar *to put away*
llamar *to call*
poner *to put, to place*

usar *to use*

Objetos y cosas *Objects and things*

la aspiradora *vacuum cleaner*
la calculadora *calculator*
la carpeta *binder, folder*

el cuadro *frame, painting*
el escritorio *desk*
el estuche *case*
la impresora *printer*
el jarrón *vase*
la lámpara *lamp*
el monitor *monitor*

las pinturas *paints*
la planta *plant*
el portátil *laptop*
el póster *poster*
el ratón *mouse*

la regla *ruler*
el sacapuntas *pencil sharpener*
el sillón *armchair*
el teclado *keyboard*
el teléfono celular (móvil) *cell phone*
las tijeras *scissors*

la videoconsola *video game console*

Demostrativos *Demonstratives*

aquel/aquella, aquellos/as
 that one (over there), those ones (over there)

aquello *that (over there)*
ese/esa, esos/as *that one, those ones*
eso *that*
este/esta, estos/as
 this one, these ones
esto *this*

COMPARATIVES (WITH ADJECTIVES AND ADVERBS)

(See page 201)

- **más... que** ➡ Julián es **más** rápido **que** Pedro. — *more... than*
- **menos... que** ➡ Pedro camina **menos** lento **que** Julián. — *less... than*
- **tan... como** ➡ Julián es **tan** divertido **como** Pedro. — *as... as*

NUMBERS (100-999)

(See page 206)

100	cien	400	cuatrocientos	700	setecientos
101	ciento uno	415	cuatrocientos quince	720	setecientos veinte
200	doscientos	500	quinientos	800	ochocientos
202	doscientos dos	526	quinientos veintiséis	897	ochocientos noventa y siete
300	trescientos	600	seiscientos	899	ochocientos noventa y nueve
303	trescientos tres	669	seiscientos sesenta y nueve	900	novecientos

DEMONSTRATIVE PRONOUNS

(See page 208)

	Singular		Plural		
	Masculine	Feminine	Masculine	Feminine	Neuter
Aquí (cerca)	este	esta	estos	estas	esto
Ahí (intermedio)	ese	esa	esos	esas	eso
Allí (lejos)	aquel	aquella	aquellos	aquellas	aquello

- Demonstrative pronouns
  - » ¡Hola, Encarna! ¿Cómo estás?
  - » Muy bien, gracias. Mira, **esta** es Manuela, mi hermana.

  - » ¿Te gustan estos plátanos?
  - » No, me gustan **aquellos**.

- Neuter pronouns
  - » ¿Qué es **esto**?
  - » Es una lámpara.

  - » ¿Qué es **eso**?
  - » Es un celular.

  - » ¿Qué es **aquello**?
  - » Son unas zapatillas.

> Aquella (bicicleta) es de mi primo.

> Esas (botas) son de Luis.

> Este es mi celular.

DIRECT OBJECT PRONOUNS

(See page 210)

me
te
lo/la
nos
os
los/las

» ¿Tienes el libro de Matemáticas?
» Sí, **lo** tengo en mi casa.

» ¿Quién compra la tarta de cumpleaños?
» **La** compramos nosotros.

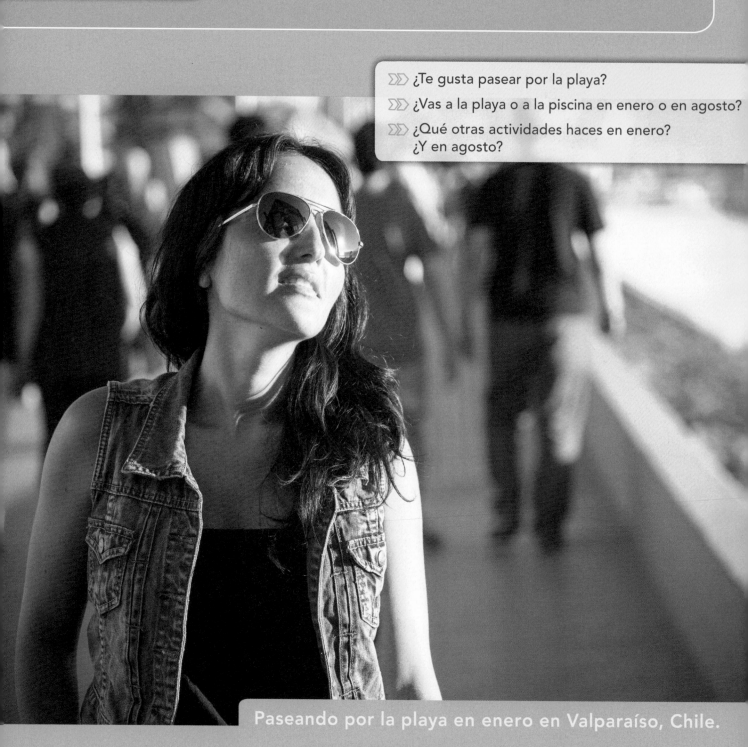

UNIDAD
8

¿QUÉ TIEMPO VA A HACER?

> ⟫ ¿Te gusta pasear por la playa?

> ⟫ ¿Vas a la playa o a la piscina en enero o en agosto?

> ⟫ ¿Qué otras actividades haces en enero? ¿Y en agosto?

Paseando por la playa en enero en Valparaíso, Chile.

In this unit, you will learn to:

- Express obligation, needs, and give advice
- Make plans about what you are going to do and when
- Talk about the weather and the seasons

Using

- *Hay que, tener que* and *deber* + infinitive
- *Ir a* + infinitive
- Weather expressions with *hace, hay,* and *está*

Cultural Connections

- Share information about weather and climate in Hispanic countries, and compare cultural similarities

SABOR HISPANO

Paisajes y climas extremos

- Paraguay, Uruguay, Argentina y Chile

¡ACCIÓN!

1 Look at the image below of people on an outing in Patagonia, Chile. Then answer the questions based on what you see or can infer from the image.

a. ¿Cuántas personas hay en la foto?

b. ¿Crees que son amigos o es una familia?

c. ¿Están en las montañas o en la costa?

d. ¿Qué ropa crees que llevan?

e. ¿Qué crees que llevan en las mochilas?

f. ¿Por qué están allí?

2 🎧 80 Listen to the conversation between Javi and his mother and fill in the blanks with the missing words.

Javi: ¡Hola, mamá!

Mamá: Hola, Javi, ¿qué tal la escuela?

Javi: Pues, bien, como siempre.

Mamá: Y ese papel, ¿qué es?

Javi: Ah, es para la (1) .... de este fin de semana. Vamos toda la clase.

Mamá: ¿Y a dónde van, Javi?

Javi: Pues, vamos a (2) .... el Parque Nacional La Campana.

Mamá: Muy bien. Y, ¿qué necesitas?

Javi: El (3) .... dice que **tenemos que llevar** unos (4) .... y unas bebidas.

Mamá: Pero en la montaña normalmente hace (5) .... Yo creo que **debes llevar** un anorak, los guantes y el (6) ....

Javi: Está bien, mamá. También quiero hacer fotos.

Mamá: Bueno, puedes usar mi (7) ....

Javi: ¡Fenomenal! Muchas gracias.

Mamá: ¿Cuánto **hay que pagar** por la excursión?

Javi: Muy poco, solo (8) .... ¡Ah! Vamos a salir el sábado a las (9) .... de la mañana.

Mamá: Entonces, esa noche tienes que acostarte (10) ....

3 Indicate whether the following sentences are true (T) or false (F).

	T	F
a. Javi va de excursión a la montaña.	○	○
b. No tiene que llevar comida.	○	○
c. Su madre le aconseja llevar ropa para el frío.	○	○
d. La excursión cuesta 128 pesos.	○	○
e. Javi lleva la cámara de fotos de su madre.	○	○

4 Match the two columns to make complete sentences. Then read the sentences aloud with a partner.

1. Para hacer la excursión...

2. La madre dice que en la montaña hace frío y que Javi...

3. El profesor dice que todos los estudiantes...

4. La excursión es a las ocho de la mañana y Javi...

a. tienen que llevar unos y unas .

b. tiene que pronto el viernes.

c. debe llevar un , unos y un gorro.

d. hay que pagar .

5 The Aconcagua Provincial Park in the Andes mountains of Argentina draws hikers to its popular trails. Use the image to plan an outing to this park. First, fill in the information in the chart. Then, with a partner, discuss what each of you are going to bring.

Modelo: E1: ¿Qué ropa vas a llevar?
E2: Voy a llevar... ¿Y tú?

! ■ The verb **llevar** means *to wear or to carry, take along.*

Ropa:
Comida:
Equipo *(equipment)*:
¡Algo más?

Parque provincial Aconcagua

COMUNICA

DESCRIBING THE WEATHER

¿Qué tiempo hace? *What's the weather like?*

Hace

calor / frío	sol / viento	buen tiempo	mal tiempo
It's hot. / It's cold.	*It's sunny. / It's windy.*	*The weather is good.*	*The weather is bad.*

Hay

nieve *There's snow. (It's snowy).*   niebla *There's fog. (It's foggy).*   tormenta *There's a storm. (It's stormy).*

Está	Llueve	Nieva

nublado *It's cloudy.*	En el sur de Chile **llueve** mucho.	**Nieva** mucho en las montañas de los Andes.
	In southern Chile, it rains a lot.	*It snows a lot in the Andes mountains.*

1 Fill in the blanks with the correct word to complete the sentences.

a. Mañana voy a la playa porque .... calor.

b. En esta época .... nieve en la montaña.

c. Cerca de la costa .... nublado.

d. Hoy necesito el paraguas (*umbrella*) porque ....

e. Es difícil jugar al tenis cuando .... viento.

2 With a partner, take turns describing the weather in your area today and during different months of the year. Talk about what clothes you typically need to wear.

La ropa ➡ Unidad 3

Modelo:

E1: *En agosto hace mucho calor.*
E2: *Hay que llevar pantalones cortos y una camiseta.*

a. hoy
b. julio
c. noviembre
d. abril
e. febrero
f. mayo

Otras palabras útiles:

- **anorak** *ski jacket*
- **chanclas** *flip-flops*
- **gafas de sol** *sunglasses*
- **gorro** *knitted hat*
- **guantes** *gloves*
- **impermeable** *raincoat*
- **paraguas** *umbrella*

TALKING ABOUT THE WEATHER

¡Qué frío / calor (hace)!	*It's so cold / hot!*
¡Qué frío / calor tengo!	*I'm so cold / hot!*
¿Tienes frío / calor?	*Are you cold / hot?*
Hace mucho (muchísimo) frío / calor.	*It's very (really) cold / hot.*
¡Cuánto llueve!	*It's really raining!*
¿Qué día / tiempo hace?	*What's the day / weather like?*
Hace un día muy bueno / malo.	*It's a nice / bad day.*
Estamos a 20 grados.	*It's 20 degrees.*
No hace nada de frío / calor.	*It's not at all cold / hot.*

> **!**
> ■ To convert degrees Celsius to Fahrenheit:
> **1.** Multiply Celsius temperature by 1.8.
> **2.** Add 32.
> 20°C x 1.8 = 36 + 32 = 68 °F

3 🎧 **81** Listen to the weather report for Argentina. Then write the letter of the correct weather symbol missing on the weather map according to the report. *¡Atención!* Not all boxes nor all symbols will be used.

a.	lluvia	**e.**	calor
b.	nieve	**f.**	nublado
c.	viento	**g.**	sol
d.	tormenta	**h.**	frío

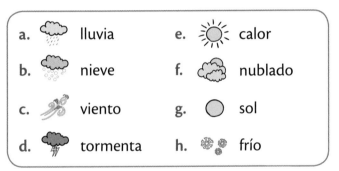

Salta, Formosa, Tucumán, Catamarca, Corrientes, Posadas, Córdoba, Santa Fe, San Juan, Paraná, Mendoza, Buenos Aires, Santa Rosa, Neuquén, Viedma, Rawson, Puerto Santa Cruz, Puerto Argentino, Río Gallegos, Ushuaia

4 👥 With a partner, take turns asking each other about the weather in the cities on each of your cards.

Modelo: *¿Qué tiempo hace en...?*

Estudiante A

Sevilla 42°C   Buenos Aires 31°C
Londres   Roma
Caracas 29°C   Oslo 2°C
México D.F.   Barcelona

Estudiante B

Barcelona 16°C   México D.F. 12°C
Oslo   Caracas
Roma 15°C   Londres 13°C
Buenos Aires   Sevilla

 MORE IN ELETECA: EXTRA ONLINE PRACTICE

1.

2.

3.

5.

6.

4.

ANTES DEL VIDEO

1 Look at the Images 1 and 2, and answer the following questions. Compare answers with a partner.

Image 1

a. ¿Qué estación del año crees que es?

b. ¿Qué tiempo hace?

c. ¿Qué puedes hacer un día así?

Image 2

a. ¿Dónde están?

b. ¿Qué van a hacer?

c. ¿De qué crees que hablan?

DURANTE EL VIDEO

2 Watch the following scene and identify the person that makes the following claims.
00:40 - 03:22

¿Felipe o Sebas?

a. .... Hoy parece que estamos en verano.

b. .... Sí, y es otoño... ¿Qué temperatura tenemos?

c. .... Estamos a 30 grados centígrados.

d. .... En mi país hace mucho más calor. No podemos comparar este calor con el que hay en mi país.

e. .... En tu país no hace más calor que aquí en verano, seguro. A veces llegamos a los 40 grados...

f. .... Pues en mi país una vez llegamos en verano a los ¡60 grados!

g. .... ¿Imposible? Pues es verdad. ¡El clima de mi país es muy extremo! En verano hace mucho calor y, en invierno, siempre hay viento y nieve.

h. .... ¡Que sí! ¡Que sí! Durante el invierno cae mucha nieve, hay terribles tormentas, hace mucho viento y el cielo siempre está nublado.

3 Match the character to his behavior or attitude portrayed in the episode.

1. Sebas
2. Felipe

a. exagera mucho.
b. no cree a su amigo.

4 03:22 - 03:55 Watch the following scene and put the conversation between Eli and her brother Sebas in the correct order.

a. ◯ Yo ayudo a mamá. Papá dice que debes ayudarle tú…

b. ◯ Sebas, papá dice que tienes que ir luego a casa para ayudar a organizar el garaje.

c. ◯ Yo no sé nada, yo solo te digo que tienes que ir.

d. ◯ ¿Por qué no vas tú a ayudarle?

e. ◯ ¿Yo? ¡Yo ya le ayudo a lavar el carro! ¿También debo ir a organizar el garaje?

5 Watch the rest of the episode. Put the Images 4, 5 and 6 in the order they occurred and describe what is happening in each. Share your descriptions with a partner.

DESPUÉS DEL VIDEO

6 Complete the sentences for you and your family. Share your answers with a partner. What do you have in common?

a. Tus responsabilidades en casa:

> Tengo que…
> Debo…

b. Responsabilidades de tu familia:

> Mi padre…
> Mi madre…
> Mis hermanos…

7 Take turns with a partner asking and answering the questions on each of your cards.

Estudiante 1

a. ¿Cómo es el tiempo en primavera y verano en tu ciudad?

b. ¿Qué planes tienes para el próximo verano?

Estudiante 2

a. ¿Cómo es el tiempo en otoño e invierno en tu ciudad?

b. ¿Qué planes tienes para el próximo verano?

8 With which side do you agree more? Choose a side to defend and prepare your thoughts. Your teacher will set up the debate groups.

Pro	Con
Los hijos mayores tienen más responsabilidades en casa, pero tienen más libertad.	Los padres no son tan estrictos con los hijos menores como son con los mayores.

MORE IN ELETECA: EXTRA ONLINE PRACTICE

1 🎧 **82** **Listen to the following audio recordings about average weather patterns in the northern hemisphere. Fill in the blanks with the missing words and then match the season to its description.**

La primavera

El verano

El otoño

El invierno

a. Es especialmente duro en la zona .... e interior, con temperaturas bajo cero y .... frecuente. También son habituales otros fenómenos como el ...., la .... o el hielo. En el sur es más suave.

b. Es bastante inestable. Hace ...., frío, viento, pero también .... mucho y a veces .... Es una época perfecta para ver el campo verde y lleno de flores. Las temperaturas varían entre los 15 y los 25 ....

c. Es un periodo muy caluroso, especialmente en el sur y el interior. Hace muy .... con temperaturas entre los 35 y los 40 grados. También son frecuentes las ...., con rayos y truenos.

d. Normalmente hace ...., pero no demasiado. .... bastante y también nieva, especialmente en el .... Además, son frecuentes las nieblas. Las temperaturas están entre los 5 y los 20 grados.

2 👥 **Match the weather phenomenon to its definition. Use the context above to help you with the meaning. Then check your answers with a partner.**

1. inestable

2. bajo cero

3. el relámpago

4. el trueno

5. caluroso/a

6. el hielo

a. Temperatura menos de cero grados.

b. El ruido que se escucha durante una tormenta.

c. Mucho calor.

d. No es estable.

e. Agua helada (*frozen*).

f. El rayo de luz (*light*) que sale durante una tormenta.

3 **Fill in the blanks with a word from the list in Activity 2.**

a. En verano el tiempo es ....

b. En Tierra del Fuego están .... porque está cerca de Antártica.

c. ¿Los ves? Hay muchos .... con esta tormenta.

d. No puedo dormir con todos estos ....

e. En esta época el tiempo es muy .... Hoy llueve y mañana hace sol.

4 With a partner, form logical sentences by combining elements from the columns below.

When or Where		Verb	Intensity of Weather	Weather Condition
En invierno				frío
En verano				calor
En la costa		hace	demasiado/a/s	nieve
En el interior		hay	mucho/a/s	lluvia
En el norte	no	está	bastante/s	hielo
En el sur		llueve	un poco (de)	sol
En el este		nieva	nada (de)	viento
En el oeste				niebla
				nubes
				nublado

Modelo: En el norte hace bastante frío.

Norte

Oeste — Este

Sur

5 Arrange the following words to form logical sentences about the weather.

a. bastante / frío / hace / montaña / En / la ➡ ....

b. todo / el / hace / sur / tiempo / En / el / buen / año ➡ ....

c. pero / también / la / hace / mucho / calor / hace / En / playa / viento ➡ ....

d. En / norte / en / el / hay / y / niebla / invierno / lluvia ➡ ....

e. mal / llueve / tiempo / y / En / hace / interior / el ➡ ....

6 Complete the following sentences to explain what you and others do or don't do in different weather conditions. Then take turns exchanging information with a partner.

a. Cuando llueve yo...

b. Cuando hace mal tiempo, mis amigos y yo...

c. En verano, mi familia...

d. Cuando hace mucho calor, los estudiantes...

e. Cuando hay niebla, no puedo...

f. Cuando hace mucho sol, me gusta...

GRAMÁTICA

- The construction **ir a** + *infinitive* is used to talk about future plans and what you are going to do.
  *Esta tarde **voy a ver** una película. This afternoon, I am going to see a movie.*
  *Hace mucho frío. Creo que **va a nevar**. It's very cold. I think it's going to snow.*

yo	**voy**	
tú	**vas**	
usted/él/ella	**va**	**+ a + infinitive**
nosotros/as	**vamos**	
vosotros/as	**vais**	
ustedes/ellos/ellas	**van**	

- Use the following time expressions to talk about the future.

hoy *today*
mañana *tomorrow*
ahora *now*
esta mañana / tarde / noche / semana *this morning / afternoon / night / week*
este lunes / mes / año *this Monday / month / year*
la semana / el mes / el año **que viene** *the upcoming week / month / year*
la próxima semana *next week*
el próximo jueves / invierno / año *next Thursday / Winter / year*

El mes que viene voy a correr en un maratón. This month coming up, I'm going to run in a marathon.
Esta tarde voy a jugar al tenis. This afternoon, I'm going to play tennis.
El próximo año voy a estudiar francés. Next year, I'm going to study French.
*Son las doce, **ahora** voy a comer. It's twelve o'clock. I'm going to eat.*

1 **Match the sentences to describe what people are going to do in each situation.**

Modelo: Mañana es domingo. ➡ Mi familia y yo vamos a visitar a mis abuelos.

1. La próxima semana no tenemos clase.
2. Este viernes es el cumpleaños de Dani.
3. A mi padre le encanta cocinar.
4. Estoy de mal humor.
5. Julia tiene dolor de cabeza.
6. Va a hacer buen tiempo este fin de semana.

a. Voy a invitar a unos amigos a casa para celebrarlo.
b. Va a tomar una aspirina.
c. Pero el lunes va a llover.
d. Esta noche va a preparar arepas de carne.
e. Vamos a ir de excursión de martes a jueves.
f. No voy a salir con mis amigos.

2 **Read the e-mail Inés writes to her friend Elena about all the plans she has for next year. Fill in the blanks with the correct form of *ir a* + infinitive.**

Asunto: ¡Qué día he tenido!

De: Inesbv@gmail.com   Para: Elemo@hotmail.com

¡Hola, Elena!

¿Cómo estás? Yo estoy muy bien y muy contenta porque el próximo año 1. (yo, hacer) .... muchas cosas nuevas. Primero, 2. (nosotros, vivir) .... en Montevideo. Es que mi padre 3. (empezar) .... un nuevo trabajo allí. Mi hermana Celia y yo 4. (estudiar) .... en una nueva escuela. Seguro que 5. (nosotras, conocer) .... a mucha gente interesante. También 6. (nosotras, jugar) .... mucho al tenis, porque tenemos una pista cerca de casa. ¡Qué bien! Como ves, 7. (yo, estar) .... muy ocupada *(busy)* pero siempre 8. (yo, tener) .... tiempo para ti. Me tienes que visitar el verano que viene. ¿Está bien? Ahora me 9. (dormir) ....

Muchos besos y escribe pronto.

Inés.

3 **Describe how the following people are feeling based on what they are going to do or not do. Combine elements from each column to form six logical sentences. Then create one of your own (¿...?). Share your sentences with the class.**

Modelo: *Tú estás nervioso porque vas a hablar en público.*

A	B	C	D
yo tú el profesor la profesora mis padres ustedes/ellos/ellas ¿...?	contento/a nervioso/a de mal humor preocupado/a enfadado/a de buen humor	(no) ir a	llamar a los padres salir con los amigos cantar en el concurso *(contest)* La Voz de la televisión hacer deporte y llover mucho conocer al presidente de Estados Unidos hacer sol y calor para ir a la playa hablar en público ¿...?

4 **With a partner, take turns saying where the people on the following page are going and what they are going to do there. Use the image and your imagination to include as much information as possible.**

Modelo:

El muchacho va al parque. Va a jugar fútbol. Después...

Alicia

los amigos

el cocinero

Esteban

Raúl

los estudiantes

5 **Create a schedule for the activities you are planning to do next week and list them under the correct day. Then, with a partner, take turns inviting each other to join you that day for that activity. ¡Atención! If you have other plans, be sure to tell your partner what you are going to do instead.**

Modelo: E1: ¿Quieres estudiar para el examen conmigo el lunes?
E2: No puedo. El lunes voy a cenar con mi familia.

■ **conmigo** ➡ with me

L	M	X	J	V
E1: Estudiar para el examen. E2: Cenar con mi familia.				

2. *HAY QUE, TENER QUE* AND *DEBER* + INFINITIVE

■ To express obligation or what is necessary for all, use **hay que** + infinitive.

*En la clase de español **hay que hablar** español.*

In Spanish class, everyone needs to speak Spanish.

*Cuando hace calor **hay que llevar** ropa ligera.*

When it's hot, it's necessary to wear light clothing.

■ To express obligation or what is necessary for a particular person, use **tener que** + infinitive.

*Para mis exámenes **tengo que** estudiar mucho. I have to study a lot for my tests.*

__Tienes que ser__ más paciente. You need to be more patient.

■ To express obligation in terms of making a recommendation or giving someone advice, use **deber** + infinitive.

*Si estás muy cansado, **debes dormir** más. If you are very tired, you should sleep more.*

*Los estudiantes **deben hacer** la tarea. Students should do homework.*

6 **Fill in the blanks with the correct verb. ¡*Atención!* There may be more than one possibility.**

a. Estoy muy ocupado, ... que estudiar mucho.

b. Si vienes al cumpleaños, ... traer *(bring)* un regalo para Ana.

c. Me encanta la piscina. Pero, ¿cuánto .... que pagar?

d. Lo siento, ahora no puedo hablar. .... que ir a casa.

7 Read the following situations and decide what the people involved have to do and what they shouldn't do. Share your answers with the class. Who made the best recommendations?

Modelo: Tu hermana necesita un teléfono celular nuevo.

   Tiene que ir a una tienda especializada.

   No debe comprar un teléfono caro.

a. Tu amigo tiene un examen difícil mañana.

   Él .... No ....

b. No hay comida en casa.

   Tú .... No ....

c. Tus abuelos vienen a visitar y la casa está completamente desordenada.

   Todos .... No ....

d. Vamos de excursión al Gran Cañón del Colorado.

   Nosotros .... No ....

8 👥 Indicate the tasks below that you regularly have to do. Then exchange information with a partner and add when you normally do these things.

- ☐ pasear al perro
- ☐ hacer deporte
- ☐ preparar la comida
- ☐ trabajar
- ☐ hacer la cama
- ☐ ir al supermercado
- ☐ pasar la aspiradora a la habitación
- ☐ lavar (wash) la ropa
- ☐ poner los platos en el lavaplatos
- ☐ ir a clase de…

Modelo:

E1: Tengo que poner los platos en el lavaplatos todos los días. ¿Y tú?

E2: Yo no tengo que poner los platos en el lavaplatos pero tengo que pasar la aspiradora a mi habitación los sábados.

9 👥 What recommendations would you make to a group of exchange students from Argentina visiting your region (state, city, etc.)? With a partner, list four or five recommendations of places to visit and things to do. Then share them with the class and vote on the five best ideas.

Modelo: Ustedes deben ir al museo de arte. Hay cuadros muy famosos.

Lugares	Actividades

10 👥 As a community service project, you have been asked to prepare a poster for healthy habits to present to elementary school students. With a partner, prepare a list of five or six healthy habits that would apply to everyone. Then share your ideas with the class.

Hay que comer muchas verduras.

1 Choose either option A or B and ask your partner for his/her recommendations. Use the expressions below as a guide.

Modelo:

a. Para ir a la montaña

E1: ¿Qué necesito para ir a la montaña?

E2: Para ir a la montaña debes llevar botas.

b. Para ir a la playa

E1: ¿Qué necesito para ir a la playa?

E3: Para ir a la playa tienes que usar protector solar.

usar protector solar

tomar el sol con precaución

ir en chanclas

(No) debes...
(No) tienes que...
(No) hay que...

llevar botas

ponerse gafas de sol

llevar dinero

llevar unos bocadillos

llevar una mochila

usar vasos de cristal

DESTREZAS

1 Below are a series of photos from the place you vacation each summer and where you are going to go again this summer. Before writing about your plans, review the writing strategy in Destrezas and follow the suggestion.

Destrezas

Organize key ideas before writing

List the words and phrases that you will need to write your description. Once you see your ideas laid out, you can start to organize them for your writing. Jot down some of these ideas under each of the photos.

2 Using the information you prepared, write a paragraph about your vacation destination. Use the suggestions below as a guide.

- Cómo es el tiempo normalmente en ese lugar.
- Cómo es la ciudad.
- Con quién vas.

- Qué haces allí normalmente.
- Qué vas a hacer este verano allí.

PRONUNCIACIÓN   The sounds *n* and *ñ*

■ The letter **n** in Spanish generally sounds like the *n* in the English word *nice*.
- **n**atación • **n**aranja • ca**n**sado • exame**n** • **n**unca

■ The letter **ñ** does not exist in English. Its sound in Spanish is similar to *ny* in the English word *canyon*.
- ca**ñ**ón • se**ñ**ora • ni**ñ**o • ba**ñ**o • a**ñ**o

El cañón de Cotahuasi en Perú

1 🎧 **83** Number the words below in the order you hear them. Listen to the difference in pronunciation between *n* and *ñ*.

- ☐ peña
- ☐ mano
- ☐ maño
- ☐ caña
- ☐ cana
- ☐ Miño
- ☐ mino
- ☐ pena

2 🎧 **84** Listen to each pair of words and write in the missing consonant. ¡Atención! Listen carefully as one of the words in the pair will contain *ñ* and the other can be any consonant.

- **a.** ni....o / ni....o
- **b.** Espa....a / espa....a
- **c.** ca....o / ca....o
- **d.** mo....o / mo....o
- **e.** u....a / hu....a
- **f.** ba....a / ba....a

 MORE IN ELETECA: EXTRA ONLINE PRACTICE

PAISAJES Y CLIMAS EXTREMOS

¡Descubre conmigo el Cono Sur!

Paraguay
• Asunción
Chile
Santiago de Chile
Uruguay
Buenos Aires • Montevideo
Argentina

El Cono Sur

Las Catedrales de Roca, en Salar de Tara, Chile

Glaciar Perito Moreno en Patagonia, Argentina

Pueblo Blanco en Punta del Este, Uruguay

Las cataratas del Iguazú, entre Paraguay, Brasil y Argentina

✓ Los países hispanohablantes que forman el Cono Sur (Southern Cone) son: Paraguay, Argentina, Chile y Uruguay.

✓ Estos países ofrecen una naturaleza increíble, desde el desierto más árido del mundo, hasta la cordillera (mountain range) más alta del hemisferio sur, pasando por los glaciares más activos del planeta.

✓ El idioma oficial es el español, pero también se hablan dialectos o lenguas indígenas como el guaraní (en Paraguay y Argentina), el español rioplatense (en Uruguay y Argentina), el quichua (en Argentina) o la lengua mapuche (en Chile).

¿Sabes que...?

✓ El Cono Sur experimenta todos los climas posibles, desde el tropical hasta el frío más extremo y la nieve.

✓ Los paisajes del Cono Sur son los más diversos del mundo. Aquí hay glaciares, desiertos, selvas (jungles), montañas, cordilleras y playas.

✓ Paraguay tiene unas de las más altas temperaturas del planeta 45 °C (113 °F). Algunos puntos de Chile alcanzan (reach) los -37 °C (-35 °F).

Estaciones del sur

85

El Cono Sur tiene estaciones muy marcadas. Sin embargo *(however)*, en diciembre, enero y febrero hace calor y en junio, julio y agosto hace frío. ¿Por qué? Porque los países que forman el Cono Sur pertenecen al hemisferio sur. Esto significa que mientras en la mayor parte de EE.UU. las temperaturas son bajas en diciembre, enero y febrero, en Argentina, por ejemplo, son altas. Por eso en este territorio geográfico... ¡hay que celebrar la Navidad en la playa y hay que llevar abrigos *(coats)* en agosto!

Árbol de Navidad en la Casa Rosada, Buenos Aires, Argentina

¡*Sandboarding* en el desierto de Atacama!

«¡Hola! Me llamo Luca y soy de Buenos Aires, Argentina. La semana próxima voy a ir de viaje con mis amigos Suso, Chico y David. Vamos a ir al desierto de Atacama, en Chile. Este desierto es el lugar más seco *(dry)* del planeta. ¿Qué vamos a hacer allí? ¡Vamos a vivir una aventura extraordinaria! Vamos a practicar el deporte de moda en ese país: el *sandboarding*. Es como el *snowboarding* pero se practica en la arena *(sand)*, no en la nieve».

chico practica el *sandboarding* el desierto de Atacama, Chile.

Ushuaia: el fin del mundo

❖ Ushuaia, en Tierra del Fuego, Argentina, es la ciudad más al sur del mundo.

❖ Esta ciudad es conocida como el fin del mundo, por su localización, en el extremo sur del continente americano.

❖ En Ushuaia hay ríos, lagos y glaciares.

❖ Aquí nieva mucho y las temperaturas son frías durante todo el año, con una temperatura media de 5,7 °C (42 °F).

❖ Cuando visitas este lugar, recibes un sello en tu pasaporte donde pone... ¡fin del mundo!

Un letrero anunciador de Ushuaia

USHUAIA
fin del mundo

Link the two parts of the sentence.

1. En el Cono Sur   a. muy extremas.
2. El idioma oficial de esta región   b. hay cuatro países.
3. Hay temperaturas   c. deportes extremos.
4. En el Cono Sur se practican   d. es el español.
5. Los paisajes del Cono Sur   e. son muy variados.

VOCES LATINAS

NATURALEZA EXTREMA EN EL CONO SUR

Fill in the blank with the correct information from the readings.

Then complete the sentences to describe how it is where you live.

1. En Ushuaia, las temperaturas son _____ durante todo el año.

En mi ciudad _____

2. En el desierto de Atacama hace mucho _____ . En mi país _____
_____

3. En Argentina, durante el verano hace _____ . En mi país _____
_____

entes: Oficina de Turismo de Ushuaia, cina de Turismo de Argentina, *Lonely Planet*, Turismo Paraguay, añoles en el Mundo (RTVE).

1 **In groups of three, take turns talking about which of the following activities do you normally do on weekends.**

Modelo:

E1: Normalmente escucho música los fines de semana, ¿y tú?

E2: Yo, también.

E3: Yo, no. Normalmente practico deporte.

a. escuchar música

d. ir a la biblioteca

b. practicar deporte

e. ir a clase

c. ir al cine

f. estudiar

> Use **también** and **tampoco** to agree with what a person says.
> Use **sí** and **no** to disagree with what a person says.

2 🎧 **86** **Read about Marta, Luisa and Cristina and what they typically do on weekends.**

¿Quedamos para estudiar?

Son las cinco de la tarde y, como todos los viernes, Marta, Luisa y Cristina quedan en el parque para planear el finde. Pero esta vez va a ser diferente. Las muchachas no tienen mucho tiempo para salir a divertirse, porque la próxima semana tienen que hacer tres exámenes. La idea es reunirse para estudiar. Sin embargo, las jóvenes no se ponen de acuerdo, porque Cristina y Luisa tienen algunas cosas que hacer. La madre de Cristina trabaja este sábado y la muchacha tiene que cuidar a su hermano pequeño, porque la guardería está cerrada. Por su parte, Luisa va a ir al dentista y después va a acompañar a sus padres al supermercado. Marta es la única que tiene la mañana libre, pero quiere esperar a sus amigas porque le gusta estudiar mucho en equipo. Además, a Marta le encantan las Matemáticas y prefiere ayudar a sus compañeras. Así que las tres muchachas van a intentar verse el sábado por la tarde en la biblioteca del barrio. Si todo va bien, el domingo van a tener tiempo para salir, después de una tarde de trabajo en equipo. ¡La unión hace la fuerza!

3 Decide if the following sentences are true (T) or false (F) based on the reading.

T F

a. Las muchachas van a estudiar el sábado por la mañana. ☐ ☐
b. Marta va a ir al dentista con Luisa. ☐ ☐
c. Marta tiene más tiempo libre que Luisa y Cristina. ☐ ☐
d. Cristina tiene que llevar a su hermano a la guardería. ☐ ☐
e. A Marta no le gustan las Matemáticas. ☐ ☐
f. Las muchachas van a estudiar juntas. ☐ ☐

4 Complete the chart with the things Marta, Luisa and Cristina have to do.

	Marta	Luisa	Cristina
El sábado por la mañana.	No tiene nada que hacer.		
El sábado por la tarde.			

5 Select the correct completion.

a. Las muchachas son muy...
☐ responsables. ☐ vagas.
b. Las muchachas tienen muchas...
☐ tareas. ☐ obligaciones.
c. A Marta le gustan mucho...
☐ las Matemáticas. ☐ los estudios.
d. La madre de Cristina tiene que...
☐ trabajar. ☐ cuidar al hermano pequeño.
e. Las muchachas van a tener tiempo para salir...
☐ el domingo. ☐ el sábado.
f. Ahora ellas están en...
☐ el parque. ☐ la biblioteca.

6 Write about your own weekend. Make a list of your plans and another list of the things you have to do. Share your lists with the class to see who has the most free time.

Planes	Obligaciones

EVALUACIÓN

1 **Fill in the blanks with the missing words.**

a. ¿ .... calor en esta ciudad?

b. ¿Y mi jersey? ¡Qué frío .... !

c. En verano a veces .... tormentas.

d. .... nublado y no se ve nada.

e. .... a 25 grados.

2 **Look at the weather map of Spain and describe the weather in each of the regions.**

a. En Galicia .... y también ....

b. En el País Vasco hoy ....

c. En Cataluña .... buen tiempo pero ....

d. En Castilla y León el cielo ....

e. En Extremadura y Andalucía ....

f. En Murcia hoy va a .... un poco de ....

3 **Enrique needs to clean up his act. Look at the list of things he currently does that he needs to improve. Complete the sentences with what Enrique should do and has to do.**

a. No estudia mucho. ➜ Enrique .... que estudiar más.

b. Llega siempre tarde al colegio. ➜ Al colegio .... que llegar puntual.

c. Nunca ordena su habitación. ➜ Enrique .... ordenar su habitación.

d. Nunca hace la tarea. ➜ Enrique .... hacer la tarea.

e. Habla mal a su hermana. ➜ No .... que hablar mal a su hermana.

f. No hace deporte. ➜ .... que hacer deporte.

IR A + INFINITIVE

4 Answer the questions with the correct form of *ir a* + infinitive.

Modelo:

¿Qué vas a hacer el próximo mes? Voy a ir a la ciudad con mis padres.

a. ¿Qué vas a hacer esta tarde?

➡ .... estudiar con Andrés.

b. ¿Qué va a hacer la madre de Javi mañana?

➡ .... ir al dentista.

c. ¿Qué película van a ver ustedes esta noche?

➡ .... ver una película en casa.

d. ¿Qué vamos a hacer ahora?

➡ .... leer un texto.

e. ¿Dónde vas a comer el sábado?

➡ .... comer en un restaurante mexicano.

5 Write sentences about what you are going to do this weekend. Use the cues in parenthesis.

a. (correr / parque) ➡ ....

b. (jugar / fútbol) ➡ ....

c. (visitar / abuelos) ➡ ....

d. (hacer / tarea) ➡ ....

e. (ir de excursión / con la clase) ➡ ....

f. (lavar el carro / padre) ➡ ....

CULTURA

6 Answer the following questions about Chile, Paraguay, Argentina and Uruguay and compare similarities with your own country or region.

a. ¿Qué tipo de paisajes *(landscapes)* hay en el Cono Sur? ¿Y en tu región?

b. ¿Qué país tiene una de las más altas temperaturas? ¿Cuál es la temperatura en Fahrenheit? ¿Cuál es la temperatura más alta en tu ciudad?

c. ¿Qué deporte está de moda *(is in)* y dónde lo practican? ¿Existe este deporte en Estados Unidos?

d. ¿Por qué ponen "el fin del mundo" en los pasaportes de los turistas que visitan Ushuaia?

e. ¿Qué tiempo hace en el Cono Sur los meses de enero y febrero? ¿Y en tu región?

f. ¿Qué cataratas famosas hay en esta zona? ¿Qué cataratas hay en tu país?

Verbos *Verbs*

deber *should / must*
decir *to say*

ir de excursión *to go on an excursion or an outing*
lavar *to wash*

llevar *to take, to carry, to wear*
pagar *to pay*
traer *to bring*
venir *to come*

El tiempo atmosférico
The weather

bajo cero *below zero*
está nublado *it is cloudy*

los grados *degrees*
hace buen tiempo *the weather is nice*
hace calor *it is hot*
hace frío *it is cold*
hace mal tiempo *the weather is bad*
hace sol *it is sunny*
hace viento *it is windy*
el hielo *ice*

llueve (llover o>ue) *it is raining*
la lluvia *rain*
la niebla *fog*
nieva *it is snowing*
la nieve *snow*
el relámpago *lightning*
la temperatura *temperature*

la tormenta *storm*
el trueno *thunder*

Las estaciones del año
Seasons of the year

el invierno *winter*
el otoño *autumn or fall*
la primavera *spring*
el verano *summer*

Descripciones *Descriptions*

caluroso/a *hot*
inestable *unstable*
ocupado/a *busy*

Expresiones temporales
Expressions of time

ahora *now*
hoy *today*
mañana *tomorrow, morning*
próximo/a *next*
que viene *upcoming, next*

La ropa *Clothes*

el anorak *ski jacket*
las chanclas *flip flops*
las gafas de sol *sunglasses*

el gorro *knitted hat*
los guantes *gloves*
el impermeable *raincoat*
el paraguas *umbrella*

Palabras y expresiones útiles
Useful words and expressions

¡Cuánto llueve! *It's really raining!*
Hace mucho frío / calor. *It's very cold / hot.*

Estamos a 20 grados. *It's 20 degrees.*
Hace muchísimo frío / calor. *It's really very cold / hot.*
Hace un día muy bueno / malo. *It's a nice / bad day.*
No hace nada de frío / calor. *It's not at all cold / hot.*
¡Qué frío hace! *It's so cold!*
¡Qué calor! *It's so hot!*
¡Qué frío / calor tengo! *I'm so cold / hot!*
¿Qué día / tiempo hace? *What's the day / weather like?*
¿Tienes frío / calor? *Are you cold / hot?*

TALKING ABOUT FUTURE PLANS AND HAPPENINGS

(See page 232)

ir a + infinitive	Saying what you and others are going to do	**Voy a ir** al cine con mis amigos.
	Describing what is going to happen	Hay nubes en el cielo, **va a llover.**
	With time expressions	Esta tarde **voy a jugar** al tenis.

EXPRESSING OBLIGATION

(See page 235)

hay que + infinitive	**tener que** + infinitive	**deber que** + infinitive
To express obligation or what is necessary for all	To express obligation or a need for a particular person	To express obligation in terms of making a recommendation or giving advice
Hay que hacer la tarea.	**Tengo que** estudiar mucho para ciencias.	Si tienes hambre, **debes comer** algo.

Irregular verbs: *decir, traer, venir*

DECIR *(to say)*	TRAER *(to bring)*	VENIR *(to come)*
d**i**go	**traigo**	**vengo**
d**i**ces	traes	v**ie**nes
d**i**ce	trae	v**ie**ne
decimos	traemos	venimos
decís	traéis	venís
d**i**cen	traen	v**ie**nen

La mamá de Olga **dice** que va a llover. *Olga's mom says it's going to rain.*

¿**Traes** un regalo para Ana? *Are you bringing a present for Ana?*

Mis amigos **vienen** a mi casa para estudiar. *My friends are coming to my house to study.*

El verano que **viene** vamos a ir a Madrid. *This summer coming up (next summer), we are going to go to Madrid.*

1 🎧 **87** **Listen to the following people talk about their homes. Then answer the following questions.**

Isabel

a. ¿De qué parte de la casa habla Isabel?

b. ¿Por qué le gusta mucho?

c. ¿Por qué quiere cambiar su escritorio?

Sara

a. ¿Dónde está Sara?

b. ¿Por qué le encanta ese lugar?

c. ¿Para qué usan la mesa de la terraza?

Javi

a. ¿Qué piensan los padres del escritorio de Javi?

b. ¿Qué hace Javi todas las mañanas?

c. ¿Qué va a hacer Javi para tener más espacio?

2 **Look at Sara's and Javier's living rooms and label in Spanish all the items you recognize.**

Salón de Sara

Salón de Javier

3 **Compare Sara's and Javier's living rooms by completing the sentences. Use the cues in parenthesis.**

a. El salón de Sara es (grande)..

b. El salón de Javier es (moderno)..

c. Las plantas de Sara son (pequeñas)..

d. En el salón de Javier hay (cuadros)..

e. El teléfono de Javier es (antiguo)..

f. El sofá de Sara es (cómodo)..

4 Fill in the blanks with *ir a* + infinitive.

a. Mi madre (ir) .... a Londres la próxima semana.

b. Mi hermana y yo la (llamar) .... todos los días.

c. Mis padres (comprar) .... una televisión nueva.

d. Juan, ¿qué (hacer) .... este fin de semana?

e. Ustedes viajan mucho. ¿Dónde (viajar) .... este verano?

f. Este sábado Lucía y Marta (estudiar) .... a la biblioteca.

5 Fill in the blanks with the number of the correct expression.

1. tienes que	2. hay que	3. debes

a. Si quieres estar sano, ...3.......... tener una dieta equilibrada.

b. Para aprobar todas las asignaturas .... estudiar día a día.

c. Para escribir bien .... leer mucho.

d. .... ver poco la televisión.

e. En los viajes, ... comer lo que come la gente del país al que vas.

f. Si no quieres resfriarte, ... llevar ropa de abrigo.

6 🎧 **88** Listen to the following description and select the appropriate recommendation.

Cantabria

Ávila

Andalucía

• a. Si vas a viajar al norte de España, tienes que llevar un paraguas. Si visitas esa zona, debes visitar sus montañas; son preciosas.

• b. Si vas a viajar al sur de España, tienes que usar un protector solar y llevar ropa de verano.

• c. Si vas a viajar allí este fin de semana, tienes que conducir con precaución y debes llevar ropa para el frío.

7 Write the advice you would give the following people based on what they tell you.

a. Mi habitación está muy desordenada. ....

b. No hago mi tarea. ....

c. Voy a esquiar. ....

d. Esta semana tengo cuatro exámenes. ....

APÉNDICES

RESUMEN GRAMATICAL

ARTICLES

	Indefinite articles		Definite articles	
	Masculine	Feminine	Masculine	Feminine
Singular	un	una	el	la
Plural	unos	unas	los	las

SUBJECT PRONOUNS

Singular	Plural
yo	nosotros/nosotras
tú	vosotros/vosotras
usted/él/ella	ustedes/ellos/ellas

PRESENT TENSE

	LLAMAR(SE)	SER	TENER
yo	**me** llam**o**	soy	tengo
tú	**te** llam**as**	eres	tienes
usted/él/ella	**se** llam**a**	es	tiene
nosotros/as	**nos** llam**amos**	somos	tenemos
vosotros/as	**os** llam**áis**	sois	tenéis
ustedes/ellos/ellas	**se** llam**an**	son	tienen

NUMBERS 0-31

0	cero	8	ocho	16	dieciséis	24	veinticuatro
1	uno	9	nueve	17	diecisiete	25	veinticinco
2	dos	10	diez	18	dieciocho	26	veintiséis
3	tres	11	once	19	diecinueve	27	veintisiete
4	cuatro	12	doce	20	veinte	28	veintiocho
5	cinco	13	trece	21	veintiuno	29	veintinueve
6	seis	14	catorce	22	veintidós	30	treinta
7	siete	15	quince	23	veintitrés	31	treinta y uno

EXPANSIÓN GRAMATICAL

Interrogative words:

- **¿Cuánto, cuánta, cuántos, cuántas** + noun? *How much? How many?*
  ¿Cuántos años tienes? How (many years) old are you?

- **¿Cuál, cuáles** + verb? *What?*
  ¿Cuál es tu comida favorita? What is your favorite food?

- **¿Qué** + verb/noun? *What?*
  ¿Qué haces? *What do you do?*
  ¿Qué hora es? *What time is it?*

- **¿Dónde** + verb? *Where?*
  ¿Dónde vives? *Where do you live?*

- **¿Cómo** + verb? *How?*
  ¿Cómo estás? *How are you?*

- **¿Quién** + verb? *Who?*
  ¿Quién es esa muchacha? *Who is that girl?*

UNIDAD 2

GENDER, NUMBER, AND AGREEMENT OF NOUNS AND ADJECTIVES

Singular	
Masculine	Feminine
–o	**–a**
el bolígraf**o**	**la** cámar**a**

Plural		
Masculine/Feminine		
Termina en vocal: **+s**	Termina en consonante: **+es**	Termina en z: **–ces**
Ends in a vowel: +s	*Ends in a consonant: +es*	*End in a z: -ces*
mesa / mesa**s**	actor / actor**es**	lápiz / lápi**ces**

Feminine forms of adjectives

Adjectives that end in **–o** change to **–a**: *blanc**o** / blanc**a***.

Adjectives that end in **–e**, no change: *elegante*.

Adjectives that end in a consonant, no change: *fácil*.

Nationalites that end in a consonant, add **–a**: *franc**és** / franc**esa***.

Plural forms of nouns and adjectives

Words that end in a vowel, add **–s**: *moren**o** / moren**os***.

Words that end in consonant, add **–es**: *jove**n** / jóven**es***.

AGREEMENT

Singular			
Masculine	Feminine	Masculine/ Feminine	
–o	**–a**	**–e**	**–consonante**
el carro bonit**o**	**la silla** bonit**a**	**el carro** grande	**el carro** azul
		la silla grande	**la silla** azul
los carros bonit**os**	**las sillas** bonit**as**	**los carros** grande**s**	**los carros** azul**es**
		las sillas grande**s**	**las sillas** azul**es**

EXPANSIÓN GRAMATICAL

- Generally, nouns with the following endings are masculine:

  –o: *el libro, el dedo, el dinero, el vaso, el bolígrafo...*

  –aje: *el paisaje, el viaje, el garaje, el equipaje, el peaje...*

  –an: *el plan, el pan...*

  –or: *el pintor, el amor, el dolor, el error, el señor, el televisor, el ordenador*

- Generally, nouns with the following endings are feminine:

  –a: *la mesa, la casa, la caja, la crema, la niña, la chaqueta, la sopa...*

  –dad, –tad, –ción, –sión: *la edad, la ciudad, la verdad, la amistad, la canción, la traducción, la televisión, la decisión, la expresión...*

- **Exceptions**

  El problema, *el* día, *el* mapa, *el* diploma.

  La mano, *la* radio.

PRESENT TENSE OF –AR VERBS AND *ESTAR*

	HABLAR	ESTAR (irregular)
yo	hablo	estoy
tú	hablas	estás
usted/él/ella	habla	está
nosotros/as	hablamos	estamos
vosotros/as	habláis	estáis
ustedes/ellos/ellas	hablan	están

EXPANSIÓN GRAMATICAL

Uses of the present tense:

- To talk about habitual actions that you and others generally do (or don't do).

  Todos los días **me levanto** *a las 7:30. Every day, I get up at 7:30.*

- To express an ongoing action.

  Andy y Carmen **viven** *en Cartagena. Andy and Carmen live (are living) in Cartagena.*

- To describe or define.

  "Casa" es el lugar donde **vivimos**. *Home is the place where we live.*

  Tiene *dormitorios, cocina, baño y salón. It has bedrooms, a kitchen, bath and living room.*

UNIDAD 3

PRESENT TENSE OF –*ER* AND –*IR* VERBS

	COMER	VIVIR
yo	como	vivo
tú	comes	vives
usted/él/ella	come	vive
nosotros/as	comemos	vivimos
vosotros/as	coméis	vivís
ustedes/ellos/ellas	comen	viven

254

POSSESSIVE ADJECTIVES

| | Singular | | Plural | |
	Masculine	Feminine	Masculine	Feminine
my	**mi** carro	**mi** casa	**mis** carros	**mis** casas
your	**tu** carro	**tu** casa	**tus** carros	**tus** casas
his/her/your (for.)	**su** carro	**su** casa	**sus** carros	**sus** casas
our	**nuestro** carro	**nuestra** casa	**nuestros** carros	**nuestras** casas
your (pl., Spain)	**vuestro** carro	**vuestra** casa	**vuestros** carros	**vuestras** casas
their/your (pl.)	**su** carro	**su** casa	**sus** carros	**sus** casas

DEMONSTRATIVE ADJECTIVES

Location of speaker	Singular		Plural		
	Masculine	Feminine	Masculine	Feminine	
aquí *here*	**este**	**esta**	**estos**	**estas**	*this, these*
ahí *there*	**ese**	**esa**	**esos**	**esas**	*that, those*
allí *over there*	**aquel**	**aquella**	**aquellos**	**aquellas**	*that (over there), those (over there)*

UNIDAD 4

STEM-CHANGING VERBS

	ENTENDER	VOLVER	PEDIR
	e ➡ ie	o ➡ ue	e ➡ i
yo	ent**ie**ndo	v**ue**lvo	p**i**do
tú	ent**ie**ndes	v**ue**lves	p**i**des
usted/él/ella	ent**ie**nde	v**ue**lve	p**i**de
nosotros/as	entendemos	volvemos	pedimos
vosotros/as	entendéis	volvéis	pedís
ustedes/ellos/ellas	ent**ie**nden	v**ue**lven	p**i**den

EXPANSIÓN GRAMATICAL

Other stem-changing verbs in Spanish:

■ **e ➡ ie:**

- cerrar *(to close) cierro, cierras... / cerramos*
- comenzar *(to begin, start) comienzo, comienzas... / comenzamos*
- despertarse *(to wake up) me despierto, te despiertas... / nos despertamos*
- divertirse *(to have fun) me divierto, te diviertes... / nos divertimos*
- empezar *(to begin, start) empiezo, empiezas... / empezamos*

encender *(to turn on)* enciendo, enciendes... / encendemos

mentir *(to lie)* miento, mientes... / mentimos

querer *(to want)* quiero, quieres... / queremos

recomendar *(to recommend)* recomiendo, recomiendas... / recomendamos

sentarse *(to sit down)* me siento, te sientas... / nos sentamos

sentirse *(to feel emotion)* me siento, te sientes... / nos sentimos

■ **o → ue:**

acordarse *(to remember)* me acuerdo, te acuerdas... / nos acordamos

acostarse *(to go to bed)* me acuesto, te acuestas... / nos acostamos

contar *(to count)* cuento, cuentas... / contamos

resolver *(to resolve)* resuelvo, resuelves... / resolvemos

soñar *(to dream)* sueño, sueñas... / soñamos

volar *(to fly)* vuelo, vuelas... / volamos

llover *(to rain)* llueve

morir *(to die)* muero, mueres... / morimos

probar *(to try, to taste)* pruebo, pruebas... / probamos

■ **e → i:**

despedirse *(to say good-bye)* me despido, te despides... / nos despedimos

repetir *(to repeat)* repito, repites... / repetimos

vestirse *(to get dressed)* me visto, te vistes... / nos vestimos

THE VERBS *HACER* AND *SALIR*

	HACER	SALIR
yo	**hago**	**salgo**
tú	haces	sales
usted/él/ella	hace	sale
nosotros/as	hacemos	salimos
vosotros/as	hacéis	salís
ustedes/ellos/ellas	hacen	salen

EXPANSIÓN GRAMATICAL

■ Other verbs with irregular **yo** forms:

caer *(to fall)* caigo

estar *(to be)* estoy

tener *(to come)* tengo

venir *(to have)* vengo

traer *(to bring)* traigo

poner *(to put, to place)* pongo

REFLEXIVE VERBS

	LEVANTARSE
yo	**me** levanto
tú	**te** levantas
usted/él/ella	**se** levanta
nosotros/as	**nos** levantamos
vosotros/as	**os** levantáis
ustedes/ellos/ellas	**se** levantan

UNIDAD 5

INDIRECT OBJECT PRONOUNS

yo	(a mí)	**me**	*(to me, for me)*
tú	(a ti)	**te**	*(to you, for you)*
usted/él/ella	(a usted/él/ella)	**le**	*(to you/him/her, for you, him, her)*
nosotros/as	(a nosotros/as)	**nos**	*(to us, for us)*
vosotros/as	(a vosotros/as)	**os**	*(to you, for you, Spain)*
ustedes/ellos/ellas	(a ustedes/ellos/ellas)	**les**	*(to you pl./them, for you pl./them)*

VERBS *GUSTAR*, *ENCANTAR* AND *DOLER*

A mí		me	**encanta(n)**	Ø
A ti		te		muchísimo
A usted/él/ella	(no)	le		mucho
A nosotros/as		nos	**gusta(n)**	bastante
A vosotros/as		os		un poco
A ustedes/ellos/ellas		les		nada

■ The verb **doler** (o ➡ ue) follows the same pattern.

SHOWING AGREEMENT AND DISAGREEMENT

■ Use **también** and **tampoco** to agree with what a person says.

■ Use **sí** and **no** to disagree with what a person says.

≫ Yo tengo carro.

≫ **Yo, también.**

≫ Este año no voy a ir de vacaciones.

≫ **Nosotros, tampoco.**

≫ Yo tengo carro.

≫ **Yo, no.**

≫ Este año no voy de vacaciones.

≫ **Nosotros, sí.**

>> A mí me encanta ir a la playa por la tarde.

>> **A mí, también.**

>> No me gustan los gatos.

>> **A mí, tampoco.**

>> A mí me encanta ir a la playa por la tarde.

>> **A mí, no.**

>> No me gustan los gatos.

>> **A mí, sí.**

USES OF *SER* AND *ESTAR*

SER	ESTAR
■ Use **ser** to describe a characteristic of a person, place, or thing. *María **es** una chica muy divertida.* *Los leones **son** animales salvajes.*	■ Use **estar** to describe a person's mood or feelings. *Hoy **estoy** muy cansado.* ***Estamos** nerviosos por el examen.*

EXPANSIÓN GRAMATICAL

■ To identify a person or thing.

*La chica a la derecha **es** María. The girl on the right is Maria.*

■ To express an opinion or judgment.

***Es** bueno estudiar. It's good to study.*

■ To indicate where an event takes place.

*¿Dónde **es** la fiesta de fin de curso? Where is the end of year party?*

■ To express origin.

*Señores, ¿ustedes **son** de Zaragoza? Gentlemen, are you from Zaragoza?*

■ To indicate possession.

***Es** de mi madre. It's my mother's. (It belongs to my mother.)*

■ To express time.

***Son** las tres y cuarto de la tarde. It's quarter past three in the afternoon.*

■ To express location.

***Estoy** aquí. I'm here.*

*Mi casa **está** cerca del centro. My house is close to downtown.*

■ To express an opinion.

*No **estoy** de acuerdo contigo. I don't agree with you.*

■ To say how you and others are feeling.

*Mi abuela **está** bien. My grandmother is fine (well).*

UNIDAD 6

HAY / ESTÁ(N)

Existence	Location
Use **hay** to talk or ask about what there is/are. Hay is invariable. *En mi clase **hay** muchos libros.* *In my class, there are many books.*	Use **estar** to talk or ask about where people or things are located. *Los libros **están** en la estantería.* *The books are in the bookcase.*
hay + un, una, unos, unas + noun	**el, la, los, las** + noun + **está(n)**

IRREGULAR VERBS

	IR	SEGUIR	JUGAR	CONOCER
yo	**voy**	**sigo**	ju**e**go	cono**zco**
tú	**vas**	sigues	ju**e**gas	conoces
usted/él/ella	**va**	sigue	ju**e**ga	conoce
nosotros/as	**vamos**	seguimos	jugamos	conocemos
vosotros/as	**vais**	seguís	jugáis	conocéis
ustedes/ellos/ellas	**van**	siguen	ju**e**gan	conocen

EXPANSIÓN GRAMATICAL

- Other verbs with **–zc** in the **yo** form:

  agradecer *(to be grateful)* *agradezco*

  conducir *(to drive)* *conduzco*

  producir *(to produce)* *produzco*

  traducir *(to translate)* *traduzco*

- Other verbs with **–gu** → **g** in the **yo** form:

  conseguir *(to attain, to get)* *consigo*

  distinguir *(to distinguish)* *distingo*

PREPOSITIONS A, EN, DE

Preposition	Use...	
en	with modes of **transportation**	*Viajamos **en** tren.* We travel by train.
a	to express **destination**	*Voy **a** Florida.* I'm going to Florida.
de	to express **origin** or point of **departure**	*Salgo **de** Miami.* I'm leaving from Miami.

ADVERBS OF QUANTITY

To express how much		
Action Verbs	**demasiado**	
	*Luis trabaja **demasiado**.* Luis works too much.	
	mucho	
	*Ana viaja **mucho**.* Ana travels a lot.	
	bastante	
	*Pedro estudia **bastante**.* Pedro studies enough.	
	poco	
	*Luis estudia **poco**.* Luis doesn't study much.	

MUY/MUCHO

MUY	MUCHO

- **Muy** is invariable and can be used before adjectives to express *very*.

    *Él/ella es **muy** inteligente.*
    He/she is very intelligent.

    *Ellos/ellas son **muy** inteligentes.*
    They are very intelligent.

- And before adverbs to express *how*.

    *Él/ella habla **muy** despacio.* *He/She speaks slowly.*

    *Ellos/ellas hablan **muy** despacio.*
    They speak slowly.

- Use **mucho** after a verb to express *how much*. As an adverb, it does not change form.

    *Juan come **mucho**.* *Juan eats a lot.*

- Use **mucho** before a noun to express *how many*. Here it functions as an adjective and must agree with the noun in number and gender.

    *Juan lee **muchos** libros.* *Juan reads many books.*

    *Hay **mucha** gente.* *There are many people.*

    *María tiene **muchos** amigos.*
    Maria has many friends.

UNIDAD 7

COMPARATIVES (WITH ADJECTIVES AND ADVERBS)

■ **más... que**	➝	*Julián es **más** rápido **que** Pedro.*	more... than...
■ **menos... que**	➝	*Pedro camina **menos** lento **que** Julián.*	less... than...
■ **tan... como**	➝	*Julián es **tan** divertido **como** Pedro.*	as... as...

EXPANSIÓN GRAMATICAL

To compare quantities (with nouns):

■ **más... que**	➝	*Julián tiene **más** tiempo libre **que** Pedro.* *Julián has more free time than Pedro.*
■ **menos... que**	➝	*Julián tiene **menos** tiempo libre **que** Pedro.* *Julián has less free time than Pedro.*
■ **tanto/a/os/as... como**	➝	*Julián tiene **tanto** tiempo libre **como** Pedro.* *Julián has as much free time as Pedro.*

To compare actions (with verbs)

■ ... **más que**	➝	*Julián estudia **más que** Pedro.* *Julián studies more than Pedro.*
■ ... **menos que**	➝	*Julián habla **menos que** Pedro.* *Julián talks less than Pedro.*
■ ... **tanto como**	➝	*Julián come **tanto como** Pedro.* *Julián eats as much as Pedro.*

DEMONSTRATIVE PRONOUNS

	Singular		Plural		
	Masculine	Feminine	Masculine	Feminine	Neuter
Aquí (cerca)	este	esta	estos	estas	esto
Ahí (intermedio)	ese	esa	esos	esas	eso
Allí (lejos)	aquel	aquella	aquellos	aquellas	aquello

- **Este**, **esta**, **estos**, **estas**, and **esto** refer to a person or thing that is next to the speaker. They correspond to the adverb, **aquí**.
  Este *es mi celular.* This is my cell phone.

- **Ese**, **esa**, **esos**, **esas**, and **eso** refer to a person or thing that is near the speaker. They correspond to the adverb **ahí**.
  Esas *son las botas de Luis.* Those are Luis's boots.

- **Aquel**, **aquella**, **aquellos**, **aquellas** and **aquello** refer to a person or thing that is farther away from the speaker. They correspond to the adverb, **allí**.
  Aquella *es la bicicleta de mi primo.*
  That over there is my cousin's bicycle.

Aquella bicicleta es de mi primo.

Esas botas son de Luis.

Este es mi celular.

■ Demonstrative pronouns

» ¡Hola, Encarna! ¿Cómo estás?
Hi, Encarna! How are you?

» Muy bien, gracias. Mira, **esta** es Manuela, mi hermana.
Fine, thanks. This is Manuela, my sister.

» ¿Te gustan estos tomates?
Do you like these tomatoes?

» No, me gustan **aquellos**.
No, I like those (over there).

■ Neuter pronouns

» ¿Qué es **esto**? *What is this?*
» Es una lámpara. *It's a lamp.*

» ¿Qué es **eso**? *What is that?*
» Es un celular. *It's a cell phone.*

» ¿Qué es **aquello**? *What is that (over there)?*
» Son unas zapatillas. *They're sneakers.*

DIRECT OBJECT PRONOUNS

me
te
lo/la
nos
os
los/las

» ¿Tienes el libro de Matemáticas? *Do you have the math book?*
» Sí, **lo** tengo en mi casa. *Yes, I have it at home.*

» ¿Quién compra la tarta de cumpleaños? *Who is buying the birthday cake?*
» **La** compramos nosotros. *We are buying it.*

NUMBERS (100-999)

100	cien	400	cuatrocientos	700	setecientos
101	ciento uno	415	cuatrocientos quince	720	setecientos veinte
200	doscientos	500	quinientos	800	ochocientos
202	doscientos dos	526	quinientos veintiséis	897	ochocientos noventa y siete
300	trescientos	600	seiscientos	899	ochocientos noventa y nueve
303	trescientos tres	669	seiscientos sesenta y nueve	900	novecientos

EXPRESSING OBLIGATION

hay que + infinitive	To express obligation or what is necessary for all	*Hay que hacer la tarea.*
tener que + infinitive	To express obligation or a need for a particular person	*Tengo que estudiar mucho para Ciencias.*
deber que + infinitive	To express obligation in terms of making a recommendation or giving advice	*Si tienes hambre, debes comer algo.*

TALKING ABOUT FUTURE PLANS AND HAPPENINGS

ir + infinitive	*Saying what you and others are going to do*	*Voy a ir al cine con mis amigos.*
	Describing what is going to happen	*Hay nubes en el cielo, va a llover.*
	With time expressions	*Esta tarde voy a jugar al tenis.*

IRREGULAR VERBS: *DECIR, TRAER, VENIR*

DECIR	TRAER	VENIR
digo	**traigo**	**vengo**
dices	traes	vienes
dice	trae	viene
decimos	traemos	venimos
decís	traéis	venís
dicen	traen	vienen

TABLA DE VERBOS

Present indicative of regular verbs

–AR CANTAR	–ER COMER	–IR VIVIR
canto	como	vivo
cantas	comes	vives
canta	come	vive
cantamos	comemos	vivimos
cantáis	coméis	vivís
cantan	comen	viven

Present tense of regular reflexive verbs

BAÑARSE	DUCHARSE	LAVARSE	LEVANTARSE	PEINARSE
me baño	me ducho	me lavo	me levanto	me peino
te bañas	te duchas	te lavas	te levantas	te peinas
se baña	se ducha	se lava	se levanta	se peina
nos bañamos	nos duchamos	nos lavamos	nos levantamos	nos peinamos
os bañáis	os ducháis	os laváis	os levantáis	os peináis
se bañan	se duchan	se lavan	se levantan	se peinan

Present tense of irregular reflexive verbs

ACORDARSE	ACOSTARSE	DESPERTARSE	REÍRSE	VESTIRSE
me acuerdo	me acuesto	me despierto	me río	me visto
te acuerdas	te acuestas	te despiertas	te ríes	te vistes
se acuerda	se acuesta	se despierta	se ríe	se viste
nos acordamos	nos acostamos	nos despertamos	nos reímos	nos vestimos
os acordáis	os acostáis	os despertáis	os reís	os vestís
se acuerdan	se acuestan	se despiertan	se ríen	se visten

Verbs like *gustar*

DOLER	ENCANTAR	MOLESTAR	PARECER
me duele/duelen	me encanta/encantan	me molesta/molestan	me parece/parecen
te duele/duelen	te encanta/encantan	te molesta/molestan	te parece/parecen
le duele/duelen	le encanta/encantan	le molesta/molesta	le parece/parecen
nos duele/duelen	nos encanta/encantan	nos molesta/molestan	nos parece/parecen
os duele/duelen	os encanta/encantan	os molesta/molestan	os parece/parecen
les duele/duelen	les encanta/encantan	les molesta/molestan	les parece/parecen

Irregular verbs in the present indicative

CERRAR	PROTEGER	COMENZAR	CONCLUIR
cierro	protejo	comienzo	concluyo
cierras	proteges	comienzas	concluyes
cierra	protege	comienza	concluye
cerramos	protegemos	comenzamos	concluimos
cerráis	protegéis	comenzáis	concluís
cierran	protegen	comienzan	concluyen

CONDUCIR	CONOCER	CONSTRUIR	CONTRIBUIR
conduzco	conozco	construyo	contribuyo
conduces	conoces	construyes	contribuyes
conduce	conoce	construye	contribuye
conducimos	conocemos	construimos	contribuimos
conducís	conocéis	construís	contribuís
conducen	conocen	construyen	contribuyen

DAR	DECIR	DESTRUIR	DORMIR
doy	digo	destruyo	duermo
das	dices	destruyes	duermes
da	dice	destruye	duerme
damos	decimos	destruimos	dormimos
dais	decís	destruís	dormís
dan	dicen	destruyen	duermen

EMPEZAR	ENCONTRAR	ENTENDER	ESTAR
empiezo	encuentro	entiendo	estoy
empiezas	encuentras	entiendes	estás
empieza	encuentra	entiende	está
empezamos	encontramos	entendemos	estamos
empezáis	encontráis	entendéis	estáis
empiezan	encuentran	entienden	están

HACER	HUIR	IR	JUGAR
hago	huyo	voy	juego
haces	huyes	vas	juegas
hace	huye	va	juega
hacemos	huimos	vamos	jugamos
hacéis	huis	vais	jugáis
hacen	huyen	van	juegan

MERENDAR	OÍR	PEDIR	PENSAR
mer**ie**ndo	**oigo**	p**i**do	p**ie**nso
mer**ie**ndas	o**y**es	p**i**des	p**ie**nsas
mer**ie**nda	o**y**e	p**i**de	p**ie**nsa
merendamos	oímos	pedimos	pensamos
merendáis	oís	pedís	pensáis
mer**ie**ndan	o**y**en	p**i**den	p**ie**nsan

PERDER	PODER	PONER	QUERER
p**ie**rdo	p**ue**do	**pongo**	qu**ie**ro
p**ie**rdes	p**ue**des	pones	qu**ie**res
p**ie**rde	p**ue**de	pone	qu**ie**re
perdemos	podemos	ponemos	queremos
perdéis	podéis	ponéis	queréis
p**ie**rden	p**ue**den	ponen	qu**ie**re

RECORDAR	SABER	SALIR	SER
rec**ue**rdo	**sé**	**salgo**	**soy**
rec**ue**rdas	sabes	sales	**eres**
rec**ue**rda	sabe	sale	**es**
recordamos	sabemos	salimos	**somos**
recordáis	sabéis	salís	**sois**
rec**ue**rdan	saben	salen	**son**

SERVIR	SOÑAR	TENER	TRADUCIR
s**i**rvo	s**ue**ño	**tengo**	tradu**zc**o
s**i**rves	s**ue**ñas	t**ie**nes	traduces
s**i**rve	s**ue**ña	t**ie**ne	traduce
servimos	soñamos	tenemos	traducimos
servís	soñáis	tenéis	traducís
s**i**rven	s**ue**ñan	t**ie**nen	traducen

TRAER	VENIR	VER	VOLVER
traigo	**vengo**	**veo**	v**ue**lvo
traes	v**ie**nes	ves	v**ue**lves
trae	v**ie**ne	ve	v**ue**lve
traemos	venimos	vemos	volvemos
traéis	venís	veis	volvéis
traen	v**ie**nen	ven	v**ue**lven

A

a la derecha de (6)	to the right of
a la izquierda de (6)	to the left of
A mí, también. (5)	Me too.
A mí, tampoco. (5)	Me neither.
¿A qué hora...? (4)	At what time...?
a, al (6)	to, to the (masculine)
abierto/a (3, 7)	open (place/thing) / outgoing (person)
(el) abrigo (3)	coat
abrir (3)	to open
(la) abuela (3)	grandmother
(el) abuelo (3)	grandfather
(los) abuelos (3)	grandparents
aburrido/a (2, 3)	boring
acostarse (o>ue) (4)	to go to bed
actor / actriz (1)	actor / actress
Adiós. (1)	Good-bye.
ahí (3)	there
ahora (8)	now
al lado de (6)	next to
alegre (5)	happy
allí (3)	over there
almorzar (o>ue) (4)	to have lunch
alto/a (3)	tall
amable (3)	polite
amar (2)	to love
amarillo (2)	yellow
amigo/a (1)	friend
anaranjado / naranja (2)	orange
(el) animal (2)	animal
(el) anorak (8)	ski jacket
antipático/a (3)	disagreeable
aprender (3)	to learn
aquel/aquella, aquellos/as (7)	that one (over there), those ones (over there)
aquello (7)	that (over there)
aquí (3)	here
(el) árbol (6)	tree
(el) armario (2)	closet
(el) arroz (5)	rice
Arte (2)	art
Artes y letras (2)	arts and humanities
asistir (3)	to attend
(la) aspiradora (7)	vacuum cleaner
(el) autobus (6)	bus
(el) avión (6)	airplane
azul/es (2, 3)	blue

B

bailar (2)	to dance
bajo cero (8)	below zero
bajo/a (3)	short
(el) baloncesto / (el) básquetbol (2)	basketball
(la) bañera (2)	bathtub
barato/a (6)	inexpensive
(la) barba (3)	beard
(el) barco (6)	ship
bastante (6)	enough
beber (3)	to drink
(el) béisbol (2)	baseball
bibliotecario/a (1)	librarian
bienvenidos (0)	welcome
(el) bigote (3)	mustache
Biología (2)	biology
blanco (2)	white
(la) boca (3)	mouth
(el) bolígrafo (0)	pen
bombero/a (4)	firefighter
bonito/a (2)	beautiful, pretty
(el) borrador (0)	eraser
(la) bota (3)	boot
(el) brazo (5)	arm
Buenas noches. (1)	Good evening/night.
Buenas tardes. (1)	Good afternoon.
Buenos días. (1)	Good morning.
(la) bufanda (3)	scarf

C

(la) cabeza (5)	head
(el) calcetín (3)	sock
(la) calculadora (7)	calculator
caluroso/a (8)	hot
calvo (3)	bald
(la) cama (2)	bed
(la) cámara (2)	camera
caminar (2)	to walk
(la) camisa (3)	shirt
(la) camiseta (3)	t-shirt
cantante (1)	singer
cantar (2)	to sing
(la) carne (5)	meat
caro/a (6)	expensive
(la) carpeta (0, 7)	binder, folder
castaño/a (3)	light brown
(la) cebolla (5)	onion
cenar (4)	to have dinner
(el) centro comercial (6)	shopping center, mall
cerca de (6)	close to, near
cerrar (e>ie) (4)	to close
(las) chanclas (8)	flip-flops
(la) chaqueta (3)	jacket
chatear con amigos (5)	to chat (online) with friends
chileno/a (1)	Chilean
chino/a (1)	Chinese
Ciencias (2)	science
(el) cine (6)	movie theater
(el) cinturón (3)	belt
(la) ciudad (2)	city
claro/a (3)	light
cocinero/a (4)	cook
comer (3)	to eat

(la) comida (2)	food, meal
¿Cómo...? (2)	How...?
¿Cómo está? (1)	How do you do? (formal)
¿Cómo se dice... en español? (0)	How do you say... in Spanish?
¿Cómo se escribe... en español? (0)	How do you spell... in Spanish?
¿Cómo te llamas? (1)	What's your name?
cómodo/a (6)	comfortable
completa (0)	complete
comprar (2)	to buy
conocer (6)	to know, to be familiar with
contento/a (5)	cheerful
(la) corbata (3)	tie
corto/a (3)	short
Creo que... (2)	I believe that...
(el) cristal (7)	glass
(el) cuaderno (0)	notebook
cuadrado/a (7)	square
(el) cuadro (7)	frame, painting
¿Cuál...? (2)	Which one...?
¿Cuándo es tu cumpleaños? (1)	When is your birthday?
¿Cuánto...? (2)	How much...?
¿Cuánto cuesta? (2)	How much does it cost?
¡Cuánto llueve! (8)	It's really raining!
¿Cuántos...? (2)	How many...?
¿Cuántos años tienes? (1)	How old are you?
(el) cuarto de baño (2)	bathroom
cubano/a (1)	Cuban
(el) cuello (5)	neck
(el) cuero (7)	leather

D

de buen humor (5)	in a good mood
¿De dónde...? (2)	Where ... from?
¿De dónde eres? (1)	Where are you from?
de la mañana (4)	a.m.
de la noche (4)	p.m.
de la tarde (4)	p.m.
de mal humor (5)	in a bad mood
de, del (6)	from, from the (masculine)
debajo de (6)	under, below
deber (8)	should / must
decir (8)	to say
(el) dedo (5)	finger
delante de (6)	in front of
delgado/a (3)	thin
demasiado (6)	too much
dentro de (6)	inside
desayunar (4)	to have breakfast
descansar (2)	to rest
despertarse (e>ie) (4)	to wake up

detrás de (6)	*behind*	estar enfermo/a (2)	*to be sick*	Hace muchísimo frío/	*It's really very cold/*
(el) diccionario (0)	*dictionary*	estar triste (2)	*to be sad*	calor. (8)	*hot.*
difícil (2)	*difficult*	este/esta, estos/as (7)	*this one, these ones*	Hace mucho frío/	*It's very cold/hot.*
discutir (3)	*to argue*	esto (7)	*this*	calor. (8)	
divertido/a (2, 3)	*fun*	(el) estómago (5)	*stomach*	Hace sol. (8)	*It is sunny.*
doler (o>ue) (5)	*to hurt*	(el) estuche (7)	*pencil case*	Hace un día muy	*It's a nice/bad day.*
domingo (4)	*Sunday*	(el) estudiante (0)	*student (male)*	bueno/malo. (8)	
dominicano/a (1)	*Dominican*	(la) estudiante (0)	*student (female)*	Hace viento. (8)	*It is windy.*
¿Dónde...? (2)	*Where...?*	estudiar (2)	*to study*	hacer (4)	*to do, to make*
¿Dónde vives? (1)	*Where do you live?*	(la) estufa (2)	*stove*	hacer ciclismo (5)	*to bike*
dormir (o>ue) (4)	*to sleep*			hacer deporte (4)	*to play sports*
(el) dormitorio (2)	*bedroom*	**F**		hacer esquí (5)	*to ski*
(la) ducha (2)	*shower*	fácil (2)	*easy*	hacer fotos (5)	*to take pictures*
ducharse (4)	*to shower*	(la) falda (3)	*skirt*	hacer judo (5)	*to practice judo*
		fantástico/a (2)	*fantastic*	hacer la tarea (4)	*to do homework*
E		(la) farmacia (6)	*pharmacy*	hacer natación (5)	*to practice swimming*
ecuatoriano/a	*Ecuadorian*	favorito/a (2)	*favorite*	hacer yoga (5)	*to practice yoga*
Educación Física (2)	*physical education*	feo/a (3)	*unattractive*	(la) hamburguesa (5)	*hamburger*
él (1)	*he*	fíjate (0)	*look at*	Hasta luego. (1)	*See you later.*
el/la/los/las (1)	*the*	(el) fin de semana (4)	*weekend*	Hasta pronto. (1)	*See you soon.*
ella (1)	*she*	(la) flor (6)	*flower*	hay (6)	*there is, there are*
ellas (1)	*they (females)*	frágil (7)	*fragile*	(el) helado (5)	*ice cream*
ellos (1)	*they (males or mixed)*	francés / francesa (1)	*French*	(la) hermana (3)	*sister*
empezar (e>ie) (4)	*to start, begin*	fuerte (3)	*strong*	(el) hermano (3)	*brother*
en (6)	*on*	(el) fútbol (2)	*soccer*	(los) hermanos (3)	*siblings*
En mi opinion... (2)	*In my opinion...*	(el) fútbol	*football*	(el) hielo (8)	*ice*
en punto (4)	*sharp*	americano (2)		(la) hija (3)	*daughter*
Encantado/a (1)	*Delighted.*	futbolista (1)	*soccer player*	(el) hijo (3)	*son*
encantar (5)	*to love*			(los) hijos (3)	*children*
encima de (6)	*on top of*	**G**		Historia (2)	*history*
enfermero/a (1)	*nurse*	(las) gafas (3)	*glasses*	Hola, mi nombre	*Hi, my name is...*
entender (e>ie) (4)	*to understand*	(las) gafas de sol (8)	*sunglasses*	es... (0)	
entre (6)	*between*	(los) garbanzos (5)	*chickpeas*	(el) horno (2)	*oven*
Es la una. (4)	*It's one o'clock.*	(el) gato (2)	*cat*	hoy (8)	*today*
escribe (0)	*write*	genial (2)	*great*	(los) huevos (5)	*eggs*
escribir (3)	*to write*	Geografía (2)	*geography*		
(el) escritorio (7)	*desk*	girar (6)	*to turn*	**I**	
escucha (0)	*listen*	(el) golf (2)	*golf*	(el) impermeable (8)	*raincoat*
escuchar (2)	*to listen*	(la) goma de	*pencil eraser*	importante (2)	*important*
(la) escuela (2)	*school*	borrar (0)		(la) impresora (7)	*printer*
ese/esa, esos/as (7)	*that one, those ones*	gordo/a (3)	*overweight*	incómodo/a (6)	*uncomfortable*
eso (7)	*that*	(la) gorra (3)	*baseball cap*	indio/a (1)	*Indian*
(la) espalda (5)	*back*	(el) gorro (8)	*knitted hat*	inestable (8)	*unstable*
Español (2)	*Spanish*	(los) grados (8)	*degrees*	Informática (2)	*computer science*
español/a (1)	*Spanish*	grande/s (2, 3)	*big*	informático/a (4)	*computer technician*
(el) espejo (2)	*mirror*	gris (2)	*grey*	inteligente (3)	*intelligent*
(la) esposa (3)	*wife*	(los) guantes (8)	*gloves*	interesante (2)	*interesting*
(el) esposo (3)	*husband*	guapo/a (2, 3)	*attractive,*	(el) invierno (8)	*winter*
¿Está bien así? (0)	*Is this right?*		*handsome / pretty*	ir (6)	*to go*
está nublado (8)	*it is cloudy*	guardar (7)	*to put away*	ir a pie (6)	*to go on foot*
está/están (0)	*is/are located*	gustar (5)	*to like*	ir de compras (5)	*to go shopping*
(la)estación	*subway station*			ir de excursión (8)	*to go on an excursion*
de metro (6)		**H**			*or an outing*
(la) estación	*train station*	(la) habitación (2)	*room*	ir de vacaciones (6)	*to go on vacation*
de tren (6)		habla (0)	*speak*	ir de viaje (6)	*to go on a trip*
Estamos a 20	*It's 20 degrees*	hablador/a (3)	*talkative*	italiano/a (1)	*Italian*
grados (8)		hablar (2)	*to speak*		
(la) estantería (2)	*shelf*	Hace buen tiempo. (8)	*The weather is nice.*	**J**	
estar (2)	*to be*	Hace calor. (8)	*It is hot.*	japonés / japonesa (1)	*Japanese*
estar bien (2)	*to be fine*	Hace frío. (8)	*It is cold.*	(el) jarrón (7)	*vase*
estar contento/a (2)	*to be happy*	Hace mal tiempo. (8)	*The weather is bad.*	(los) jeans (3)	*jeans*

GLOSARIO

(el) jersey (3)	sweater	(el) metal (7)	metal	Para mí, ti, él... (2)	For me, you, him,...
jirafa (6)	giraffe	(el) metro (6)	subway	(la) parada de autobús (6)	bus stop
joven (3)	young	mexicano/a (1)	Mexican	(el) paraguas (8)	umbrella
jueves (4)	Thursday	miércoles (4)	Wednesday	(el) parque (2)	park
jugar (6)	to play	Mira, este/esta es... (1)	Hey, this is...	pasear (2)	to stroll
jugar a los bolos (5)	to bowl, go bowling	Mira, estos/estas son... (1)	Hey, these are...	(el) pecho (5)	chest
jugar a videojuegos (5)	to play videogames	Mire, le presento a (al)... (1)	Look, I'd like to introduce you to...	pedir (e>i) (4)	to ask for, to order
		(la) mochila (0)	backpack	peligroso/a (6)	dangerous
L		moderno/a (7)	modern	pelirrojo/a (3)	red hair
(el) lago (6)	lake	(el) monitor (7)	monitor	pensar (e>ie) (4)	to think
(la) lámpara (7)	lamp	montar en bici (5)	to ride a bike	peor (7)	worse
(el) lápiz (0)	pencil	moreno/a (3)	dark brown	pequeño/a (2, 3)	small, little
largo (3)	long	(la) moto (6)	motorcycle	pero (1)	but
(el) lavabo (2)	sink	(el) mp4 (0)	mp4	perro (1)	dog
lavar (8)	to wash	mucho (6)	very much, a lot	peruano/a (1)	Peruvian
(la) leche (5)	milk	(el) mundo	Hispanic world	pesado/a (7)	heavy
lee (0)	read	hispano (0)		(el) pescado (5)	fish
leer (3)	to read	(el) museo (6)	museum	(el) pie (5)	foot
lejos de (6)	far from	Música (2)	music	Pienso que... (2)	I think that...
lento/a (6)	slow	muy (6)	very	(la) pierna (5)	leg
levantarse (4)	to get up			(el) pimiento (5)	pepper
(la) librería (6)	bookstore	**N**		(las) pinturas (7)	paints
ligero/a (7)	light	(la) naranja (5)	orange	(el) pizarrón (0)	blackboard
liso/a (3)	straight	(la) nariz (3)	nose	(la) planta (7)	plant
lunes (4)	Monday	navegar por el mar (5)	to sail	(el) plástico (7)	plastic
		navegar por Internet (4, 5)	to go on the Internet	poco (6)	very little, not much
LL		negro/s (2, 3)	black	poder (o>ue) (4)	to be able, can
llamar (7)	to call	nervioso/a (5)	nervous	(el) pollo (5)	chicken
llamar(se) (1)	to be called	(la) nieb(la) (8)	fog	poner (7)	to put, to place
llevar (3)	to wear	(la) nieta (3)	granddaughter	por la mañana (4)	in the morning
llevar (8)	to take, to carry, to wear	(el) nieto (3)	grandson	por la noche (4)	at night
		(los) nietos (3)	grandchildren	por la tarde (4)	in the afternoon
llueve (llover o>ue) (8)	it is raining	nieva (8)	it is snowing	por qué (2)	why
(la) lluvia (8)	rain	(la) nieve (8)	snow	(el) portátil (7)	laptop
		No entiendo. (0)	I don't understand.	(el) póster (7)	poster
M		No hace nada de frío/ calor. (8)	It's not at all cold/hot.	(el) postre (5)	dessert
(la) madera (7)	wood			práctico/a (7)	practical
(la) madre (3)	mother	nosotros/as (1)	we	preferir (e>ie) (4)	to prefer
maleducado/a (3)	rude			pregunta (0)	ask
(la) mano (5)	hand	**O**		preocupado/a (5)	worried
(la) manzana (5)	apple	ocupado/a (8)	busy	(la) primavera (8)	spring
mañana (8)	tomorrow, morning	(los) ojos (3)	eyes	(el) primo/a (3)	cousin
marca (0)	mark	oscuro/a (3)	dark	profesor/a (0, 1)	teacher
(el) marcador (0)	marker	(el) oso (6)	bear	próximo/a (8)	next
(los) mariscos (5)	shellfish, seafood	(el) otoño (8)	autumn or fall	¿Puede escribirlo en el pizarrón? (0)	Can you write it on the blackboard?
marrón/marrones (2, 3)	brown			¿Puede repetir, por favor? (0)	Can you please repeat?
martes (4)	Tuesday	**P**		puertorriqueño/a (1)	Puerto Rican
más... que (7)	more... than	(el) padre (3)	father		
Matemáticas (2)	math	(los) padres (3)	parents	**Q**	
mayor (3)	old	pagar (8)	to pay	¿Qué...? (2)	What...?
mayor (7)	older	(el) país (0)	country	¡Qué calor! (8)	It's so hot!
mecánico/a (4)	mechanic	(el) pájaro (6)	bird	¿Qué día es hoy? (1)	What's today's date?
médico/a (1, 4)	doctor	(las) palomitas (5)	popcorn	¿Qué día/tiempo hace? (8)	What's the day/ weather like?
mejor (7)	better	(el) pantalón de vestir (3)	dress pants	¡Qué frío hace! (8)	It's so cold!
menos... que (7)	less... than			¡Qué frío/calor tengo! (8)	I'm so cold/hot!
menos cuarto (4)	quarter to	(las) papas fritas (5)	french fries		
(la) mesa (0, 2)	desk, table	(la) papelera (0)	wastepaper basket	¿Qué haces? (1)	What do you do?
mesero/a (4)	waiter/waitress	(las) papitas fritas (5)	potato chips		
(la) mesilla (2)	bedside table				

¿Qué hora es? (4)	*What time is it?*	Son las dos. (4)	*It's two o'clock.*	
¿Qué significa…? (0)	*What does… mean?*	(el) supermercado (6)	*supermarket*	
¿Qué tal estás? (1)	*How are you doing?*			
¿Qué tal? (1)	*What's up?*			

Spanish	English
¿Qué hora es? (4)	*What time is it?*
¿Qué significa…? (0)	*What does… mean?*
¿Qué tal estás? (1)	*How are you doing?*
¿Qué tal? (1)	*What's up?*
que viene (8)	*upcoming, next*
quedar (4)	*to meet up with someone*
querer (e>ie) (4)	*to want*
(el) queso (5)	*cheese*

R

Spanish	English
rápido/a (6)	*fast*
(el) ratón (7)	*mouse*
recepcionista (4)	*receptionist*
rectangular (7)	*rectangular*
redondo/a (7)	*round*
(la) regla (7)	*ruler*
relaciona (0)	*match*
(el) relámpago (8)	*lightning*
repetir (e>i) (4)	*to repeat*
rizado/a (3)	*curly*
(la) rodilla (5)	*knee*
rojo/a (2)	*red*
rubio/a (3)	*blonde*
ruidoso/a (7)	*noisy*

S

Spanish	English
sábado (4)	*Saturday*
(el) sacapuntas (7)	*pencil sharpener*
salir (4)	*to go out, to leave*
(el) salón (2)	*living room*
(las) sandalias (3)	*sandals*
seguir (6)	*to follow*
seguro/a (6)	*safe, certain*
sencillo/a (7)	*simple, plain*
señor (Sr.) (1)	*Mr.*
señora (Sra.) (1)	*Mrs.*
señorita (Srta.) (1)	*Miss./Ms.*
ser (1)	*to be*
servir (e>i) (4)	*to serve*
Sí, claro. (0)	*Yes, of course.*
Sí, está bien. (0)	*Yes, it's fine.*
(la) silla (0)	*chair*
(el) sillón (7)	*armchair*
simpático/a (3)	*likeable*
(la) sobrina (3)	*niece*
(el) sobrino (3)	*nephew*
(el) sofá (2)	*sofa*

T

Spanish	English
(el) tablero de anuncios (0)	*bulletin board*
(la) tableta (0)	*tablet*
también (1)	*also*
tan… como (7)	*as… as*
(la) tarta de chocolate (5)	*chocolate cake*
(el) taxi (6)	*taxi*
(el) teclado (7)	*keyboard*
(el) teléfono celular (móvil) (7)	*cell phone*
(la) temperatura (8)	*temperature*
tener (1, 3)	*to have*
tener calor (3)	*to be warm*
tener frío (3)	*to be cold*
tener hambre (3)	*to be hungry*
tener que (4)	*to have to (do something)*
tener sed (3)	*to be thirsty*
tener sueño (3)	*to be sleepy*
tener… años (1) (3)	*to be… years old*
(el) tenis (2)	*tennis*
tenista (1)	*tennis player*
(la) tía (3)	*aunt*
tienda de ropa (6)	*clothing store*
¿Tienes frío/calor? (8)	*Are you cold/hot?*
(las) tijeras (7)	*scissors*
tímido/a (3)	*shy*
(el) tío (3)	*uncle*
todos los días (4)	*every day*
tomar el sol (5)	*to sunbathe*
tomar tapas (5)	*to eat tapas (small dishes of food)*
(los) tomates (5)	*tomatoes*
(la) tormenta (8)	*storm*
trabajador/a (3)	*hard-working*
trabajar (2)	*to work*
traer (8)	*to bring*
(el) traje (3)	*suit*
tranquilo/a (5)	*quiet, calm*
(el) tren (6)	*train*
triste (5)	*sad*
(el) trueno (8)	*thunder*
tú (1)	*you (informal)*

U

Spanish	English
un/una (1)	*a, an*
un poco (3)	*a little*
una camisa blanca (3)	*a white shirt*
unos/unas (1)	*some, a few*
usar (7)	*to use*
usted (1)	*you (formal)*
ustedes (1)	*you, you all (plural)*
útil (7)	*useful*

V

Spanish	English
vago/a (3)	*lazy*
venir (8)	*to come*
ver (3)	*to see*
ver un concierto (5)	*to go to a concert*
ver una exposición (5)	*to go to an exhibit*
ver una película (5)	*to see a movie*
(el) verano (8)	*summer*
verde/s (2, 3)	*green*
(las) verduras (5)	*vegetables*
(el) vestido (3)	*dress*
vestirse (e>i) (4)	*to get dressed*
veterinario/a (4)	*veterinarian*
viajar (2)	*to travel*
(la) videoconsola (7)	*video game console*
viejo/a (7)	*old*
viernes (4)	*Friday*
vivir (3)	*to live*
(el) vóleibol (2)	*volleyball*
volver (o>ue) (4)	*to return*
vosotros/as (1)	*you (plural, Spain)*

Y

Spanish	English
y cuarto (4)	*quarter past/after (the hour)*
y media (4)	*half past (the hour)*
yo (1)	*I*
(el) yogur (5)	*yogurt*

Z

Spanish	English
(la) zanahoria (5)	*carrot*
zapatería (6)	*shoe store*
(las) zapatillas de deporte (3)	*sneakers*
(los) zapatos de tacón (3)	*high-heeled shoes*

The authors wish to thank to many peoples who assisted in the photography used in the textbook. Credit is given to photographers and agencies below.

We have made every effort to trace the ownership of all copyrighted material and to secure permission from copyright holders. In the event of any question arising as to the use of any material, please let as now and we will be pleased to make the corresponding corrections in future printings.

Page 5 (Jupiterimages, Col. Stockbyte / mediaphotos, Col. iStock) | **Page 18** (Monkey Business Images, Col. Monkey Business) | **Page 19** (Judy Tillinger, Col. iStock / Misha Shiyanov, Col. Hemera / Photooiasson, Col. iStock / Rui Dias-aidos, Col. Hemera / Creatas, Col. Creatas / Jack Hollingsworth, Col. Digital Vision) | **Page 20** (Zdenka Darula, Col. iStock) | **Page 21** (Monkey Business Images, Col. Monkey Business) | **Page 22** (Jack Hollingsworth, Col. Digital Vision / Danilo Sanino, Col. iStock / David Sacks, Col. Digital Vision / Goranmihajlovski, Col. iStock / James Thew, Col. iStock / Seamartini, Col. iStock / Traveler1116, Col. iStock / Fuse, Col. Fuse / Jupiterimages, Col. Photos.com) | **Page 23** (Karam Miri, Col. Hemera / Pepj, Col. iStock / Zager, Col. iStock) | **Page 24** (Pedro Antonio Salaverría, Col. Hemera) | **Page 25** (James Woodson, Col. Photodisc) | **Page 27** (Tetra Images, Col. Tetra images / Mike Flippo, Col. Hemera) | **Page 30** (Elxeneize / FrontPage / Michal Szymanski / Narongsak Nagadhana) | **Page 31** (Iakov Filimonov) | **Page 32** (Divvector, Col. iStock / Dorling Kindersley, Col. Dorling Kindersley R / Ivan Gusev, Col. Hemera / Juris Sturainis, Col. iStock / Maria Holdren, Col. iStock / Marina Lvova, Col. iStock / Rambo182, Col. iStock / Sputnikos, Col. iStock / Ssstep, Col. iStock) | **Page 33** (Aleksangel, Col. iStock / David Naylor, Col. iStock / Erzetic, Col. iStock / Fredy Sujono, Col. iStock / Joachim Angeltun, Col. iStock / Mart_m, Col. iStock / Mrdoggs, Col. iStock / Robert Marfin, Col. iStock) | **Page 34** (Comstock, Col. Stockbyte) | **Page 37** (Phovoi R., Col. Panthermedia) | **Page 44** (Petra R÷der, Col. Hermera)| **Page 51** (matthewennisphotography, Col. iStock / Jack Hollingsworth, Col. Digital Vision / michaeljung, Col. iStock / Serban Bogdan, Col. iStock / Serban Bogdan, Col. iStock) | **Page 55** (Thinkstock, Col. Stockbyte) | **Page 57** (Gerit Schulze, Col. Panthermedia / Oneblink-cj, Col. iStock / Yuri Arcurs, Col. Panthermedia) | **Page 58** (Brand X Pictures, Col. Stockbyte / Daniel Ernst, Col. iStock / Andreas Rodriguez, Col. iStock / efesan, Col. iStock / Eric Isselée, Col. iStock / ferlistockphoto, Col. iStock) | **Page 60** (Jupiterimages, Col. Photos.com) | **Page 62** (Fuse, Col. Fuse) | **Page 63** (Joan Quevedo Fle, Col. iStock / Luciano Mortula, Col. iStock / Mike Watson Images, Col. moodboard / Roger Jegg, Col. Panthermedia) | **Page 64** (Roger Jegg, Col. Panthermedia / Steve Corrigan, Col. iStock / Rafa Irusta, Col. iStock / Jcb Prod, Col. Panthermedia / Zoonar/E.Lam, Col. Zoonar) | **Page 65** (Joe Belanger, Col. iStock / Nelson Mejia, Col. iStock) | **Page 66** (Rafa Irusta, Col. iStock) | **Page 68** (Adogslifephoto, Col. iStock / Alexandr Mitiuc, Col. iStock / Dlrz4114, Col. iStock / Ljupco, Col. iStock) | **Page 69** (Brand X Pictures, Col. Stockbyte / Scott Griessel, Col. Panthermedia / Wavebreakmedia Ltd, Col. Wavebreak Media / Marko Beric, Col. iStock / poligonchik, Col. iStock) | **Page 70** (Jcb Prod, Col. Panthermedia / Jonathan Ross, Col. Pantehermedia / Memendesign, Col. iStock / Rtimages, Col. iStock / Maksym Bondarchuk, Col. iStock / Brian McEntire, Col. iStock / karam miri, Col. iStock /Beatriz González, Col. Edinumen / Red_Hayabusa, Col. iStock / JohnMartinBradley, Col. iStock / karam miri, Col. iStock / Design Pics, Col. Design Pics / PaulVinten, Col. iStock) | **Page 71** (Buenaventuramariano, Col. iStock / Ralf Broskvar, Col. iStock) | **Page 73** (-M-i-s-h-a-, Col. iStock / Smithore, Col. iStock / Coprid, Col. iStock) | **Page 75** (Andreaortizg, Col. iStock / Nicolas Mccomber, Col. iStock / Xixinxing, Col. iStock / Monkey Business Images, Col. Monkey Business) | **Page 78** (Jane Rix, Col. Shutterstock,

Inc. / Andrij Vatsyk / Jose Ignacio Soto / Pabkov / Iakov Filimonov) | **Page 79** (Fotoluminate Llc, Col. Shutterstock, Inc. / AndreaAstes, Col. iStock / Circumnavigation / Lisa A) | **Page 80** (Jcb Prod, Col. Panthermedia / darkbird77, Col. iStock / Brigitte Meckle, Col. Panthermedia / Nickos, Col. iStock / Rosamund Parkinson, Col. Panthermedia / ttatty, Col. iStock / Yulia Sapanova, Col. iStock / TamA!s Ambrits, Col. iStock) | **Page 81** (Artur Bogacki, Col. Panthermedia / Julia Sapanova, Col. Hemera) | **Page 84** (velviaphoto, Col. iStock / Stockbyte, Col. Stockbyte / Ivan Marjanovic, Col. iStock / Jack Hollingsworth, Col. Photodisc) | **Page 88** (Jeremy Woodhouse, Col. Blend Images) | **Page 89** (Creatista, Col. Shutterstock, Inc. / Steve Hix/fuse, Col. Fuse / Ryan Mcvay, Col. Photodisc) | **Page 91** (rbv, Col. iStock / Wavebreakmedia Ltd., Col. Wavebreak Media / Jupiterimages, Col. Goodshoot / spaxiax, Col. iStock / -Robbie-, Col. iStock / Daniel Ernst, Col. iStock) | **Page 92** (Gelpi José Manuel, Col. Panthermedia / Monkey Business Images, Col. Monkey Business) | **Page 93** (Ingram Publishing, Col. Ingram Publishing / Daniel Loncarevic, Col. iStock) | **Page 97** (Fuse, Col. Fuse) | **Page 98** (Adisa, Col. iStock / Anastasiya Maksymenko, Col. Panthermedia / Elnur Amikishiyev, Col. iStock / Harald Hinze, Col. Panthermedia / Ron sumners, Col. Panthermedia / Toni Anett Kuchinke, Col. Panthermedia) | **Page 99** (Fuse, Col. Fuse) | **Page 101** (Monkey Business Images, Col. Monkey Business) | **Page 102** (m-imagephotography, Col. iStock / XiXinXing, Col. iStock / Wavebreakmedia Ltd., Col. Wavebreak Media) | **Page 103** (Yamini Chao, Col. Photodis / Jacek Chabraszewski, Col. iStock) | **Page 105** (Ingram Vitantonio Cicorella, Col. Panthermedia) | **Page 106** (Ahturner, Col. Shutterstock, Inc. / Littleny / Stanislaw Tokarski / Trappy76) | **Page 107** (Monkey Business Images, Col. Monkey Business / Bettina Baumgartner, Col. Shutterstock, Inc. / Moreno Novello / Nathalie Speliers Ufermann) | **Page 110** (Wavebreakmedia ltd, Col. Panthermedia / Wavebreakmedia ltd, Col. Panthermedia) | **Page 112** (Alexander Potapov, Col. iStock / Eldad Carin, Col. iStock / Michaeljung, Col. iStock / Murali Nath, Col. iStock) | **Page 113** (Ryan Mcvay, Col. Photodisc / John Lund/sam Diephuis, Col. Blend Images / Wavebreakmedia Ltd, Col. Wavebreak Media) | **Page 117** (Diego Cervo, Col. Panthermedia / Elena Elisseeva, Col. Panthermedia / stokkete, Col. iStock) | **Page 124** (monkeybusinessimages, Col. iStock / Diego Cervo, Col. Panthermedia) | **Page 131** (Tijana87, Col. iStock) | **Page 133** (Marcus Grip, Col. Shutterstock) | **Page 134** (A and N photography, Col. Shutterstock / Monkey Business Images, Col. Shutterstock) | **Page 136** (Franck Camhi, Col. Panthermedia / Erik Reis, Col. iStock / Cathy Yeulet, Col. Panthermedia / Monkey Business Images, Col. Shutterstock) | **Page 138** (Alexander Raths, Col. iStock / Andreas Rodriguez, Col. iStock / Purestock, Col. Purestock / Ryan McVay, Col. Photodisc / Stewart Cohen, Col. Blend Images / PIKSEL, Col. iStock / Kim Carson, Col. Photodisc / castillodominici, Col. iStock / John Howard, Col. Digital Vision / Rastan, Col. iStock / Catherine Yeulet, Col. iStock) | **Page 142** (Lite Productions, Col. Lite Productions) | **Page 143** (Jacob Wackerhausen, Col. iStock) | **Page 145** (Big Cheese Photo, Col. Big Cheese Photo / Mike Watson Images, Col. moodboard / Dimamorgan12, Col. iStock / Jupiterimages, Brand X, Col. Stockbyte / Kraig Scarbinsky, Col. Photodisc) | **Page 146** (Yael Weiss, Col. iStock / Jodi Matthews, Col. iStock / Jodi Matthews, Col. iStock / Jodi Matthews, Col. iStock) | **Page 147** (Grishal, Col. iStock /

Joe Gough, Col. iStock / Serghei Platonov, Col. iStock / Marek Uliasz, Col. iStock / chansaeng, Col. iStock) **Page 150** (mangostock, Col. iStock / Salih Külcü, Col. Panthermedia / Chrisboswell, Col. iStock / Oscar I. Miranda, Col. Panthermedia / Vadim petrakov, Col. Panthermedia) **Page 151** (Andrey gontarev, Col. Panthermedia / Bartekszewczyk, Col. iStock) **Page 152** (Anna1311, Col. iStock / Beti Gorse, Col. iStock / Dfstyle, Col. iStock / Maksym Narodenko, Col. iStock / Natikka, Col. iStock / Slav, Col. iStock / spaxiax, Col. iStock/ Stefano Tiraboschi, Col. iStock / Thomas Northcut, Col. Photodisc / Top Photo Corporation, Col. Top Photo Group / Juanmonino, Col. iStock) **Page 153** (Alinamd, Col. iStock / Donhype, Col. iStock / Michel Aubry, Col. iStock / Michelle Harvey, Col. iStock / Mikafotostok, Col. iStock / Nilsz, Col. iStock / Purestock, Col. Purestock / Reinhold Mäller, Col. iStock / Vadym Boyshenko, Col. iStock / Yalcinsonat1, Col. iStock) **Page 154** (Jacek Chabraszewski, Col. iStock) **Page 157** (Creatas, Col. Creatas / Bartłomiej Szewczyk, Col. iStock / Catherine Yeulet, Col. iStock / Moodboard, Col. moodboard) **Page 160** (Andresr, Col. Shutterstock, Inc. / Panthermedia, Col. Shutterstock / Rafael Martin-gaitero / Sahani photography, Col. Shutterstock / Noraluca013, Col. Panthermedia) **Page 161** (K. Miri photography, Col. Panthermedia / Redav, Col. Panthermedia / Warren goldswain, Col. Panthermedia) **Page 162** (Andrea Skjold, Col. iStock / Noraluca013, Col. Panthermedia / K. Miri photography, Col. Panthermedia / Redav, Col. Panthermedia / Warren goldswain, Col. Panthermedia / Elena Elisseeva, Col. Panthermedia) **Page 163** (Elena Elisseeva, Col. Panthermedia / Elena Elisseeva, Col. Panthermedia) **Page 164** (Bob Ingelhart, Col. iStock / Elena Blokhina, Col. iStock / Ivonne Wierink-vanwetten, Col. iStock / Porfang, Col. iStock) **Page 165** (Inacio pires, Col. Panthermedia) **Page 166** (Matt Tilghman, Col. iStock / Maridav, Col. iStock / Andy Dean, Col. Hemera / ilona75, Col. iStock / ivansmuk, Col. iStock / Jacob Wackerhausen, Col. iStock) **Page 168** (Maridav, Col. iStock) **Page 169** (Fuse, Col. Fuse) **Page 170** (Maridav, Col. iStock / Jeane09, Col. iStock / Kanate Chainapong, Col. iStock / Benoit Chartron, Col. iStock / art-baby, Col. iStock) **Page 173** (Deyangeorgiev, Col. iStock / Mapics, Col. iStock / Alexey Bykov, Col. iStock / Andrea Chu, Col. Photodisc) **Page 174** (Volosina, Col. iStock) **Page 176** (Lite Productions, Col. Lite Productions / Sara Serrano, Col. Edinumen / Sara Serrano, Col. Edinumen / Frank Koszienski, Col. Panthermedia / tcly, Col. iStock /rydrych, Col. iStock / TongRoASIA Lewis Lee, Col. Panthermedia / Christian Müller, Col. iStock / SeanPavonePhoto, Col. iStock) **Page 177** (Digital Vision., Col. Digital Vision / Creatas, Col. Creatas / Aleksandr Lazarev, Col. iStock / Digital Vision., Col. Digital Vision / Jezperklauzen, Col. iStock / Ktsimage, Col. iStock / Stefan Tordenmalm, Col. iStock / Xyno6, Col. iStock) **Page 178** (Craig Barhorst, Col. iStock / Juan Moyano, Col. iStock / Kevin George, Col. iStock / Craig Barhorst, Col. iStock / Carlos Casado, Col. Edinumen / Jupiterimages, Col. Polka Dot / Sara Serrano, Col. Edinumen / Sara Serrano, Col. Edinumen / Sara Serrano, Col. Edinumen / Fabian Klusmeyer, Col. Panthermedia / JCB Prod, Col. Panthermedia / Leonid Nyshko, Col. iStock / Mauricio Jordan de Souza Coelho, Col. Panthermedia / Erwin Wodicka, Col. Panthermedia) **Page 179** (Laura Fafone, Col. Hemera) **Page 181** (Jack Hollingsworth, Col. Digital Vision / Allensphoto, Col. iStock / Courtyardpix, Col. iStock / Guillermo Lobo, Col. iStock / Mark Herreid, Col. iStock / Marquis Washington, Col. iStock / Studioq1, Col. iStock) **Pag 184** (GBlakeley, Col. iStock / Siso84, Col. Wikipedia / Ulora LLC., Col. iStock) **Page 185** (Yasonya, Col. iStock / Smileus, Col. iStock / Alexander Raths, Col. iStock) **Page 186** (Inacio pires, Col. Panthermedia / Gary blakeley, Col. Shutterstock / Aun-juli riddle, Col. Shutterstock / Kamira, Col. shutterstock / Goran Bogicevic, Col. shutterstock) **Page 187** (Sahani photography, Col. Shutterstock / Aun-juli riddle, Col. Shutterstock) **Pag. 188** (Wavebreakmedia Ltd, Col. Wavebreak Media / Sevaljevic,

Col. iStock / Jan-Dirk Hansen, Col. iStock / Purestock, Col. Purestock / Jill Lang, Col. iStock) **Pag 189** (Wavebreakmedia Ltd, Col. Wavebreak Media / Fuse, Col. Fuse / CandyBox Images, Col. iStock 7 Jupiterimages, Col. Photos.com / JDEstevao, Col. iStock / Woodkern, Col. iStock / Stockbyte, Col. Stockbyte) **Pag 190** (tornado98, Col. iStock / Dawid Kasza, Col. iStock / Anup Shah, Col. Digital Vision / AS_Fotos, Col. iStock / BackyardProduction, Col. iStock / Stacey Newman, Col. iStock / Javier Tuana, Col. iStock) **Pag 191** (Barbara Helgason, Col. iStock / shironosov, Col. iStock) **Page 192** (BAaAej Ayjak, Col. iStock / miketanct, Col. iStock / ChristiTolbert, Col. iStock / xyno, Col. iStock / Nurbek Sagynbaev, Col. Hemera / Eric Isselée, Col. iStock) **Page 194** (MiPlato, Col. Wikipedia) **Page 196** (Jupiterimages, Col. Photos.com) **Page 198** (James Woodson, Col. Photodisc) **Page 199** (Poligonchik, Col. iStock) **Page 200** (Jack Hollingsworth, Col. Digital Vision / Oleksii Sagitov, Col. iStock) **Page 201** (Andrey Pokomeda, Col. iStock / Cottonfioc, Col. iStock / Denys Prykhodov, Col. iStock / Dutchscenery, Col. iStock / Francisco Javier Herrero, Col. iStock / Maksym Yemelynov, Col. iStock / Jeff Huting, Col. iStock) **Page 203** (Rafa Irusta, Col. iStock / jeff gynane, Col. iStock) **Page 204** (Gelpi José Manuel, Col. Panthermedia / Gelpi José Manuel, Col. Panthermedia / Ignacio Gonzalez Prado, Col. Panthermedia / Laurent Renault, Col. Panthermedia / Marek Kosmal, Col. Panthermedia / Paulmaguire, Col. iStock / Stephen Mcsweeny, Col. Panthermedia / Sven Hoppe, Col. Panthermedia / Erwin Wodicka, Col. Panthermedia / Jack Hollingsworth, Col. Panthermedia / Gernot Krautberger, Col. Panthermedia / Claudio Divizia, Col. Panthermedia) **Page 205** (karen roach, Col. iStock) **Page 207** (Bmaksym, Col. iStock / Duncan_andison, Col. iStock / Enrique Rodriguez, Col. iStock / Jacob Wackerhausen, Col. iStock / Johnny Chih-chung Chang, Col. iStock / Maelena1, Col. iStock / Stefan Ataman, Col. iStock / Comstock Images, Col. Stockbyte) **Page 208** (James Woodson, Col. Photodisc) **Page 209** (Fuse, Col. Fuse / Xixinxing, Col. iStock / Cathy Yeulet, Col. Hemera / Dario Lo Presti, Col. iStock / Diego Cervo, Col. iStock / Michael Blann, Col. Digital Vision / Ned Frisk, Col. Blend Images) **Page 210** (George M Muresan, Col. iStock) **Page 211** (Jacky9946, Col. iStock / Lubilub, Col. iStock) **Page 213** (Jeff Huting, Col. iStock / Alex Kalmbach, Col. iStock / Anton Snarikov, Col. iStock / C. Diane O'keefe, Col. iStock / Daniel Ernst, Col. iStock / Dominik Damaziak, Col. iStock / Hemera Technologies, Col. PhotoObjects.net / Igor Terekhov, Col. iStock / Ines Koleva, Col. iStock / Pejo29, Col. iStock) **Page 214** (Andrey Gontarev / Criben / Eduardo Rivero / Kobby Dagan / Ostill) **Page 215** (Canaryluc / Pablo Hidalgo / Urosr) **Page 216** (Ryan Mcvay, Col. Photodisc / Aliaksei Hintau, Col. Hemera / Imagehub88, Col. iStock / Katarzynabialasiewicz, Col. iStock / Svetlana Kolpakova, Col. iStock / Vasyl Torous, Col. Hemera / Yuriyza, Col. iStock) **Page 217** (angelo gilardelli, Col. iStock / santanor, Col. iStock) **Page 218** (Wavebreakmedia Ltd, Col. Wavebreak Media / Yuriyza, Col. iStock / Alexander Yakovlev, Col. iStock / Design56, Col. iStock / Dimedrol68, Col. iStock) **Page 220** (Ljupco, Col. iStock / Scott Griessel, Col. iStock / Hemera Technologies, Col. PhotoObjects.net / Fuse, Col. Fuse / sauletas, Col. iStock / Serhiy Stakhnyk, Col. iStock / shuchun ke, Col. iStock / fatchoi, Col. iStock) **Page 222** (Progat, Col. iStock) **Page 224** (Eldad Yitzhak, Col. iStock) **Page 225** (Serjio74, Col. iStock Jason Maehl, Col. iStock / ferlistockphoto, Col. iStock / yaskii, Col. iStock) **Page 226** (Monkey Business Images, Col. Monkey Business / Clint Spencer, Col. iStock / Lonely, Col. iStock / Oleksandr Kotenko, Col. iStock) **Page 231** (Ryan Mcvay, Col. Photodisc / Mangostock, Col. iStock) **Page 232** (Ingram Publishing, Col. Ingram Publishing) **Page 233** (Fuse, Col. Fuse / Ryan Mcvay, Col. Photodisc) **Page 234** (Fuse, Col. Fuse / Monkey Business Images, Col. Monkey Business / Gaspr13, Col. iStock / Marili Forastieri, Col. Photodisc / Sasimoto, Col. iStock / Stewart Cohen/pam Ostrow, Col. Blend Images / Thinkstock,

271